De vierde vrouw

Rosaline Massado

Geschreven in samenwerking met Ursula Krebs

De vierde vrouw

Leven in polygamie in Kameroen

Vertaald door Bonella van Beusekom

ARENA

Oorspronkelijke titel: *Komm, zünde meine Lampe an*

Omslagontwerp: Janine Jansen, Amsterdam
Foto voorzijde omslag: zefa
Typografie en zetwerk: CeevanWee, Amsterdam
ISBN 90 6974 650 6
NUR 302

Inhoud

Voorwoord

Europeanen kunnen zich moeilijk verplaatsen in het bestaan van Afrikaanse vrouwen. Uit Europees gezichtspunt is de Afrikaanse vrouw iemand die lijdt onder de willekeur van een door mannen gedomineerde wereld en een rechteloos bestaan leidt, kortom: iemand om medelijden mee te hebben. Dit is echter slechts een deel van de waarheid: in het prekoloniale, agrarische Afrika was de polygame leefwijze een sociaal instituut dat belangrijk was om te overleven. Pas tegenwoordig, nu de regels van deze manier van samenleven ook toegepast worden op de omstandigheden in grootstedelijke agglomeraties, krijgt de polygamie iets karikaturaals.

De auteur laat een Afrikaanse vrouw uit het Kameroen van de jaren zestig aan het woord. Zij vertelt in de ik-vorm over de geborgenheid in de polygame dorpsgemeenschap van haar ouders, over het door haar vader opgelegde huwelijk, over haar teleurstelling als ze met haar echtgenoot naar de stad gaat en er daar achter komt dat de dorpsfantasieën over het rijke leven in de stad een illusie zijn: haar man die ze zo ophemelt, bezit niet eens een eigen woning. Ze moet in een krappe behuizing, zonder eigen slaapkamer, in de polygame familie van de baas van haar man wonen. Ze krijgt twee kinderen, die allebei al jong overlijden. En krijgt daarvan ook nog de schuld als ze na een kort gesprek met een vreemde man van een onzedelijke levenswandel wordt beschuldigd. Het gesprek dat volgens haar volkomen onschuldig was, wordt door de familie van haar man als ernstig vergrijp opgeblazen. Doordat ze wordt beschuldigd van onzedelijkheid verliest ze nog een kind, haar huwelijk strandt en ze vlucht terug naar haar moeder. Later wordt ze als vierde vrouw uitgekozen door een man die polygaam leeft. De drie andere vrouwen kunnen er niet tegen dat de nieuwe vrouw wordt voorgetrokken en sluiten haar buiten de polygame gemeenschap. Pas wanneer haar echtgenoot al zijn vrouwen evenveel aandacht schenkt, functioneert het polygame familieleven weer. Door de komst van nieuwe echtgenotes raakt dit telkens opnieuw uit evenwicht.

Aan de hand van het lot van deze Afrikaanse vrouw wordt de lezer duidelijk welke voor- en nadelen het polygame huwelijk ook tegenwoordig nog heeft: het voordeel van een gezamenlijk leven, de bescherming van een gemeenschappelijke huishouding, dat je verzorgd wordt als je oud bent en de vergeleken met een monogaam gehuwde vrouw grotere economische onafhankelijkheid van de polygaam gehuwde vrouw. Aan de andere kant zijn alle vrouwen in hoge mate afhankelijk van het rechtvaardigheidsgevoel van hun echtgenoot: de ongelijke verdeling van aandacht en spullen leidt tot hevige jaloezie, met als resultaat ruzie tussen de vrouwen.

Geruchten hebben een belangrijke invloed op het leven van Afrikaanse vrouwen. Vrouwen zijn daar in hoge mate aan uitgeleverd. Alleen al het feit dat een vrouw op weg naar huis door een man wordt aangesproken kan beslissend zijn voor haar verdere lot. Niemand gaat na of bepaalde beweringen ook waar zijn. Aan de hand van het concrete voorbeeld van het gerucht waarover in dit boek wordt verteld, kun je aflezen dat de Afrikaanse maatschappij patriarchaal en op seks gericht is. Het grootste deel van de mannen beschouwt vrouwen uitsluitend als seksobject. Als een man met een vreemde vrouw praat, moet het wel om seks gaan. Het mannelijke gedrag wordt op vrouwen geprojecteerd.

Het magisch denken dat een wezenlijk onderdeel uitmaakt van de Afrikaanse traditie, heeft ook in het leven van deze vrouw een bijzondere betekenis. De dood van haar eerste twee kinderen wordt aanvankelijk niet als gevolg van ziekten uitgelegd, maar als het resultaat van de magische invloed van jaloerse dorpsbewoners.

Deze manier van denken werkt remmend op de ontwikkeling van een modern wereldbeeld en houdt de regels van het traditionele Afrika in stand.

De vrouw in Afrika krijgt een tegenstrijdige rol opgedrongen. Aan de ene kant is zij alleen verantwoordelijk voor de bevrediging van de existentiële behoeften van het gezin, aan de andere kant wordt zij ondanks die enorme verantwoordelijkheid als willoos object gebruikt door haar vader en door haar echtgenoot. Haar leven wordt door vooroordelen en traditionele regels ernstig beperkt. Het is de Afrikaanse vrouw die de tol betaalt voor alle veranderingen die door de omschakeling naar het moderne leven veroorzaakt worden.

De in dit boek beschreven ervaringen uit de jaren zestig en zeventig verschillen niet van die van vrouwen van tegenwoordig. Slechts een kleine groep goed opgeleide vrouwen in de grote stad heeft zich tot dusverre aan die positie kunnen ontworstelen.

Berlijn, september 2002
dr. Solange Nzimegne-Gölz
Oprichtster en secretaris van de Algemene Vereniging voor de Rechten van Afrikaanse Vrouwen te Berlijn

De plannen van de vaders

Rosaline in 1962:

'Papa wil je zien,' riep mijn broertje. Hij is ook een kind van mijn vader maar heeft een andere moeder. Op een ochtend kwam hij helemaal buiten adem aanrennen. Ik veegde net met de rijsbezem ons erf aan – we vonden het belangrijk dat het er netjes uitzag. 'Wat wil hij van jou?' vroeg hij opgewonden en nieuwsgierig, waarbij hij het woord 'jou' rekte en er al zijn verbazing in legde. Wist ik veel.

Ja, waarom laat vader mij eigenlijk roepen, piekerde ik onderweg naar hem toe. Moest ik iets voor hem doen? Was ik ongehoorzaam geweest? Onbeleefd? Niet tegenover hem, dat wist ik zeker. Tegenover een van zijn vrouwen? In mijn hoofd ging ik ze een voor een af, alle acht, mijn moeder meegerekend, huis voor huis. Nee, er was niets bijzonders, niets ongebruikelijks gebeurd. Niet eens tussen ons kinderen. Alleen het gebruikelijke gekibbel.

Vader heeft een huis voor hemzelf. Het valt op doordat het groter is dan de huizen van de vrouwen die eromheen staan. Met angst en beven ging ik naar binnen. Hij wachtte me in de keuken op en warmde zijn handen boven het langzaam uitdovende vuur. Zonder iets te zeggen wees hij naar de kruk tegenover hem. Nee, ik wist het zeker, zijn gezicht vertoonde geen enkel spoor van ergernis, van ontevredenheid. Hij glimlachte juist vriendelijk naar me.

'Mijn dochter!' Hij zei het tegen zichzelf, het was een vaststelling. Hij richtte zich niet tot mij. Klonk er soms trots in zijn stem?

Zijn blik rustte op me, was ongebruikelijk mild. Zag hij mij bewust, misschien voor het eerst, als zijn kind, als zijn dochter? Wat moest hij mij vertellen en hoe belangrijk was het? Ik begon zenuwachtig te worden, wilde hem aansporen: zeg toch eindelijk iets. 'Mijn dochter,' begon hij opnieuw. 'Je bent de kinderleeftijd ontgroeid. Als ik naar je kijk, zie ik een jonge vrouw voor me, mooi uitgegroeid, gezond. Ik vraag me af of een dochter die zelf kinderen kan krijgen altijd maar bij haar moeder moet blijven wonen...' Hij keek mij uitdagend aan en verwachtte een antwoord. Ik schudde mijn hoofd zonder erover na te denken en bevestigde dus dat we er hetzelfde over dachten.

'Je bent een lief meisje, je behandelt volwassenen met respect, je bent attent, je helpt je moeder bij al het werk in huis en op het veld, je zorgt vol liefde voor je broertjes en zusjes. Er heeft nog nooit een van de vrouwen over je geklaagd, en dat is een hele prestatie want ze roddelen wat af.' Hij onderdrukte een glimlach over zijn eigen opmerking.

'Je hebt goede eigenschappen, een meegaand karakter. Ik vertrouw erop dat je onze familie niet te schande zult maken.' Gehoorzaam zat ik daar op mijn kruk. Verkrampt van de spanning en met zwetende handen zat ik geduldig te wachten. Wanneer zou hij me nou eindelijk laten weten wat voor plannen hij met mij had?

'Djuissi...' (Vrouw van God, geboren op een grote marktdag.) Hij noemde mij zoals vroeger en gebruikte niet Rosaline, mijn christelijke naam. 'Dit is een keerpunt in je leven, het zal ingrijpend veranderen. Binnenkort zul je de wereld van de volwassenen binnengaan.' Aha, hij wil me uithuwelijken, schoot het door mijn hoofd, nog voor hij me ervan op de hoogte bracht. 'Ik heb een man voor je gevonden, de zoon van een vriend. Hij woont in Yaoundé.' Ik stond te popelen om mijn vader in de rede te vallen, hem te vragen waarom hij een echtgenoot had gekozen die heel wat dagreizen bij me vandaan woonde. De door hem zo geprezen opvoeding weerhield me ervan te haastig te reageren.

Doodgemoedereerd begon mijn vader nu hoog op te geven van de grote stad waar hij nog nooit geweest was. 'Om door de nederzetting heen te komen moet je van zonsopgang tot zonsondergang lopen. Mensen die er geweest zijn, zijn enthousiast. Ze zeggen dat het een moderne stad is, een wonderwereld. Huizen gebouwd van keihard materiaal, niet van die van leem gemaakte blokken zoals hier in het dorp. Sommige zijn zo hoog dat je je hoofd helemaal in je nek moet leggen om het dak te kunnen zien. Ik weet niet hoe ze dat doen: bouwen ze huizen boven op elkaar? Hoe kunnen mensen in de lucht leven, als vogels in de toppen van de bomen? Ik heb ook gehoord dat ze in de stad 's nacht hun huis verlichten, helder als de dag, alsof de zon schijnt. Je draait gewoon aan een knop aan de muur en dan voltrekt het wonder zich. Als je gaat slapen, draai je er weer aan, dan wordt het donker als in een maanloze nacht in het dorp. Hekserij van de blanken.

Mensen uit het dorp die weleens in Bafoussam zijn geweest, een stad die een dag lopen hiervandaan ligt, vertellen dat er auto's zijn. Dat zijn dingen van blik waar mensen in kunnen, dicht op elkaar, waardoor ze met kabaal en geknetter snel van de ene plek naar de andere worden gebracht. Ik heb zulke dingen nog nooit gezien, ik heb altijd alleen bij mijn familie in het dorp gewoond. En de voetpaden zijn zo smal dat het tot dusverre nog geen enkele auto gelukt is om hier te komen.

In Yaoundé resideert de president, daar wonen de rijken... Je toekomstige echtgenoot werkt voor zo'n zakenman en verdient geld. Wees niet ongehoorzaam, maak hem nooit boos. Hij zal dingen voor je kopen die je graag wilt hebben. En,' hij hief vermanend zijn wijsvinger op, 'vergeet niet dat ík het ben, aan wie je dit geluk te danken hebt.' Met die woorden klopte hij zichzelf hoorbaar op zijn van trots opgezwollen borst. Heel langzaam, haperend, aarzelend drong het tot me door en het groeide uit tot een schrikbeeld. Mijn vader had besloten dat ik weg moest. Alleen in de stad, gescheiden van mijn moeder, mijn broers en zussen, onze grote familie, mijn vriendinnen, het vertrouwde dorpsleven. Zoiets had ik nooit kunnen bedenken. Ik was niet tegen een huwelijk, dat was het lot van een meisje van mijn leeftijd. Maar niet oneindig ver weg, onbereikbaar...

En er was nog iets wat me diep krenkte: mama! Zij was het er dus ook mee eens. Nee, nee, dat was immers onmogelijk. Ik ben haar eerstgeboren kind, ik ben eerder een bondgenoot dan een dochter voor haar in de dagelijkse strijd om het bestaan in de grote gemeenschap van vrouwen en kinderen om één man heen. En al het werk dan? Nu doen we het samen. Hoe wil ze dat klaarspelen? Nee, ze kan, ze mag er niet in toestemmen, ze moet zich verzetten tegen vaders plan... Maar mag ik daar wel op hopen, dacht ik vertwijfeld. Ik kende de werkelijkheid maar al te goed. Alsof mama vader onder druk zou kunnen zetten, hem zou kunnen beïnvloeden. Van je lang zal ze nooit niet! Mannen hebben eergevoel. Vader heeft zijn trots, hij wil niet dat aan zijn aanzien en macht afbreuk wordt gedaan en is bang dat zijn vrienden hem uitlachen. Langzamerhand dringt het tot mijn bewustzijn door: mijn lot is bezegeld. Vader is hardnekkig, kent geen medelijden, bij hem hoef je niet met een verzoek aan te komen. Mama moet onderdanig zijn, gehoorzaam. Ik werd overvallen door wanhoop, vertwijfeling. Als ik wegging, daarvan was ik overtuigd, dan zou ik nooit meer terugkeren naar het dorp, dan zou ik mama en mijn broers en zussen nooit meer terugzien... Ik zou daar in den vreemde sterven, verteerd door heimwee. Tranen vulden mijn ogen, omfloersten mijn blik. Het lag me zwaar op de maag. Ik voelde me ellendig, verraden, uitgestoten en vroeg me af: waarom ik? De hoge huizen of het wonder van het licht interesseerden me niet. Ik ging wel lopen, bewoog me wel veilig en rustig voort op mijn twee benen, niet met hels kabaal en griezelig snel. Nee, ik wilde niets weten van de hekserij van de blanken. Ik wilde niet weg, ik wilde hier blijven, bij mijn moeder, waar ik de mensen, de omgeving kende...

Woedende gedachten... Ze maakten de pijn in mijn borst waardoor ik zwaar ademde steeds erger. Van heel ver hoorde ik mijn vaders kalme stem: 'Djuissi, voorlopig heb ik je niets meer te zeggen. Ga maar weer terug naar je moeder.'

Was het de moed der wanhoop? Ik vergat in elk geval mijn respect, mijn beleefdheid, overwon mijn schuchterheid. Koppig schreeuwde ik uit: 'Ik wil niet weg, ik wil híer blijven, hier bij jullie.

Ik ben hulpeloos als een kind, ik ben aangewezen op mama's adviezen, haar instructies. En zij... zij bedankt me elke dag voor mijn hulp. Ze heeft me nodig.'

Vaders gezicht vertrok, ontstak in woede. Zijn ogen fonkelden. 'Wat?' siste hij. 'Hoor ik dat goed? Mijn eigen dochter, mijn dochter in wier aderen mijn bloed vloeit, durf jij... in plaats van dankbaar te zijn. Wacht maar.' Hij wilde me pakken. Ik week achteruit. Het vuur tussen ons beschermde me nog, hij had het tijdens zijn verhaal opnieuw aangewakkerd.

Hij liet zich met een plof op zijn kruk vallen. 'Rosaline, ondankbare, koppige griet,' zijn krachtige mannenstem beefde van woede. De aderen in zijn hals en slapen zwollen op, je kon ze duidelijk zien. Sidderend van angst drukte ik me tegen de muur aan. Mijn vaders woedeaanval joeg me schrik en angst aan. 'Jij durft het,' voer hij opnieuw uit, 'jij hebt de brutaliteit om mij in mijn gezicht tegen te spreken, om te zeggen dat je dit huwelijk niet wilt, hè? Niemand van mijn kinderen, hoor je,' zijn arm maakte een halve cirkel, hij rekende al die jongens en meisjes daarbuiten mee, 'niemand heeft ooit de brualiteit gehad om zo onopgevoed, zo respectloos te zijn als jij... brutale meid die je bent. Weet je, heb je wel enig idee, nee, dat kun je helemaal niet hebben, hoe slim ik daarvoor heb moeten onderhandelen?' Sprakeloos sloeg hij zichzelf met zijn hand tegen zijn voorhoofd. 'Jij bent mijn kind niet,' besloot hij plotseling. 'Je moeder heeft je ergens anders opgedaan. Sinds vandaag weet ik het zeker.'

Wat een opmerking! Zij trof me als een mokerslag. O goden overal in de bomen, help me alsjeblieft hem te kalmeren, smeekte ik. In mijn fantasie zag ik al hoe hij ons allemaal, mama, mijn broertjes en zusjes en mij dwong ons boeltje te pakken en te vertrekken. Maar waar naartoe? Nee, ik wil mijn familie niet in de ellende storten. Ik ga naar Yaoundé en ik zal niet protesteren.

'Papa,' fluisterde ik voorzichtig, ik stokte, zocht naar woorden. 'Papa, vergeef me mijn ongepaste, respectloze gedrag, ik wilde alleen...'

'Hou je mond,' snauwde hij me bars toe terwijl hij zich bliksemsnel bukte. Geïnteresseerd volgde ik zijn handbeweging. Wat was hij van plan? Ik realiseerde me te laat dat ik door mijn nieuwsgierigheid mijn kans om te vluchten had verspeeld. Hij hield een blok hout in zijn opgeheven hand. Ik stond daar maar, mijn ledematen waren als verlamd. De slagen kwamen op mijn schouders neer. Vader was buiten zinnen, razend, en pas nu zag ik het. Ik werd bevangen door doodsangst. Ik drukte mezelf in de hoek, deed beschermend mijn handen over mijn hoofd, bood hem daardoor mijn naakte rug aan. Bij elke slag schreeuwde hij: 'Als je dat nog eens durft! Als je dat nog eens durft!' Mijn stem begaf het, er kwam geen schreeuw meer uit mijn keel. Weg, weg, dreunde het in mijn hoofd. De reddende deuropening. Eén sprong en ik was buiten. Snikkend stak ik het erf over, rende rechtstreeks in de open armen van mijn moeder.

Zonder iets te zeggen drukte ze me tegen zich aan, streelde me troostend over mijn haar. Mijn tranen begonnen nu pas echt te stromen, na de doorstane schrik. Mijn rug deed zeer, ook dat merkte ik nu. Pas na een lange tijd fluisterde mama's zachte stem dicht bij mijn oor: 'Je wilt niet naar Yaoundé en je hebt het tegen hem gezegd.' Ik knikte bevestigend. 'Waarschijnlijk op een koppige en halsstarrige manier?' 'Ja,' moest ik toegeven. 'Daarmee heb je zijn woede opgeroepen.' Hij heeft me met een blok hout geslagen,' jammerde ik, huilerig en veel te hard. 'Sjt, niet doen joh! Wil je dat alle vrouwen en kinderen meegenieten van je ruzie met vader? En dat ze iets hebben om dagen over te roddelen? Hoewel,' ze haalde haar schouders op, 'dat is trouwens toch niet te voorkomen. Iedereen kijkt en luistert mee.'

Haar hand ging zorgzaam over mijn rug, voelde heel zacht de pijnlijke wonden, schrammen, kneuzingen... 'Ga maar op je mat liggen. Ik ga kruiden zoeken om de pijn te verzachten.' Ze maakte mij zachtjes uit haar omarming los. 'En ik zeg wel tegen de kinderen dat ze geen lawaai mogen maken,' riep ze nog.

Twee dagen lag ik op de mat, op mijn buik zodat moeders kompressen van gekneusde kruiden niet verschoven. Door haar geneeskunst, die ze van haar vader heeft geleerd, beschikt ze over felbegeerde kennis. Ze geeft raad bij allerlei ziekten, zweren en wonden die slecht helen. De keuze, samenstelling en dosis van de planten koestert ze als haar geheim dat ze niet prijsgeeft.

Niet alleen de pijn, ook de vele hoofdbrekens, het nadenken, het gepieker kluisterden me aan het bed. Ik werd gekweld door gewetenswroeging. Mijn gedrag had woede opgewekt, opwinding veroorzaakt... en wat zou dat voor gevolgen hebben? Voor mijn lieve mama? Voor mij? Ik wilde alleen zijn en niemand zien.

Mama was deelgenoot gemaakt, op de hoogte gesteld, ze kende de details, maar moest het stilzwijgen bewaren, mocht vader in geen geval voor zijn. Het was aan hem mij zijn plannen voor mijn toekomst mee te delen. Maar mama had me er op haar manier wel op voorbereid, ze had erop gezinspeeld, had me in bedekte termen te verstaan gegeven dat me een verandering, een ommekeer in mijn leven te wachten stond. Maar ik, ik was nog zo'n naïef meisje, ik had haar signalen niet begrepen. Nu, na mijn pijnlijke ervaringen, herinnerde ik me veel gesprekken, ze kwamen me weer helder voor de geest. Herhaaldelijk had ze benadrukt dat ik een rijpe vrouw was, dat ik mijn dagelijkse plichten zo gewetensvol vervulde, dat ik zo lief en zorgzaam voor mijn broers en zussen was. 'Je bent me tot steun, je bent meer een vriendin dan een dochter. Maar zou dat een reden zijn om je voorgoed aan mij te binden? Nee, o nee, je moeder is niet zelfzuchtig of egoïstisch. Het gaat me om het welzijn van mijn kinderen. Je moet je eigen gezin stichten, een man en kinderen hebben. Wie weet ver weg, ver weg van hier.' Eigenaardig! Waarom had ze het altijd over een grote afstand, dat we misschien ver uit elkaar zouden wonen? Telkens bekroop me een gevoel van onbehagen. Ik schoof het van me af: dat was mama's manier om me te plagen of me uit te dagen... Ik dacht dat ze zich er misschien van wilde verzekeren dat ik dicht bij haar bleef, zodat ik altijd ter beschikking was als ze me nodig had. Glimlachend, met mijn wijsvinger omhoog, bezwoer ik stellig overtuigd: 'Dat nooit!' De werkelijkheid zou anders uitpakken.

'Rosaline, je vader is welwillend en vergevingsgezind. Gelukkig maar!' Mijn moeder ging op de rand van mijn bamboemat zitten.

En nu, wat stond me te wachten? Een preek, een standje over mijn koppige, weerspannige gedrag? Mama, zeg het liever openlijk, help me, zodat ik het allemaal weer helder zie. Gevoelens tussen angst en hoop.

Ik ging rechtop zitten, een en al oor, mijn spieren en zenuwen gespannen: 'Ja, moeder!' Opbeurend aaide ik haar arm. 'Hij heeft begrip, je krijgt verder geen straf...' Ik slaakte een opgeluchte zucht, zonder de toelichting af te wachten. Vervuld van grote vreugde stelde ik vast dat mama en mijn broers en zussen dus niets onaangenaams te wachten stond. De verstandhouding was goed, nog steeds. En ik...? 'Vertel, mam,' drong ik aan.

'"Luister," zei hij – ik vertel je wat hij woordelijk zei – "Rosaline blijft voor mij een braaf meisje, ondanks de onprettige dingen die er gebeurd zijn. Je opvoeding heeft vruchten afgeworpen, dat is duidelijk. Denk je dat ik haar anders uit de vele meisjes als vrouw voor de zoon van een goede vriend had uitgekozen? Om met hem daar in de hoofdstad, ver bij ons vandaan, te gaan wonen? Nooit! Ik moet op mijn reputatie letten, ik duld niet dat die te schande wordt gemaakt. Smaad en schande verspreiden zich als een bosbrand en zijn niet in te dammen. Nee, achteraf zie ik Rosalines weigering niet als ongehoorzaamheid of als gebrek aan onderdanigheid, ze bedoelde er niks kwaads mee. Ik denk dat mijn toekomstplannen haar rauw op het dak vielen, als de beet van een mamba, ook dan reageren mensen vaak onbezonnen en paniekerig." Oh, Rosaline!' Ze drukte me tegen zich aan, kuste me op mijn voorhoofd en wangen. 'Is hij niet geweldig vergevingsgezind? We zijn immers op hem aangewezen, op zijn welwillendheid. We hebben zijn bescherming nodig, net als alle andere vrouwen van deze gemeenschap. Hij lost conflicten op, zorgt voor orde, verdraagzaamheid en rust. Als een man van een grote familie sterft steken rivaliteit, jaloezie en afgunst de kop op, dan begint de openlijke strijd en ze rusten niet tot iemand het onderspit heeft gedolven.' Ze stopte, zweeg. Zag ze in haar hoofd het geruzie al?

Ze hief haar hoofd op: 'Je had hem moeten zien, hem moeten meemaken, je vader!' Glimlachend sprak ze verder. 'Trots, zelfingenomen vertelde hij mij over de resultaten van zijn onderhandelingen, hij was ervan overtuigd dat hij een schitterende, ja buitengewone partij voor je had geregeld. Steels lachend en met een waarschuwende wijsvinger voegde hij eraan toe: "Hou je maar vast, daar komt flink wat jaloezie van." Hij was vol vertrouwen en toen kwam jij, maar in plaats van er blij mee in te stemmen, verzette je je. Je reactie kwetste hem, maakte hem woedend, hij verloor zijn zelfbeheersing.' Ze slaakte een diepe zucht en vroeg me: 'Begrijp je het nu?' Ik knipperde met mijn ogen en zei 'Hm' – meer bracht ik niet uit. Ik begreep het, met tegenzin. Zonder iets te zeggen bleven we een tijdje zo zitten. Ik voelde pijn, niet alleen in mijn schouders en in mijn rug. Was het de pijn van het afscheid al?

'Rosaline,' haast fluisterend, maar opgewonden doorbrak mijn moeder het zwijgen. 'En weet je wat hij heeft bedongen? Een geweldige, fantastische bruidsprijs. Je gelooft het niet! Daar zal over gepraat worden, daar zal verbaasd, afgunstig, bewonderend commentaar op geleverd worden.' Mij een zorg, dacht ik, hoeveel geiten, hoeveel kruiken palmolie en palmwijn vader extra had bedongen. Ja, ik was natuurlijk wel blij voor mijn moeder en mijn broers en zussen die ervan profiteerden. Dat was fijn.

'Die familie gaat een huis voor me bouwen, mooi, ruim, waar geen regen doorheen lekt.' Mama keek me aan, verwachtingsvol, benieuwd naar mijn reactie. Zonder erover na te denken, veel te onstuimig, wierp ik me in haar armen en viel haar om de hals. 'O, mama! Joehoe, geweldig... een nieuw huis! En dit huis dan?' De beweging van haar hand gaf aan dat het werd afgebroken. Het lekke dak vol gaten waar de regen doorheen drupte zou gesloopt worden, de wankele rotte palen zouden in stukken worden gehakt, de muren met de kierende spleten waar tocht, vocht, stof en nachtelijke kou doorheen drongen zouden kapotgeslagen worden!

Gepassioneerd, in vuur en vlam, riep ik: 'Mama, je hartenwens gaat in vervulling.' Maar toen stond ik weer met beide benen op de grond: mama kreeg hier een degelijk huis, een nieuw thuis voor mijn broers en zussen en ik werd naar een vreemde stad verdreven. Niet huilen, niet nu. Laat geen verdriet zien, verpest mama's blijdschap niet. Te laat... Troostend aaide ze me over mijn haar. 'Rosaline, Yaoundé, de moderne stad... Als je ons dorp weer een keer komt bezoeken, moet je lachen om onze lemen hutten.'

Het dagelijkse leven begon weer, met zijn regelmaat, zonder dat er bijzondere dingen gebeurden. Ze lieten me met rust. Mijn moeder liet zich geen woord meer ontglippen en zweeg. Geestelijke eenzaamheid. Overdags kwelde ik mezelf met gepieker en nadenken, 's nachts werd ik achtervolgd door nachtmerries.

Een paar dagen later kwamen er drie jongemannen ons erf op en stevenden vastberaden op mijn vaders huis af. Een alledaags tafereel. Ik wist zeker dat het klanten waren die varkens of palmwijn wilden kopen, vaders inkomstenbron. Schonk ik eigenlijk wel aandacht aan de bezoekers? Nauwelijks. Ik zat met mijn vriendin te fluisteren. We zaten op een omgevallen boomstam met een levendige schare kinderen om ons heen. Maar iets vreemds, merkwaardigs deed ons opkijken: was het vaders overdreven vriendelijke stem? Zijn uitbundige voorkomendheid?

Met langzame passen stapte het kleine groepje voort, bleef staan, praatte, lachte... slenterde verder, rechtstreeks op ons huis af. De aandacht van de kleintjes was getrokken en uit nieuwsgierigheid stormden ze erop af. Wegwezen, beduidde vaders niet mis te verstane handgebaar.

Mama zat voor het huis bonen te lezen. De gave, kiemkrachtige die als zaaigoed moesten dienen aan de ene kant en de beschadigde door kevertjes aangevreten exemplaren voor de varkens aan de andere. September, zaaimaand. De regentijd duurt nog een paar weken. De beste omstandigheden om te kiemen en te groeien. Door de dagelijkse zon van het jaargetijde daarna zullen de nieuwe bonen drogen zodat ze houdbaar zijn.

Mama had de schaduw van het vooruitstekende dak opgezocht. Ze stond gedienstig op en kwam haar man en de vreemdelingen met korte, haastige pasjes tegemoet. Ook zij was een en al hartelijkheid. Nee, dit was het bewijs dat de mannen vandaag niet naar ons toe waren gekomen om een varken te kopen of palmwijn. Vader wil er geen vrouwen bij hebben als hij zaken doet. Hij handelt ze alleen af.

Maar wat had ze dan hierheen gebracht? Ik werd gekweld door benieuwdheid en nieuwsgierigheid. Moest ik toegeven aan de verleiding? Ernaartoe sluipen en gaan afluisteren? Nee, blijf zitten, Rosaline, beval ik mezelf. Wil je ontdekt en weggestuurd worden, net als de kinderen? Vader en moeder namen de drie mannen mee achter ons huis.

Onrustig wachtte ik op de late avond, op een ongestoord moment met mama. Bedankt, goden, dat jullie me zo goedgezind zijn. Buiten viel er regen in een maanloze nacht. Dat betekende dat de traditionele dans niet door zou gaan, die anders 's avonds vol overgave wordt gedanst. De vrouwen kunnen zich dan ontspannen van het werk op het veld en in de huishouding, van het zorgen voor de kinderen en voor de zieken, en de kleintjes worden er blij en uitgelaten van.

Vanavond wordt er niet gedanst. Er wordt niet gemeenschappelijk gekookt met andere vrouwen. Vader heeft niet tegen mama gezegd: 'Kom vanavond mijn lamp maar aansteken.' Iets waar het trouwens niet bij blijft, het betekent dat ze de nacht met hem doorbrengt. Vandaag heeft iemand anders het voorrecht.

Eindelijk! Mijn broers en zussen slapen, nestelen zich vredig op hun mat, moe van het rondrennen en het harde schreeuwen. Als ze wakker zijn liggen ze met gespitste oren overal te luisteren, vangen nieuwtjes op die ze met grote trots vrijmoedig onmiddellijk in omloop brengen, waardoor ze de kletstantes stof voor de meest uiteenlopende roddelpraatjes verschaffen.

Dat kun je toch niet tegenhouden en niemand wordt ontzien. Maar ik wilde niet argeloos, niet kinderlijk onwetend zijn. Nee, deze avond moest mijn moeder een vermoeden, een voorgevoel dat mij bekroop, bevestigen.

We zaten samen in de keuken, zoals gewoonlijk op een avond zonder bijzondere plannen. De lucht was vochtig koud, onaangenaam na de krachtige regenbui. Het vuur hield ons warm.

'Mama.' Ik wist precies hoe ik moest beginnen, had van tevoren al bedacht wat ik zou zeggen. Maar waarom trilde mijn stem zo? 'Die mannen vandaag... die gaan zeker je huis bouwen... of niet?' 'Ja, Rosaline, ze beginnen morgen al, bij het aanbreken van de dag, met het maken van de stenen. Ze vonden de aarde achter het huis geschikt.' Mama sprak haastig, blij opgewonden, alsof het huis van haar dromen er al stond. 'Je weet immers dat dit een gunstig moment is, vooral nu. Voldoende regen en daarna kan het tijdens de droogtetijd goed drogen.' 'Ja, dat is een prima methode.'

Voelt moeder niet wat me bezighoudt? Verraadt mijn gezicht niet dat ik me totaal niet interesseer voor de productie van bouwmateriaal? Hoe kan ik haar mijn wereld in trekken, haar aandacht vragen voor de dingen die ik belangrijk vind?

'Mama, ik ben zo gelukkig.' Ik schenk haar een glimlach, druk haar arm. Zo uit ik de vreugde die uit mijn hart komt. 'Jullie wonen straks in een degelijk huis. Algauw, aan het begin van de volgende regentijd. Maar alsjeblieft, mama, zeg het me: die drie mannen... was hij er ook bij?'

Een heldere schaterlach is haar antwoord. 'Je barst van nieuwsgierigheid, of niet?' Ik knik. 'Natuurlijk. Ja, een van de drie is jouw bruidegom.' 'Wie?' dring ik ongeduldig aan, om mezelf in één adem te vragen: wat verwacht ik van mijn moeder? Ik heb de mannen immers maar kort gezien. 'Je moet tot morgen geduld hebben, vertrouw maar op mij.' Ze geeft me een samenzweerderige knipoog. 'Volgens de traditie mag alleen je vader jullie aan elkaar voorstellen.'

Nog maar een paar uur en dan... ik was opgewonden, wachtte gespannen, met bonzend hart af. De slaap wilde niet komen. Een martelende chaos in mijn hoofd, onopgeloste vragen: zal ik hem bevallen, zal hij mij mooi vinden, aantrekkelijk? Zal ik zijn kinderwens kunnen vervullen? Hem jongens en meisjes kunnen schenken op wie hij trots kan zijn, en zoveel hij wil? En zal hij een zorgzame vader zijn? Het leven voor zijn gezin prettig maken?

En ik – ja, ik moest een goede echtgenote voor hem zijn: volgzaam en onderdanig, werkwillig, vlijtig... volgens mijn moeder de beste eigenschappen om te voorkomen dat je wordt beledigd of slaag krijgt. Naar haar oordeel bezit ik die karaktertrekken. Maar mama, je moet je wel bedenken dat jij me meemaakt in het vertrouwde dorpsleven. De vreemde omgeving zal misschien te veel van me vragen, me duizelig maken, me verwarren, me zelfs verlammen zodat ik tot niets meer in staat ben. En een echtgenoot heeft zijn verwachtingen, stelt eisen. Weer werd ik overvallen door de angst voor de toekomst.

Wist ik maar... Wisten mijn moeder en ik maar wat de voornemens, de plannen van de twee vaders waren. Wanneer zouden we vertrekken? Al gauw? Overhaast? We doen het vast rustig aan en wachten tot het huis klaar is. Die vrome wens beviel me wel, daar gokte ik op. Nog een aangename, plezierige tijd – tot de volgende regentijd. Een prettig idee dat me slaperig maakte.

Wij bijna-volwassenen stonden bij elkaar, we kletsten, kraamden onzin uit, vonden onszelf erg belangrijk. Iedereen wilde de aandacht trekken, probeerde zich door hard te praten een gehoor te verschaffen. Ook ik wilde belangrijke dingen vertellen, ik gebaarde, kletste erop los... maar niemand schonk me aandacht. Teleurgesteld zweeg ik.

Hè? Liet mijn waarnemingsvermogen me in de steek? De anderen waren zonet immers nog uit volle borst om me heen aan het zingen. Ze hadden zich verwijderd, waren plotseling ver weg, alsof ze achter een muur stonden. Ik luisterde ingespannen, wilde het geheim doorgronden. Ah! Langzaam begon ik het te begrijpen: het was een droom geweest en ik ging de werkelijkheid weer binnen. Buiten kletsten en praatten de mannen, die met het werk gingen beginnen. De nacht was nog zwart, maar de vogels floten zich al de longen uit hun lijf. Dadelijk zou de dag aanbreken.

Ik trof mama al in de keuken aan. Op een knapperend vuur warmde ze de etensresten van de vorige avond op. 'Straks komen de kleintjes uit hun bed. Het gepraat en gelach buiten maakt ze vast nieuwsgierig.' En daar verschenen ze al in de deuropening, zich de slaap uit de ogen wrijvend.

Ik was zo ongeduldig dat ik naar buiten liep. 'Rosaline, wees verstandig, hou je gedeisd,' riep mijn moeder me na.

'Natuurlijk, ik ga alleen het erf vegen.'

Ik legde vandaag een grote ijver aan den dag, zwaaide nadrukkelijk met de rijsbezem. Niet om op te vallen of om aandacht te trekken. Het kwam door mijn onrust; ik was zo gespannen dat ik naar een bezigheid, naar beweging verlangde. Mijn moeders waarschuwing klonk me nog in de oren. En toch was het verleidelijk. Zogenaamd ijverig aan het werk, liep ik van tijd tot tijd naar de hoek van het huis en wierp heimelijke blikken op de plek waar het allemaal gebeurde. Ik bespiedde ze, maar kwam jammer genoeg niet veel te weten.

Jongemannen stonden samen te overleggen. Zijn broer en zijn vrienden, concludeerde ik. Bijna volwassen jongens en zelfs kleine jochies waren hen achterna gekomen en zwermden om de groep volwassenen heen als bijen om een bloem vol honing. Een paar van hen boden aan te helpen, ze wilden de handen uit de mouwen steken, behulpzaam zijn. Anderen boden hun raad aan, zogenaamd omdat ze het al vaker hadden gedaan, meenden dat hun advies, tips, instructies onontbeerlijk waren.

En er waren er heel wat die gewoon in de weg stonden. Aangetrokken door het gebeuren, goed wetend dat hier gediscussieerd en gelachen werd, dat hier grapjes werden gemaakt, dat dit een gelegenheid was om op te scheppen, te bluffen, praatjes te verkopen en indruk te maken.

'Rosaline.' Klonk mama's stem nou geprikkeld, verstoord? De bezem viel uit mijn hand en ik rende het huis in. Ze maakte zich vrolijk. 'Mijn meisje dat anders zo snel kan vegen staat te dromen,' zei ze. 'Heb je om de hoek gegluurd?' Knikkend gaf ik mijn nieuwsgierigheid toe, ik glimlachte en was opgelucht dat ze niet boos was.

'Er zijn er heel wat gekomen, of niet? En wij moeten ze allemaal te eten geven.' Haar toon werd peinzend, bedachtzaam. Ze sprak tegen zichzelf. 'En we moeten gul overkomen. Als je krenterig bent, kunnen ze daar weer de spot mee drijven en zullen ze erover blijven roddelen.' Ze kijkt me aan. 'De andere familie, bedoel ik. Kom, ga met me mee. We hebben de komende dagen heel wat werk te doen. We gaan bij onze vrouwen langs. Gelukkig zijn het er heel wat – en een paar van hen zijn hulpvaardig, betrouwbaar, die bedoelen het goed. Maar we moeten bij hen allemaal langs. Vader heeft ze allemaal verteld over de bouwplannen. En als je er één zou vergeten, zou het je nagedragen worden. Sommigen zijn gevoelig, pruilen onverzoenlijk als ze niet op de juiste manier benaderd worden, terwijl ik weet dat ze met vage excuses hun hulp zullen weigeren.'

Ze kwamen eraan met hun baby's op hun rug gebonden, het bamboekrukje handig op het hoofd balancerend, en kondigden hun komst met veel gejuich aan, een teken dat ze in opperbeste stemming waren. De vrouwen op wie mama vertrouwt, houden van grapjes en plagerijtjes. Maar let op! Ook minder gunstig gezinden mengen zich onder de aardige vrouwen: luistervinken, uithoorders, nieuwsgierig naar nieuwtjes, details... mama weet ze allemaal in te schatten. Een kwestie van mensenkennis, van jarenlange ervaring, opgedaan in de gemeenschap.

Door hun opmerkingsgave, hun fijne gevoel voor speciale gebeurtenissen wisten de kinderen dat er vandaag iets bijzonders aan de hand was. 'Kom, we gaan kijken wat het is!' Het was een oproep die snel de ronde deed, maar die door de moeders even snel weer de kop werd ingedrukt: 'Ga jij eens droog gras, rijshout en brandhout halen.' 'En jij, breng eens even gloeiende as uit de keuken. Voorzichtig, begrepen?' Er volgden nog meer opdrachten: ze werden erop uitgestuurd om potten, kookgerei en water, pinda's, specerijen en kruiden te halen. 'Jongens, jullie zijn zo groot, halen jullie de machete maar om kookbananen af te hakken.'

Bij de hoog opgeschoten boom ontmoetten de vrouwen elkaar. De centrale keuken voor bijzondere gelegenheden: feesten, plechtigheden, rouwbeklag. Zijn breed uitstaande takken en twijgen, zijn dichte bladerdak gaven schaduw, beschermden tegen de stekende zon. Drie stenen als kookplaats. Ze lagen er al, waren beschikbaar, hoefden alleen nog maar goed neergelegd te worden. Al snel steeg er dikke rook op uit de vuurtjes, hij ging omhoog, zocht zich een weg door het bladerdak en ontsnapte in het blauw van de hemel.

Vergat mama haar belofte, dat wat we stiekem afgesproken hadden? Ik begreep het wel, want we werden helemaal in beslag genomen door onze drukke bezigheden. En we werden nog meer afgeleid door het amusante geklets van de uitgelaten vrouwen. Zelfs ik, hoe was het mogelijk, vergat daardoor af en toe mijn brandende nieuwsgierigheid, mijn gespannen verwachting.

Op de bouwplaats heerst bedrijvigheid. Hoewel we het zelf ook druk hebben, kan ik dat zien. Ze doen het op de gebruikelijke manier: er wordt grond uitgegraven en die wordt met water doordrenkt, niet te veel en niet te weinig. De kinderen amuseren zich, hebben plezier: dit kunnen zij mooi met hun voeten doen. De brij, de grondstof voor de stenen, moet gemengd en grondig gekneed worden. Er moet in de kniediepe blubber gestampt worden. En er mag geen klontje overblijven, anders worden de stenen minder hard, minder sterk.

Er staat al een vorm klaar, getimmerd van planken, de binnenkant ingewreven met het slijmerige sap van een plant. De doordrenkte, goed gemengde aarde wordt erin gedaan, erin gedrukt, er mag geen holte overblijven. Omkeren en klaar – de eerste steen. Op de avond van de derde dag zullen er voldoende klaarstaan, keurig in het gelid. Ze hebben maandenlang de tijd om te drogen, om keihard te worden.

Etenstijd. Met bonzend hart wachtte ik op dit moment. Ik dacht wie weet, misschien... 'Help je mee opscheppen?' vroeg mijn moeder. Ze gingen in de rij staan, trokken aan mijn pan voorbij, kinderen, bijna volwassenen, mannen, stonden op hun recht, waren ervan overtuigd dat ze door hun inzet een grote portie verdiend hadden.

Wat wilde ik graag in elk gezicht kijken, het onderzoekend bekijken, met een uitdagende blik vragen: 'Ben jij het? Of jij?' Maar dat was ongepast voor een meisje van mijn leeftijd. Ik hield mijn oogleden naar beneden, keek naar de grote en kleine handen die allemaal een bananenblad vasthielden waar het eten op werd geschept.

Niemand was ontevreden over het eten. En wie dat wel was durfde het niet te zeggen, want van alle kanten werd de loftrompet gestoken over de kookkunst van de vrouwen.

Wij, een paar jonge meisjes, bekommerden ons om de pannen. Kletsend, lachend, giechelend slenterden we naar de beek. We lieten ons door niets opjagen. 'Je broer, Rosaline.' Verbaasd keek ik op, liet de pan zakken die ik vanbuiten blank schuurde met zand. 'Mama wil je zien.' 'Mij? Waarom? Wat is er met haar aan de hand?' vroeg ik haastig met stokkende adem. Hij antwoordde slechts met een schouderophalen. Het was vast iets akeligs. Anders kon het toch wel even wachten?

Daar stond ze, gelukkig ongedeerd, met een man te praten. Een vriend van mijn vader. Ik herkende hem toen ik dichterbij kwam. 'Rosaline, lieve dochter,' zijn hand streelde me teder over mijn haar. Ik wist niet hoe ik het had! Zijn vriendelijkheid was zo onverwacht. Ik wist niet wat ik met zijn welwillendheid aan moest. In verwarring keek ik naar de grond. Zijn hand tilde mijn kin op. Hij dwong mij hem in de ogen te kijken. Ze keken me vriendelijk aan. 'Kleine vrouw van mijn zoon. Ik heb jou voor hem uitgekozen.' Trots nam hij mij op. 'Je kent de traditie immers: eigenlijk had ik een vertrouweling de opdracht moeten geven om contact met jullie familie op te nemen, afspraken te maken en te onderhandelen over de voorwaarden. Hadden we een derde persoon nodig? Ik heb vaart gezet achter de gesprekken met je vader, we hebben de afspraken als goede vrienden gemaakt.'

Ah, nu zag ik hoe het in elkaar zat: hij, vaders vriend, wil mij met zijn zoon laten trouwen, mij in zijn familie opnemen. Hij is mijn schoonvader, in de volksmond de geldpapa, die mij moet onderhouden, die zich op kosten moet jagen voor de bruidsprijs. Ik probeerde het me te herinneren: zijn zonen...? Ken ik die? Heb ik ze al leren kennen? Koortsachtig begon ik mijn geheugen te pijnigen: wanneer, waar was daar gelegenheid voor geweest?

Hij liet mij geen tijd, stak in plaats daarvan de loftrompet over zijn zoon: 'Hij werd aangetrokken door de grote stad. Hij hoorde van het bijzondere leven daar, dat trok hem. De nieuwigheden van de blanken, weet je. Hij is onbedwingbaar weetgierig, als kind stak hij zijn neus al in dingen die anderen koud lieten. Op een dag hoorde hij dat een familielid daar een sterke jonge arbeider zocht. Toen kon niets of niemand hem meer tegenhouden. Vrienden vergezelden hem naar de markt in Bafoussam. Zonder angst ging hij in zo'n behekst ding zitten dat mensen van de ene plek naar de andere brengt. Hij vertelt zulke enthousiaste verhalen over het leven in de stad, over huizen boven elkaar die ze wanneer ze maar willen 's nachts helder als de dag kunnen laten stralen...'

Aha, papa! Ik dacht aan hem, aan mijn eigen vader: jij hebt me dezelfde enthousiaste beschrijving gegeven, zonder het zelf meegemaakt te hebben. Nu weet ik waar jouw informatie vandaan komt.

'Hij verdient geld, leeft niet meer het bescheiden leven dat in het dorp gebruikelijk is... en toch is hij zijn oude vader niet vergeten – en ook,' voegde hij er gnuivend aan toe, 'de brave, mooie meisjes van zijn dorp niet.'

Plotseling bedacht hij iets en vroeg: 'Heeft je vader jullie al aan elkaar voorgesteld, jou en Paul?' 'Nee,' antwoordde mama snel in mijn plaats. De warmte steeg me naar het hoofd. Was dit het moment? En hij gaf een jongetje al de opdracht: 'Ga kijken! Zijn de mannen nog aan het werk? Ga Paul roepen.' Paul dus, een christelijke naam. Durf ik naar hem te kijken? Dat is niet gepast. Mijn blik blijft op de verwelkte bladeren op de grond gericht, maar ik spits mijn oren. Hoor ik stappen dichterbij komen? 'Hij komt!' Zijn vader reikt hem de hand. 'En jongen, vordert het een beetje?' 'Uitstekend, papa!'

Ik, nog steeds helemaal onderdanig, hoor die stem. Jeugdig-fris, welluidend dringt hij mijn oor binnen. 'Rosaline.' De zware hand van een man wordt op mijn schouders gelegd. 'Paul staat voor je, laat hem je gezicht zien.' Opnieuw pakt hij mijn kin, tilt mijn hoofd op, dwingt mij in zijn stralende ogen te kijken. Ze nemen me op, een beetje te ongegeneerd. 'Mooi, goed geproportioneerd, vind je niet?' vraagt de vader zijn zoon. 'O papa, ze is geweldig mooi... dank je, goed uitgekozen.' Zijn gezicht werd nog ondeugender, olijk door de opgedroogde spatjes modder. Sporen van wat hij vandaag allemaal had gedaan.

'Aan het werk.' Pauls vader duwde hem kameraadschappelijk ons kringetje uit. Zonder dat ik het wilde keek ik hem steels nog na. Innerlijke opwinding, een prikkeling, dwong me daartoe, ik kon er geen weerstand aan bieden. Wat een vent! Die beviel me wel. Zijn ondeugende lachje, zijn krachtige bouw, zijn lichte gang...

'Het meisje heeft papieren nodig. Je weet immers, tegenwoordig kun je niet meer reizen of ergens wonen zonder identiteitsbewijs, in de steden al helemaal niet. De politie daar leert je wel om bang te zijn.' Ach, wat een bittere bijsmaak, wat een ontnuchtering. Yaoundé. En waarom? Vanwege het geld? Hier zouden onze kinderen tenminste vreedzaam kunnen opgroeien.

Ik stond voor een vrouw. Haar gewaad had de kleur van de hemel als de zon schijnt. Een klein mutsje van dezelfde kleur stond eigenwijs op haar hoofd. Ze nam me op. Haar kritische blik onderzocht me, bleef keurend op mijn borsten rusten. 'Wanneer heb je voor het eerst de maan gezien?' Ik kreeg het warm. Beschaamd keek ik naar de grond. Wat waren dat nou voor onbetamelijke vragen? Het was pijnlijk omdat mijn tante erbij was, die mij vergezelde naar het kliniekje. Ik begreep goed dat ze wilde weten wanneer ik voor het eerst ongesteld was geweest. Mijn tante klakte misprijzend met haar tong. Ik wist waarom. Zulke onderwerpen zijn taboe als er kinderen bij zijn. En ik ben nog maar een kind in de ogen van de volwassenen. Hun wereld betreed ik pas door mijn huwelijk.

Ik haalde mijn schouders op. 'Eén keer.' 'Tijdens de droogtetijd?' Op mijn ontkennende hoofdschudden mompelde de vrouw voor zich uit: 'Tijdens de regentijd dus.' Weer tegen mij gericht: 'Wat deed je toen? Denk erom dat je de volgende keren en elke keer als je de maan ziet, niet met je moeder op het veld gaat werken.' Ach, hoe zou ik dat ook kunnen! Ik zou sterven van schaamte. Tijdens die dagen kruip ik weg, net als de andere meisjes en vrouwen, in de achterste, donkerste hoeken van het huis. Anders steken de anderen er nog de draak mee als ze het bloed over mijn benen zien lopen.

Beschaamd stond ik daar, voelde de verwachtingsvolle blik van die vrouw. 'Het was in de maand voor de maïsoogst.' 'In deze regentijd? Nee, dan zal het niet pas deze maand zijn geweest.' Dat antwoord gaf ze zelf, ze drong verder aan: 'Van het vorige jaar?' 'Daarvoor, daarvoor,' mompelde ik. O, mijn lichaam huiverde, rilde. Het verleden kwam boven: rebellen, overvallen, lijken, bloed... 'De opstandelingen,' stotterde ik, 'ze kwamen voor het eerst in ons dorp, 's nachts, ze brandden de huizen plat, verwoestten de maïsoogst, vermoordden aanhangers van de blanken. We brachten de nachten in het veld door, verstopt onder bananenplanten.' 'Stop maar, Rosaline.' Ze hief kalmerend haar hand op, ging een andere kant op met haar vragen. 'Jij bent het oudste kind?' Ik knikte. 'Hoeveel kinderen heeft je moeder gekregen?' 'Behalve mij nog vier zussen en twee broers. Twee zussen en een broer zijn gestorven.' 'Is ze weer zwanger?' 'Hm.'

De vrouw leek tevreden te zijn over het resultaat van haar gevraag. 'Goed,' zei ze, 'alles wijst erop dat je geboren bent in 1945.' Ze gaf me een vel papier. 'Raak het niet kwijt, maak het niet vies.' Ze noemde het een 'attest van mijn geschatte leeftijd'. 'Ken je het kleine openbare kantoor vlak bij de *chefferie*? Daar zal je geboortakte worden opgemaakt en op het politiebureau in Bafoussam krijg je een persoonsbewijs. Die papieren zijn heel belangrijk voor je.'

'Ongelooflijk,' ging mijn tante tekeer toen de mevrouw ons niet meer kon horen, 'wat voor vragen ze tegenwoordig kinderen durven te stellen.' 'Tante...' ik wilde haar kalmeren, maar ze luisterde niet naar me.

Nog steeds verontwaardigd wist mijn tante thuis snel een groep luisteraars om zich heen te verzamelen, aan wie ze vertelde welke vragen ze mij, een kind, hadden gesteld om achter mijn vermoedelijke geboortejaar te komen. De vrouwen hadden er geen goed woord voor over. Ze praatten luid door elkaar heen. Allemaal leverden ze een bijdrage, die met veel emotie werd geuit.

Na geruime tijd, nadat ze al heel wat keren dezelfde opmerkingen hadden herhaald, vroeg mijn moeder het woord. Ze had iets belangrijks te vertellen. 'Rosaline werd geboren in het jaar dat de koloniale regering de vrouwen van de belastingplicht bevrijdde. De ouderen onder jullie herinneren zich dat vast nog wel. We droegen een metalen penning aan de band van onze lendendoek die we bij de controle moesten laten zien.' 'En hoe noemden de blanken dat jaar?' wilde alle vrouwen nu tegelijkertijd weten. 'Ach, moest ik me daar om bekommeren? Hadden we geen andere zorgen dan de jaartallen van de blanken te onthouden?' Ze slenterde ervandoor.

's Avonds ging het nog een keer over mijn geboortejaar. 'Het jaar van de belastingkwijtschelding van de vrouwen?' Mijn oom wist daarop het volgende te zeggen: 'Het was in de tijd dat de grote oorlog ophield die de Duitsers tegen de Fransen en tegen veel andere landen voerden. Ze rekruteerden zelfs Kameroeners voor het Franse leger, dat wil zeggen om in Europa te vechten. Ik ken mensen die dat overkomen is.' 'En de Fransen, de plantagebezitters in de buurt van Foumban, werd bevolen terug te gaan naar Frankrijk om deel te nemen aan de oorlog,' wist iemand anders. 'Voor ze vertrokken vroegen ze de stamhoofden van de naburige chefferies om werklieden naar hun plantages te sturen.' 'En die deden dat nog ook,' zei iemand anders nijdig. 'Ze vingen jonge mannen, voerden ze met ijzeren ringen om hun polsen af en brachten ze naar die plantages. Daar moesten ze zes maanden ploeteren voor ze afgelost werden.' 'Werden ze voor hun werk betaald?' 'Nee, geen *kauri*. En het kwam zelfs voor dat een jonge man terugkeerde naar zijn dorp en meteen weer naar een volgende plantage werd versleept. Dat ging jarenlang zo door, tot de Fransen terugkwamen.'

'En toen de oorlog afgelopen was, hoefden de vrouwen toen geen belasting meer te betalen?' Een jongeman kaartte het onderwerp weer aan. 'Nee,' luidde het antwoord. 'Maar dat betekent immers dat wij Kameroeners meebetaald hebben aan de oorlog in

Europa, of niet?' riep hij verontwaardigd uit. Een man die het allemaal had meegemaakt zag dat ook zo: 'Ja, mijn jongen, zo ging dat. Waarom denk je dat de blanken naar ons land toe kwamen? Omdat ze zoveel van ons hielden, omdat ze ons zo waardeerden?' Hij lachte spottend. 'Ze kwamen om ons uit te buiten, om ons te vernederen.'

De anderen vonden dat zijn stem te schel, te hard werd. Ze keken hem misprijzend aan.

Sussend legde mijn vader zijn hand op zijn arm en nam snel het woord. 'Niet alle vrouwen waren gedwongen belasting te betalen. Het ging als volgt: op een gegeven moment riep de koloniale regering de dorpshoofden op om ook onder vrouwen belasting te heffen. De dorpshoofden stuurden hun notabelen erop uit om de bevolking op de hoogte te brengen van dat bevel. Ze maakten ook de dag bekend waarop wij mannen op de *moyo'h* moesten verschijnen om onze belastingen tegen een kwitantie te voldoen. Bij die gelegenheid kochten we een belastingpenning voor onze vrouwen. Maar,' hij lachte geamuseerd, 'de vrouwen knoopten die metalen penning met een gaatje als een sieraad, als een medaille aan de band van hun lendendoek. Hij verleende hun respect, ze voelden zich vrouwen van stand. Ze liepen ermee te koop: hun man was in staat om belasting voor hen te betalen. Dat ze hun man als tegenprestatie een gevulde mand pinda's moesten geven sprak vanzelf.'

'De dorpshoofden zullen zich wel flink verrijkt hebben met al het ingezamelde geld,' durfde een man te zeggen. Er brak geroezemoes onder de oudere mannen los: 'Denk dat maar niet. De blanken hadden hun eigen inningsmethoden.' Bijna gelijktijdig staken een paar mannen hun rechterarm omhoog en lieten hem met twee gestrekte vingers door de lucht gaan, floten door hun tanden, waarmee ze slagen imiteerden.

De ambtenaar had een kantoortje in de buurt van de chefferie. Vader vergezelde me erheen. Het was dicht, maar de vrouwen die aan de straatrand hun pinda's en bananen verkochten wisten waar de man zat. Hij kwam in looppas aansnellen en gaf daarmee aan dat hij zich van het belang van zijn ambt bewust was. De inrichting bestond uit een tafel, een stoel en twee bamboekrukjes. Aan de muur hing een boekenplank. Er slingerden vergeelde papieren rond die bedekt waren met een dikke laag bruin stof. Ik keek met grote ogen naar het enorme dikke boek op de tafel. Ook daar lag stof op, kennelijk hoefde hij het niet elke dag open te slaan. Hij pakte een doek aan een punt vast en sloeg er een paar keer mee op de tafel. Ik kon een hoestaanval niet onderdrukken. 'Wat een stof,' stelde hij vast.

Nu was hij klaar. Zijn blik bleef vragend op ons rusten. Vader gaf hem het attest dat ik in het kliniekje had gekregen. Hij bestudeerde het eindeloos. Ik keek bewonderend naar hem. Wat knap om uit die tekens iets op te maken. Een moeilijk karwei, dat ontcijferen van die letters, want anders zou het immers niet zoveel tijd kosten. Ik heb nooit leren lezen en schrijven, waarom ook? Mijn broers gaan naar de missieschool. Zal het hun iets opleveren? Vader heeft aanzien en wordt gerespecteerd, ook zonder dat hij de school van de blanken heeft bezocht. Hij mag acht vrouwen zijn eigendom noemen.

De ambtenaar sloeg het boek open, pakte zijn schrijfgerei en maakte daarmee een regel vol, keurig op de juiste afstand van de vorige regels. Zijn blik ging heen en weer van het door ons meegebrachte papier naar het boek, hij schreef. Met een liniaal trok hij een streep onder zijn aantekening van vandaag. Hij begon in de rommel te woelen en zocht kennelijk iets – maar wat? Hij had het gevonden: een papier vol gedrukte tekst. Zijn werk was het invullen van opengelaten plekken. Hij controleerde, vergeleek. 'Nu maak ik het officieel,' legde hij vader uit en met overdreven kracht zette hij een stempel op het papier.

Vader zette onderweg naar huis een ontevreden gezicht. Het ging toch allemaal zoals het moest? Ik liep echter zwijgend naast hem. Het was me zwaar te moede. Hoe kon ik het naderende afscheid tegenhouden? Door ziek te worden? Dat was een idee dat me niet beviel. Ziekte eindigt vaak met de dood. Ik kreeg kippenvel.

Vaders stem deed me uit mijn gepeins opschrikken. 'De buurman gaat regelmatig naar de stad. Hij verkoopt daar kippen en kuikens. Hij weet wanneer het markt is.' Ik was verbaasd. Sinds wanneer was vader erin geïnteresseerd wanneer het markt was? Wilde hij iets verkopen? Varkens misschien? 'De jongste broer van je moeder woont er met zijn vrouw en kinderen. Hij heeft er een winkel. De buurman moet maar bij hem langsgaan en hem zeggen dat jij de volgende keer meekomt.' 'Ik? Waarom?' vroeg ik verbouwereerd. 'Nou vanwege het persoonsbewijs zoals ze dat noemen. Dat wordt alleen in Bafoussam afgegeven. Een stuk papier met je naam en je geboortedatum. Ach,' hij klakte geërgerd, 'weer zo'n idee van de blanken. Bij hen is het gebruikelijk om elke gebeurtenis exact te registreren. Ze schrijven een papier uit waarop staat wanneer iemand geboren is, en weer een ander papier wanneer hij zijn laatste pijp gerookt heeft. Voor wie? Wij vergeten de doden niet. Moet je horen, ze willen ons zelfs een papier opleggen waarop genoteerd wordt wanneer een man een vrouw neemt. En ze zijn van mening dat een man zich tot één vrouw moet beperken.' Hij grinnikte geamuseerd in zichzelf. 'Maar dat is weer een ander onderwerp.' Toen ging hij verder: 'Ik heb het persoonsbewijs van je oom gezien. Naast zijn naam was een afbeelding van zijn gezicht geplakt. Zwart als verkoold hout, niks op te zien.' Weer zweeg hij even. 'Nou ja, één ding dan... je oom zegt dat het persoonsbewijs één voordeel heeft. Als iemand alleen op reis is, kan hij een ernstige ziekte krijgen of zelfs doodgaan. Niemand weet dan wie diegene is of waar hij vandaan komt. Door zo'n persoonsbewijs weet je waar hij vandaan komt. En dan kun je zijn familie informeren.'

Ik had altijd al de heimelijke wens gehad naar de stad te gaan, was nieuwsgierig naar de huizen, de markt, de mensen, naar het bonte leven waar ik verhalen over hoorde. Maar de tocht erheen moest eindeloos lang zijn, zo lang dat je benen gevoelloos werden. Ik dacht aan de zweren die ik gekregen had toen ik in de doorns had getrapt. Zij zijn nog niet genezen, doen nog steeds zeer. Ook de kloven in mijn hielen zijn soms zo diep dat ze pijn doen. En het tempo, zal ik dat wel bij kunnen houden? En als dat niet zo is, laten ze me dan achter? Of stel dat ik in de stad verdwaal? Eindeloos veel vragen schoten door mijn hoofd. Ik durfde ze niet te stellen. Wat had mijn vader mij ook moeten antwoorden? Hij weet immers niet wat de vermoeienissen van de reis zijn of hoe het leven in de stad is. 'Je tante zal voor de chefferie op je wachten.' Een geruststellend vooruitzicht: zij zal voor mij zorgen, mij beschermen.

In Bafoussam

Van opwinding kon ik de slaap niet vatten. Onrustig draaide ik me van mijn ene zij op mijn andere. Ik was bang dat ik me zou verslapen en niet mee zou kunnen lopen. De buurman hield zijn woord en klopte op tijd op onze deur om mij te wekken. Hij weet feilloos wanneer hij moet vertrekken, uren voor de dag is aangebroken.

Mama had heel wat gloeiende as bewaard. Ze had snel een vuur aangestoken. Ze warmde eten van de vorige avond voor mij op. Als proviand voor de lange dag wikkelde ze zoete aardappels in bananenbladeren, deed water in een kalebas. Mijn broer vergezelde me tot de chefferie van het dorp, het ontmoetingspunt. Een gloeiend stuk hout verlichtte ons donkere pad. Hij droeg een mand op zijn hoofd, vol met pinda's, maïs en bonen, en hield in zijn hand een zak waaruit het angstige gekakel van een kip kwam. 'Voor de mensen in de stad,' had mama gezegd. 'Je mag daar als dorpsbewoner niet met lege handen aankomen.'

Een kletsende en lachende groep verzamelde zich op het grote plein. Stormlampen verlichtten de directe omgeving. Dat was prettig, het betekende dat we in elk geval niet in het aardedonker de weg hoefden te zoeken.

Zonder dat er iets werd gezegd, drong iedereen erop aan direct te vertrekken. We stonden te bibberen van de kou. De koelte van de nacht verlamde je ledematen. Een vlot wandeltempo en de zware last zouden je lichaam wel snel warm maken.

De vrouwen tilden manden met maïs of maniok of zoete aardappels op hun hoofd, pakten de bundels kippen en hanen op. Ze waren met hun poten aan elkaar gebonden, hun koppen bungelden naar beneden en van tijd tot tijd krijsten ze hun ontevredenheid over deze behandeling uit. Daarbij viel het zachte gepiep van de kuikentjes dat uit allerlei manden kwam in het niet. Jongemannen bekommerden zich om piepende varkentjes, zeugen die heel wat kilo's wogen en koppige geiten.

Ik streefde ernaar om voorop te lopen. Als ik moe werd, dacht ik, had ik nog tijd om uit te rusten en dan kon ik me weer bij de laatsten aansluiten. Maar waarom al die paniek? Die was onnodig. Mijn voeten deden geen pijn, mijn benen werden niet gevoelloos. Geamuseerd luisterde ik naar de steken onder water die over en weer gegeven werden, het lachen over de dingen die de dorpelingen in de stad hadden meegemaakt, hoe ze zich verbaasden over de wonderen van de blanken. Mijn buurman liet merken dat hij zich verantwoordelijk voor me voelde. Had mama – of misschien vader zelfs – hem gevraagd mij niet uit het oog te verliezen? Bezorgd vroeg hij of het lopen zwaar was, of ik last had van de hitte.

'Ze hebben de procedure vereenvoudigd.' Hij begon een gesprek toen we een rustpauze hadden. 'Ze? Wie?' Wat begreep ik nou van ingewikkelde administratieve procedures? 'Nou ja, de koloniale regering nog.' Schalks lachend legde hij uit: 'Vroeger moest zijne hoogheid, de *chef*, persoonlijk als getuige naar de stad gaan. Die steunde, jammerde en klaagde dat het een lieve lust was en zijn collega's deden hetzelfde als ze door de blanken naar Bafoussam werden ontboden. Voor het gerechtsgebouw werden ze opgewacht door hun dorpelingen die geboortebewijzen en andere papieren wilden aanvragen.' 'Ja, natuurlijk, dat was lastig voor ze, erg lastig,' luidde mijn commentaar. Verried de toon van mijn stem dat me niet duidelijk was, dat ik niet begreep wat hij bedoelde?

Hij deed een nieuwe poging, legde omstandig uit hoe het vroeger ging, zei op vaderlijke toon: 'Weet je, de blanken zijn vindingrijk. Nadat ze zich hier gevestigd hadden, vonden ze al snel feilloze methoden om hun belangen ook ver van de steden te behartigen. En hoe? Heel simpel: ze klopten bij de chefferies aan en maakten de traditionele chefs tot hun handlangers. Die moesten meedoen, en anders... Vaak waren pressie en dwang niet eens nodig. Veel chefs bezweken voor sterkedrank; voor een nieuw voorraadje vuurwater wilden ze de blanken wel van dienst zijn.

Begrijp je het nu? Noodgedwongen gingen ze naar Bafoussam om samen met hun wachtende onderdanen de kantoren binnen te gaan. Wat een geluk als de ambtenaar een "vriend" uit het dorp bleek te zijn. Dat vereenvoudigde de discussie, bekortte de wachttijd. Want de regeringsambtenaren van toen...' Hij zweeg even, schudde misprijzend zijn hoofd. Hij leek nog steeds boos als hij eraan dacht.

'Goed, op de scholen van de missionarissen leerden ze lezen, schrijven, rekenen en andere talen, maar vergeet je daardoor je afkomst, je huidskleur, je tradities? Het respect voor je chef? Velen van hen deden nog belangrijker dan de blanken en behandelden ons nog neerbuigender dan zij. Ha!' Hij maakte een wegwerpgebaar, zette daarmee de onaangename herinneringen van zich af, begon opnieuw op zakelijker toon: 'Als je een onbekende ambtenaar trof, stond je een eindeloos gesprek te wachten over jezelf, je vader, je familie, je dorp... maar hoe dan ook, uiteindelijk moest hij toch je geboortebewijs opstellen. Daarvoor zat hij er.'

Na een pauze zei hij: 'Maar nu is het anders.' Hij pakte vriendschappelijk mijn arm en lachte vrolijk in zichzelf. 'Ik heb het niet over de hulpvaardigheid en de vriendelijkheid van de ambtenaar. Oordeel morgen zelf maar. Nee, ik bedoel, tegenwoordig hoeft zijne hoogheid of de aanvrager voor het aanvragen van papieren niet meer hele stukken te lopen. Je gaat gewoon, net als jij, naar de kliniek. De mannen daar en zelfs vrouwen zijn geschoold in de medische wetenschap van de blanken. Zij mogen het afgeven. Het is veel gemakkelijker geworden.'

Ik knikte instemmend, zag me weer in het kamertje zitten, blootgesteld aan de onderzoekende blikken en de onaangename vragen van die gereserveerde vrouw, met mijn mokkende tante naast me.

Mijn gedachten maakten een sprong – rechtstreeks naar het

kantoor van de politiecommissaris. Alleen al die titel liet mijn hart sneller kloppen. En ik zag me daar al zitten op een krukje, omgeven door strenge mannen. Ze stelden me vragen, allemaal tegelijk. Op barse toon. Ik sidderde van angst, begreep niet wat de vragen voor zin hadden, bleef het antwoord schuldig – ze barstten in bulderend lachen uit.

Ik kromp ineen van schrik, vroeg mezelf af of me de volgende dag weer zo'n blamage te wachten stond. Ik ging sneller lopen alsof ik naar het kantoor toe vloog. De buurman paste zich aan mijn tempo aan en al snel haalden we de anderen in. Ze waren nog steeds vol goede moed, vertelden elkaar verhalen, dingen die ze hadden meegemaakt, lachten er uitgelaten om.

In gedachten verzonken ging ik van mijn ene voet op mijn andere staan, met mijn blik op de hielen van de man die voor me liep. Plotseling bracht een smal pad ons het struikgewas uit. Er lag een brede weg voor ons, vele malen breder dan de paden die we tot dusverre gelopen hadden. De ene kant op strekte de bruine band zich onmetelijk ver uit, de andere kant op verdween hij achter een bocht. 'Dat is de weg waar de auto's op rijden.' Had de man naast mij mijn geïnteresseerde blik gezien? 'En waar zijn die auto's dan?' Iedereen begon te lachen. 'Er rijden er niet zoveel.' Ze legden het me meteen allemaal door elkaar pratend uit.

Ik staarde naar de grond. Welk dier kroop hierlangs en liet in het fijne stof zulke exacte en rechte sporen achter? Geen slang, want die had sleepsporen en die kende ik. Geen hagedis, en zeker geen dier met poten, klauwen, nagels, vingers. Een jongeman zei toen hij voorbijliep: 'Dat zijn sporen van autobanden.'

Een mama ging naast me lopen. 'Mijn dochter, ik ken je gezicht niet. Ben je al weleens met ons mee geweest naar de stad?' 'Goed gezien, mama,' zei ik en ik legde uit waarom ik vandaag wel van de partij was. 'Wacht,' zei ze en maakte een gebaar dat ik moest stoppen. Ze zette haar last neer, een mand vol zoete aardappels. Naarstig snuffelde ze in een zakje dat ze aan haar arm droeg. Ik bleef naast haar lopen, want ik was heel nieuwsgierig wat ze me wilde laten zien. Ze vond wat ze zocht: een in stof gewikkeld kartonnetje.

'Mijn persoonsbewijs.' In haar stem was trots te horen. 'Dat heb ik nodig omdat ik op de grote markt in Bafoussam handeldrijf. Ik verkoop zoete aardappels. De mensen in de stad vinden mijn zoete aardappels lekker. Mijn mand is in een mum van tijd leeg.'

Mijn belangstelling ging minder uit naar de geweldige afzet van haar handelswaar dan naar het persoonsbewijs dat ondanks de bijzondere voorzorgsmaatregel al wat beduimeld was. 'Een gezicht, zwart als verkoold hout,' luidde vaders oordeel over de pasfoto van oom. Ja, deze was net zo. Zonder uitdrukking, hij leek totaal niet op de vrouw die voor me stond. Waar zijn de lachrimpeltjes die ze over haar hele gezicht heeft? Waar haar stralende ogen? En dat daar naast de foto, die ondefinieerbare donkere vlekkerige veeg? Ik keek haar vragend aan. 'Dat is mijn handtekening!' Dat zette me aan het denken. Deze mama wist echt aardig wat meer dan ik. 'Leg dat eens uit.' 'Best. Nou, de ambtenaar op het politiebureau' – alweer dat onaangename woord – 'pakte een klein plaatje dat hij met een zwart goedje bestreek. Daar rolde hij het bovenste stuk van deze vinger in heen en weer, heen en weer. Ik weet het nog precies, want het zwart bleef er nog een tijdje op zitten: het was de vinger naast de duim van de sterke hand waarmee ik de machete vastpak.' Ze pakte mijn hand, zocht de bedoelde vinger en draaide hem heen en weer zoals ze had gezegd. Haar handpalm diende als plaat. 'Toen,' ze was enthousiast en wist alle details nog, 'pakte hij dit persoonsbewijs, drukte mijn zwarte vinger erop en draaide hem zacht naar beide kanten. Het resultaat zie je hier.' Ze schaterde, uiterst tevreden dat ze me haar belevenissen mocht vertellen. 'Hij deed het nog een keer op een ander stuk papier dat hij zelf hield.'

Ik schudde mijn hoofd, vond het maar merkwaardig en begreep er niets van. Ik kon me totaal niet voorstellen wat je met zo'n vlek kon beginnen. Vroeg alleen: 'Maar waarom?' Ze haalde haar schouders op, glimlachte sussend naar me: 'Ach, wat maakt het uit, het zijn van die blanke ideeën... Maar wacht eens!' Ze trok me uit de schaduw het zonlicht in, pakte mijn vinger weer en hield hem controlerend tegen de hare. En bedachtzamer zei ze nu: 'Er is iemand die beweert dat het profiel van de vingers bij ieder mens anders is. Als hij nou eens gelijk heeft? Onvoorstelbaar toch? Bij iedere inwoner van ons dorp anders, bij iedere inwoner van de stad, bij iedere Kameroener en...' Ze maakte een brede cirkel met haar arm en omvatte er de hele mensheid mee.

'Kom, de anderen gaan ervandoor.' Snel pakten we onze manden op. 'Het is niet ver meer,' zei ze opbeurend, 'naar beneden naar de beek en aan de andere kant via een kronkelpad weer omhoog, en dan nog maar even.'

Een vurig verlangen dwong me om te kijken, telkens weer, ontelbaar vaak: wanneer kwam er nou eindelijk eens een auto aan? Plotseling zag ik iets ongebruikelijks in de verte. Ik pakte de arm van mijn ervaren reisgenote en wees op de stofwolk die langzaam naar ons toe kwam. 'Een auto?' 'Een bus, hier rijden alleen bussen,' verbeterde ze me. Ik duwde haar naar de kant van de weg en wilde daar wachten tot het voertuig ons gepasseerd was. Eerst een gebrom, toen een geknetter dat aanzwol tot gedreun. Het gedrocht kwam dichter- en dichterbij, en reed langs ons heen. Ter bescherming had ik mijn handen voor mijn oren gedaan. Het spektakel was weer voorbij. Wat had ik gezien? De omtrek van een metalen omhulsel, een raam, binnenin vaag hoofden, dicht bij elkaar. Bruin stof hulde alles in nevelen. Het kwam in onze ogen en we moesten ervan hoesten.

'Waarom stopte hij niet en nam hij ons niet mee?'

'Heb jij geld soms? En dan nog,' zei ze hautain terwijl ze er zichtbaar van genoot dat ze meer ervaring had, 'de bus zit vol, dacht je soms dat chauffeurs wegrijden van de vertrekhalte zonder dat de mensen als haringen in een ton zitten?' Ik gaf er de voorkeur aan voorlopig maar geen vragen meer te stellen.

Er waren velden te zien, aan beide kanten van de weg. Het scherpe, onuitroeibare gras dat direct na de maïsoogst bezit neemt van de akkers was alweer platgebrand. Overal gebogen ruggen, vrouwen die met hun korte hak de uitgedroogde bodem bewerkten. Al snel zagen we hun huizen. 'Die horen al bij de stad,' legde mijn begeleidster uit. Die huizen onderscheidden zich in niets van de huizen in het dorp. Dat was een ontnuchtering! Ze waren gebouwd van zelfgemaakte, vierkante lemen stenen, net als die van het huis van mijn moeder en dat van mijn vader, net als die van alle huizen die ik tot dusverre had gezien. 'De mensen vertellen verhalen over huizen op elkaar, in kleuren die oogverblindend zijn in het zonlicht,' mopperde ik teleurgesteld.

'Heb je soms haast?' vroeg de mama afkeurend terwijl ze in een mum van tijd weer begripvol lachte. Inderdaad, want ik was me toch nieuwsgierig... Toen sloegen we een brede straat in. Krioelende mensen. Organiseerde de chef een traditionele dans of vierden ze een rouwfeest? Alleen bij zulke gelegenheden komen er zoveel mensen bij elkaar. Ik verbaasde me er echter over dat ze niet op een gemeenschappelijk doel af gingen, de moyo'h bijvoorbeeld. Ze liepen doelloos door elkaar.

Mijn aandacht werd door iets anders opgeëist: door auto's. Er reed er één voorbij die vlak bij me stopte. De deuren gingen tegelijk open, als door een onzichtbare hand. Mensen stapten uit, andere weer in. Hij reed met knetterend lawaai weg en stootte stinkende wolken uit. 'Mama, heb je weleens...?' 'Nee.' Daar peinsde ze kennelijk niet over. Durfde ik het wel? Waarom niet?

Mijn blik werd getrokken door de voorkant van een rij huizen. Wat geweldig, dacht ik enthousiast. Felgekleurde muren zoals ik ze nog nooit had gezien schitterden in de zon, contrasteerden met de gewone kleuren: het roodbruin van de aarde, het groen van de bomen en de struiken en het gras. Het zien ervan bedwelmde me, bracht me in vervoering, overweldigde me. Welke stenen hadden ze fijngewreven om dat poeder te maken, dat wit was als maniokmeel? Hadden ze het met water aangelengd en het op de huismuren gesmeerd?

En inderdaad, daar woonden mensen op twee niveaus. Ik zag het met mijn eigen ogen, dus toch. Maar hoe kwamen de bewoners boven? Ze gebruikten vast ladders, net als wij in het dorp, twee bamboestokken met sporten van lianen. In het huis van mijn oom zou ik het wel zien.

Daar, in de krioelende mensenmenigte, zag ik weer een bekend gezicht: de buurman. Ik was hem uit het oog verloren, helemaal vergeten. Plichtsgetrouw stond hij te wachten om mij te vergezellen naar de chefferie, waar we mijn tante zouden ontmoeten. Ze was er al. Ik huppelde van vreugde toen ik haar lieve gezicht zag in deze wildvreemde omgeving. Ze bevrijdde me van mijn zware last en nam zelf de mand op haar hoofd. We liepen door steegjes, ver van de brede weg. De huizen werden steeds minder mooi en leken weer op de huizen in het dorp. Zou ooms huis waar ik me al een hele voorstelling van had gemaakt in werkelijkheid een lemen hut blijken te zijn? Inderdaad! Tante bleef staan en zei: 'Hier is het.' Ik glimlachte, knikte vriendelijk naar haar en hoopte dat ik mijn teleurstelling kon verbergen. Net zo'n huis als dat van ons, eerder nog kleiner, dicht op het volgende huis, zonder afbakening, zonder heg. Zelfs vaders vrouwen woonden nog verder van elkaar.

Misschien wilde oom zijn rijkdom niet openlijk tonen en verborg hij die binnen. Misschien had hij wel pannen, borden of spullen die ik niet kende, die hij van de blanken had gekocht. Ik werd begroet door een hele kinderschaar. Joelend vlogen ze op me af, ze sprongen enthousiast op en neer, klampten zich aan mijn benen vast, schopten elkaar, vochten erom zo dicht mogelijk bij mij te zijn. Herinnerden ze zich mij dan nog? vroeg ik me af. Dat was onmogelijk. Het waren allemaal nog baby's geweest toen ze op de rug van hun moeder gebonden in het dorp geweest waren. Tante bezocht ons vaak, maar ze had altijd maar één kind bij zich, het kind dat ze op dat moment de borst gaf. Maar of ze me nu kenden of niet, mijn bezoek was aangekondigd en betekende een afwisseling voor hen, een belevenis.

Toen ik me eindelijk had losgemaakt van mijn boeien, de vastklampende armen van de kleintjes, keek ik in het huis rond. De muren waren van bruine aarde, net als bij ons in het dorp. De vloer was van bruine aarde, net als bij ons in het dorp. Er stonden kale bamboeledikanten, zonder iets erop... Telkens weer nieuwe constateringen, ontdekkingen en telkens weer herhaalde ik in mijn geest het refrein *net als bij ons in het dorp*, als in een lied.

Wist ik wel hoe de wereld in elkaar zat? Mama had immers tegen me gezegd dat haar broer zakenman was? Zakenmensen drijven handel, handel levert iets op, maakt je rijk. Door de verhalen van de mannen in het dorp had ik dat idee gekregen. En nu... de werkelijkheid bleek anders in elkaar te zitten.

Tante riep me naar de keuken. Wat een heerlijke geur kwam me tegemoet, ik werd duizelig van verlangen. Ze gaf me een bord, tot de rand volgeschept. 'Rijst met makreel in pindasaus,' zei ze besmuikt lachend, omdat ze wel wist dat dat niet *net als bij ons thuis* was. Ze hoefde me niet te vragen of ik honger had. Rammelend viel ik op het eten aan. Door elk hapje verzoende ik me meer met mijn omgeving.

De rijst smolt me op de tong. Makreel had ik nog maar één keer gegeten. Een 'broer' van me had vissen uit de stad meegenomen. Talloze monden sperden zich open om ervan te proeven. Ik had een heel klein hapje gekregen en had het nauwelijks geproefd. Maar vandaag kreeg ik van tante een flink stuk, een mannenportie.

Oom begroette me enthousiast. Hij uitte zijn blijdschap door me een fles limonade te geven. Wat een goddelijke, fruitige, zoete smaak! Voor het eerst helemaal voor mij alleen. Mijn verhemelte kende alleen de smaak van suikerriet. Wat feestelijk en dat voor mij. Al die aandacht!

We zaten om het uitgebrande vuur. Alleen de houtskool gaf nog warmte af, wat weldadig was in de koele avonduren. Ik vertelde over het dorp, dat het goed ging met deze of gene, dat die en die ziek was. 'En Bafoussam? Wat verbaast je het meest aan de stad?' vroeg oom, die mij verwachtingsvol aankeek. 'De huizen, ik bedoel die mooie, die met die schitterende kleuren,' flapte ik eruit. O jee, ik beet mezelf schuldbewust op mijn lip. Was dat respectloos? Dachten ze nu dat hun huis me tegenviel? Maar oom moest lachen. 'En toen heb je je fantasie de vrije loop gelaten? En toen kwam je weer in een lemen hut terecht.' Nog steeds geamuseerd, keek hij omhoog naar de balken en het dak van golfplaten, gebaarde met zijn armen alle kanten op.

'Nee, nee,' zei ik onhandig. 'Jullie wonen zoals ik het gewend ben. Zo'n vreemd huis had ik griezelig gevonden.' 'Kom nou, aan luxe hoef je niet lang te wennen.'

Hij werd serieuzer en begon het uit te leggen: 'Die huizen die zoveel indruk op je hebben gemaakt, die zijn van zakenmensen.' Ja, precies, dacht ik. Gegeneerd durfde ik op te merken: 'Maar mama zegt dat jij ook een zakenman bent.' Toen schudde hij weer van het lachen. 'O je moeder!' zei hij hijgend. 'Maar die is nog nooit weggeweest uit haar geboortedorp. Moet je horen, het komt erop aan waarin je handelt: in de dure spullen van de blanken of in snuisterijen. Ik heb geen kantoor met jongemannen die voor me werken. Ik ben straatventer en verkoop gevlochten manden. En wat brengt dat op... hm?' Hij keek me uitdagend aan. Geschrokken vroeg ik mezelf af: verwacht hij van mij soms een antwoord?

'En zij,' hij wees naar mijn tante, 'verkoopt specerijen voor de sauzen. Je weet wel: de wortels, noten, boomschors die vrouwen en kinderen in het bos verzamelen. Erg in trek in de stad, maar wat brengt het op? Een grijpstuiver.' Hij zat in zichzelf te denken alsof hij zichzelf op dit moment bewust werd van zijn lot. 'Dit stukje grond hier,' hij wees naar de vloer, 'heb ik voor veel geld moeten kopen. Mijn geldbuidel bepaalde de grootte ervan. Het wordt exact opgemeten, geen vierkante centimeter te veel.' Hij stond op, rekte zich uit en zei: 'Voor de buren geldt hetzelfde. Het zijn geen rijke mensen en daarom staan de huizen ook zo dicht op elkaar. De percelen worden ook niet afgescheiden door heggen, zoals in het dorp. Daar zul je je wel over verbaasd hebben.' 'Inderdaad. Is er niet altijd ruzie met zulke vreemde mensen?' 'We komen allemaal uit hetzelfde dorp,' zeiden oom en tante tegelijk, als uit één mond. 'Alleen al vanwege de taal, je wilt je tenslotte gewoon verstaanbaar kunnen maken. Zo is het in alle steden. De nieuwe inwoners gaan bij elkaar wonen. Wie wil er in een vreemde stad nou tussen allemaal mensen wonen die hij niet kent?' Oom stond op. 'Je hebt een lange en vermoeiende dag achter de rug,' zei tante. Ze wees me een plek in het bed van de dochter die ze had geadopteerd en die de kinderen verzorgde als zij er niet was. Twee kleine meisjes hadden zich slapend tegen haar aan genesteld.

'Ik heb er al dagen geleden naar geïnformeerd. Hij heeft vandaag dienst.' Wist ik over wie oom het had? 'Mijn vriend uit het dorp,' zei hij zelfingenomen, trots op zijn contacten. 'Hij werkt op het politiebureau.' Daar gingen we nu naartoe.

Met angst en beven dacht ik aan de zogenaamde bureaucratische sfeer die me te wachten stond. Mensen die het hadden meegemaakt beschreven die als beangstigend, verschrikkelijk. Maar plotseling zag ik weer dat oom een beste vent was: in het gewoel van de stad legde hij zijn arm om mijn schouder en gaf me door dat gebaar het gevoel dat hij op me lette. Zou hij me dan op het politiebureau in de steek laten? Me door de ambtenaren uit laten lachen? Nee, waarom zat ik me van tevoren dan zo op te winden?

Ik zou gelijk krijgen. We gingen een gebouw van twee verdiepingen binnen. 'Zo eenvoudig gaat dat dus!' flapte ik eruit. Ik zag hoe een man zonder ladder zonder problemen op de bovenste verdieping kwam. Net als op de helling naar de beek, schoot me door mijn hoofd. Vrouwen hadden daar treden uitgehakt om met de volle wateremmers op hun hoofd de steile helling beter te kunnen nemen.

Overal stonden wachtende mensen voor gesloten deuren. Mijn oom pakte mijn hand en leidde me vastberaden langs hen heen naar de laatste kamer van de gang. Hij wierp me een veelbelovende blik toe, klopte aan. Met zijn oor tegen de deur luisterde hij of er een uitnodigend gebrom te horen was.

Nieuwsgierig lette ik op zijn eigenaardige gedrag. Als we in het dorp op bezoek gaan bij de buren en niemand voor het huis zien, dan roepen we 'dok dok dok' en trekken op die manier de aandacht.

We gingen naar binnen. Een nors gezicht keek ons aan. De schrik sloeg me om het hart. Maar wat een verrassing! Toen oom te voorschijn kwam veranderden de afwijzende gelaatstrekken in luttele seconden in een stralende lach. Hij was duidelijk blij oom weer te zien. De man stond snel op, omarmde oom en maakte een nonchalant gebaar naar de vrouw die voor zijn bureau zat. Gehoorzaam verliet ze de kamer. Oom nam plaats op haar stoel.

Nu staken ze van wal, twee praatgrage mannen die elkaar heel wat te vertellen hadden, die probeerden elkaar hoe dan ook de loef af te steken: 'Heb je gehoord dat...?' 'Weet je al dat...?' 'Ze zeggen dat...' Ze wisselden informatie uit over mensen, nieuwtjes, gebeurtenissen en voorvallen in hun eigen dorp, de naburige dorpen en in het desbetreffende gedeelte van de stad. Afhankelijk van de mededeling lachten ze luidkeels, waren ze verontwaardigd of grijnsden ze van leedvermaak. Hun gespreksstof leek onuitputtelijk. Aan mij of aan de wachtenden op de gang dachten ze niet.

En toch brak het aan, het moment waarop oom ons verzoek kenbaar maakte: de aanvraag van een persoonsbewijs, omdat... En nu vertelde hij zijn vriend, die aandachtig luisterde, mijn verhaal.

'Je geboortebewijs.' Hij las het geschrevene en gedrukte aandachtig door en nam mij van top tot teen op. Hij stelde geen vragen, mijn leeftijd leek hem goed geschat. Hij nam die over op een formulier. 'Lengte? – Kom!' Hij zette me tegen de muur waarop hij een meter vierenzestig aflas. 'Bijzondere kenmerken? – Littekens?' Ik bekeek mijn armen, mijn benen. Ik had heel wat littekens: van krassen en snijwonden, van zweren. Maar niet een ervan leek hem groot en opvallend genoeg om te vermelden. 'Die donkere vlek op haar keel,' hielp oom hem bij zijn zoektocht. 'Hm,' bromde hij en noteerde het. Ik was verbaasd, want tot dusverre had nog niemand mij op dat bijzondere kenmerk gewezen.

'Nu nog vier foto's.' Ik spitste mijn oren. O, wat verlangde ik naar het moment waarop ik een foto van mezelf in handen had. Zou ik mezelf bevallen? 'De fotograaf zit aan het plein.' 'Dat weet ik,' zei oom. De toon van zijn stem gaf te kennen: ik weet de weg, ik ken de stad, je hoeft mij niets te vertellen.

Vol voorpret ging ik het halfdonkere atelier binnen, zonder enig idee hoe een foto gemaakt wordt. Maar mijn gelukzalige verwachtingsgevoel maakte algauw plaats voor ontzetting. Er werd een angstaanjagende zwarte doos op me gericht. En dat was nog niet alles, want de fotograaf verdween onder een zwarte doek, werd één met het monsterlijke ding dat als een angstaanjagend dier voor me stond. 'Schrik niet,' waarschuwde hij me met samengeknepen stem van onder de doek. En toen was het al gebeurd. Er kwam een schelle bliksemschicht uit de doos die me verblindde. Welke boze geest zat daarachter? Mijn pols ging als een razende tekeer. Oom zag dat ik het te kwaad had, lachte hard en zei: 'Ook weer gehad.'

Ook weer gehad. Ik slaakte een zucht van verlichting. Maar waar was mijn foto? Het antwoord van de fotograaf kon ik niet geloven. 'Over twee weken, voor je naar het politiebureau gaat, om je persoonsbewijs af te halen.' Wat was ik ongelooflijk teleurgesteld.

We waren op weg naar het huis van oom. Plotseling liep hij langzamer, hield mij bij mijn arm vast. 'Kijk eens hier, we staan op grond die gedrenkt is in bloed.' Ik keek verbijsterd naar hem op. 'Wat...? Gedrenkt in bloed?' Er ging een rilling over mijn rug. 'Wat is er dan gebeurd op dit plein?... en wanneer?'

'Hier legden ze de gedode verzetsstrijders neer, ter afschrikking. Iedereen noemde ze *maquisards*, net als de blanken, want in onze taal hadden we er geen geschikt woord voor. Herinner je je de tijd van de onafhankelijkheid nog, toen we in het dorp bang waren voor de barbaren, die ons 's nachts overvielen en mensen vermoordden?' 'O oom. Die nachten in het kreupelhout, in het struikgewas, die zal ik nooit van mijn leven vergeten. We zaten toen hutje mutje op de grond, bevend van angst, rillend van de kou en zonder een kik te geven.' 'Ja, en die angst was terecht. Ze schrokken er niet voor terug om mensen te vermoorden, maar ook niet om hutten te verwoesten. Als ze maar het vermoeden hadden dat er in een gehucht een aanhanger of functionaris van de koloniale regering zat, gingen de huizen al in vlammen op, werden de velden verwoest... en het ergste was dat het de meesten niet eens om de onafhankelijkheid ging.' 'Wat? Hoezo? Waarom dan?' 'Ach, Rosaline, er zijn mensen die er gewoon plezier in hebben om te plunderen, te roven, te verkrachten, of die er een geschikt moment in zagen om oude rekeningen te vereffenen... Achtervolgd door de ordetroepen van de koloniale regering vluchtten de maquisards de bossen in en verstopten zich daar. Maar als de gendarmerie en het Franse leger er één te pakken kregen, dan legden ze het lijk hier op dit plein. Ik herinner me nog hoe gruwelijk het eruitzag. Soms hadden ze hoofden op stokken gespietst... Kom, laten we die tijd maar vergeten.'

Tante wachtte ongeduldig op ons. Ik was moe, uitgeput. In mijn hoofd was het een enorme chaos: al die aparte, onalledaagse ervaringen sinds ik het dorp had verlaten. Waar vond ik een rustig, behaaglijk plekje? Dat wilde ik het liefst. Maar tante had een ander plan en kende geen erbarmen: 'Je moet de markt gezien hebben', en daar hield ze aan vast. Ertegenin gaan zou onbeleefd zijn geweest – dat was ondenkbaar. Ik vermande me en ging mee.

We liepen de markt op. Ik keek om me heen en was haar dankbaar dat ze had aangedrongen. Een brede weg omzoomd door kleine winkeltjes. Ze maakten me jaloers. In het dorp gaat het eenvoudiger: we leggen een jutezak op de grond en daarop liggen bananen, maniok, bonen en maïs uitgestald, maar ook serviesgoed, gereedschap en alle moderne kleinigheden waar ook wij aan gewend zijn geraakt.

Deze winkeltjes waren volgestouwd met spullen die ik niet kende. Ik viel van de ene verbazing in de andere. Spullen die ik wel kende werden hier in grotere hoeveelheden en in grotere verscheidenheid aangeboden. In het dorp kon je alleen eenvoudige dingen kopen, leek het wel.

We slenterden maar wat rond en liepen de kledingmarkt op. De uitgestalde artikelen waren decoratief, interessant om te zien. Maar de handelaars die van dorp naar dorp trekken, presenteerden hun spullen hier anders dan bij ons. Ze hadden twee palen in de grond gestoken, er een stuk touw tussen gespannen en de kleren eraan opgehangen, zodat eventuele klanten ze konden bekijken.

We staken de markt over en verlieten hem aan de andere kant. Nu zag ik een vertrouwd beeld: mama's zaten keurig in het gelid op hun krukjes en hadden hun koopwaar voor zich uitgestald.

Tante deed inkopen: een flink aantal gedroogde vissen, een paar hoopjes uien, een paar stukken zeep. 'Voor je moeder.' Ik omarmde haar lachend, huppelend van vreugde. In gedachten zag ik al hoe blij mama ermee zou zijn.

Als ik het had geweten... had ik dan zo opgewekt, zo onbekommerd over de markt rondgelopen? Tante overrompelde me. We slenterden naast elkaar rond, ik was nog steeds enthousiast en ratelde maar door over deze grote belevenis. Ik had ook vleugels gekregen door mijn blijdschap over tantes cadeau voor moeder. Plotseling pakte ze mijn hand vast, bleef staan en zei: 'Hier vertrekt je bus.' 'Wat zeg je, tante?' vroeg ik, ik wist zeker dat ik het verkeerd had verstaan. Maar nee, op niet mis te verstane wijze wees ze naar het voertuig voor ons. 'Die rijdt in de richting van het dorp. De chauffeur zegt wel wanneer je uit moet stappen. Ik praat wel met hem. Ga jij maar vast bij de anderen staan.' 'Nee, nee – alsjeblieft, lieve tante, laat me niet in dit heksending zitten, dwing me niet om erin te gaan,' jammerde ik ontzet, ik stond op het punt in tranen uit te barsten. Tot mijn verbazing stapten er mama's in... en kinderen en zelfs oude mensen. Die durfden! En ik? Ik trilde al bij de gedachte. Ik werd innerlijk verscheurd. Het was zo aantrekkelijk om de weg af te leggen zonder je benen te hoeven bewegen dat mijn aperte nee langzaam wegebde. Hoe zou het zijn? Toen herinnerde ik me de eerste keer dat ik een bus had gezien: wat was die met een beangstigende snelheid aan ons voorbijgedenderd! Wist de chauffeur wel om te gaan met de uitvinding van de blanken? Zou hij ons niet de afgrond in rijden? Maar dit zou wel niet zijn eerste rit zijn. Ik dacht aan de lange wandeling naar huis. 'Tante, ik rij mee,' verzekerde ik haar bedeesd. Mijn hart klopte in mijn keel toen ik instapte. Ik keek om, de bus was vol. Nee, twee jonge meisjes gingen dichter bij elkaar zitten en wenkten me. Ook een paar anderen vonden net als ik op die manier nog een zitplaats.

Ik was me rot geschrokken en klampte me aan mijn buurvrouw vast. Ik was niet voorbereid geweest op het starten van de motor. Het trillen, het beven dat door het lijf van het voertuig ging, dwong mijn lichaam zich aan te passen. En het lawaai: het geknetter, de stank... Het meisje glimlachte naar me en maakte zich zachtjes los uit mijn greep. 'Je eerste keer?' Ik knikte. 'Maak je niet ongerust, dat is normaal.' Me schamend over mijn bangigheid keek ik naar de vloer. Ik wilde het liefst een beetje opzijschuiven, maar dat kon niet omdat het zo krap was. Het voertuig begon te rijden. Buiten zwaaide tante, groette 'Ohoho' en weg was ze al uit mijn blikveld.

Ik kende de weg. We reden over de weg waar ik gisteren nog overheen gelopen was. Te voet, stap voor stap, de stad tegemoet. Vandaag schoot ik ervandoor. Als een vogel. Alleen vliegen vogels in de heldere lucht, ver boven de stofwolken die ons voertuig deed opwaaien. Een fijn, bruin poeder drong door allerlei spleten naar binnen, waardoor je moest hoesten, brandende ogen kreeg en je huid van kleur veranderde. Maar toch was het een aangename manier om je te verplaatsen en ik beleefde plezier aan de rit. Bij de berg kwam de bus echter hoorbaar adem tekort. Hij hijgde en pufte, en voetgangers konden ons zelfs bijhouden. Ach, constateerde ik verbaasd, ook de vindingen van de blanken kunnen buiten adem raken. Maar het lukte hem.

Met vreugdekreten en gejuich van mama, vriendinnen, broers en zussen, hele drommen, zo werd ik welkom geheten. Ik genoot van de hartelijke ontvangst, haalde mijn hart eraan op. Hier hoor ik thuis, bij mijn eigen mensen. Ik had het riskante avontuur zonder kleerscheuren doorstaan.

Het was me nog nooit overkomen dat ik zo in het middelpunt stond. De vriendinnen die om me heen stonden, vuurden vragen op me af. En ik moest hun natuurlijk wel antwoord geven! Ze hadden recht op een uitgebreid verslag van wat ik allemaal had meegemaakt.

Het verhaal van Catherine

Op een vroege ochtend, nog slaapdronken, stond ik loom ons erf te vegen. Ineens klonk er een geluid. Het kwam niet uit de keuken. Daar was mama aan het werk. Nieuwsgierig geworden, gluurde ik achter het huis. Daar stond mijn vader te controleren of de stenen al stevig genoeg waren. O nee... ontsteld keek ik naar de bewegingen van zijn hand en raakte van streek. Ik wist maar al te goed... Hij draaide zich naar de keuken toe, en ik hoorde hem tegen mama zeggen: 'De jongens kunnen morgen beginnen.' Binnen de kortste keren zou het werk af zijn. Het optrekken van de muren was in een paar dagen klaar. En de balken voor het dakgebint waren natuurlijk al gezaagd, de matten van palmbladeren voor de dakbedekking allang gevlochten.

Hoeveel tijd restte me nog? Geschrokken deed ik mijn handen voor mijn gezicht. Nu drong het tot me door! O Rosaline, je lijkt wel ten dode opgeschreven, je denkt dat er een eind komt aan je leven op de dag van het vertrek, als je het dorp verlaat. En Paul dan? Je bewondering, je fascinatie voor hem? Het zalige gevoel dat je had toen je naar hem keek toen hij samen met zijn broers en vrienden aan het werk was? Ben je dat vergeten? Betekent dat niets?

Het andere leven! Ik had mezelf gedwongen over mijn geluk te dromen en te fantaseren, dat tot mijn plicht gemaakt. Ik fantaseerde bijvoorbeeld dat ik in een witgekalkt huis bewonderende bezoekers ontving die ik verwende met rijst, makreel in pindasaus en lekkere zoete limonade.

Mijn eerste zwangerschap: een dolgelukkige Paul. Cadeaus voor mij: parelsieraden... en... en. Ik haalde mijn schouders op. Wist ik veel! Het ontbrak me aan ideeën, invallen, argeloos en onervaren als ik was. Maar – hoe kon ik haar vergeten, een moment niet aan haar denken, aan mijn moeder. Hij zegt tegen mij: 'Hier, pak aan! Geld voor je moeder. Geef het maar aan haar.' Een hartelijk, welkom gebaar. Dat zou me kunnen troosten, me ermee kunnen verzoenen, me zelfs vertrouwen kunnen geven. Maar... mocht ik er echt op hopen, op Pauls gulheid, op die zorgeloze toekomst waar ik van droomde? Al mijn inspanningen, alles wat ik mezelf oplegde om mijn lot te aanvaarden was tevergeefs, haalde niets uit. Bij alles wat ik deed werd ik overweldigd door angst, weemoed en verdriet. Misschien was het wel voor het laatst, misschien gebeurde het wel nooit meer... Een hinderlijk besef, dat zich had vastgezet in mijn hoofd en niet meer wegging.

Het gold ook voor het bewerken van de velden, het gereedmaken van de akkers voor het zaaien als de eerste regen viel. Werkten we voor het laatst samen, mama en ik? En wie zou haar helpen bij het onkruid wieden en in de oogstmaand? Natuurlijk zullen een paar medevrouwen mama ongevraagd een handje helpen, maar ze zal ook haar zonen om hulp vragen. Lieve broers van me, dit jaar komen jullie er niet onderuit, zoals gewoonlijk. Ondanks het feit dat jullie zeggen dat werken op het land voor vrouwen is. Dat zeggen alle vaders ook en dat hebben jullie goed onthouden! Als het om jullie vrijheid gaat, worden jullie ineens heel ijverig en dan moet er ineens huiswerk gemaakt worden.

De jongens weten dat er achter moeder een strenge vader staat die hen ondanks het feit dat ze op school zitten niet van al het werk vrijpleit. Varkensstallen uitmesten, gras snijden voor de beesten, dat zijn taken die ze samen doen met hun halfbroers die even oud zijn. Bij ernstig plichtsverzuim staan hun klappen te wachten, bij minder ernstige vergrijpen bestraft vader hen door hen geen eten te geven. Tegen mama zegt hij dan: 'Laat ze maar hongerlijden. Ze mogen hun maag best voelen. Brengen we in onze familie soms lijntrekkers groot?' Kent vader de streken van die lummels wel? Ze nodigen zichzelf bij de buren uit, zijn daar welkome gasten. Bijvoorbeeld bij Catherine, zijn jongste vrouw. Het zou voor haar ondenkbaar zijn om moeders kinderen iets te weigeren, een verzoek van hen af te slaan. Er is verbondenheid tussen ons, sympathie. De gedachte dat ik afscheid van haar moest nemen, haar niet meer zou zien, deed me zeer.

Toen Catherine kwam was ze schuchter, overstuur en zwijgzaam. Zo'n jong ding! Voor vader? Ik reageerde verwonderd en verbaasd. Dag, oudere zus, heette ik haar zwijgend welkom en ik ruimde meteen een belangrijke plek in mijn hart voor haar in. De genegenheid was wederzijds en ze nam me al snel in vertrouwen, vertelde me haar verhaal. 'Er moeten langdurige, slepende onderhandelingen tussen jouw vader en de mijne hebben plaatsgevonden. Mijn familie had bezwaren, keurde, wees het af. Maar ja, veel weet ik er ook niet van. Alleen dat mijn moeder zei: "De beslissing is ons niet licht gevallen." Want werd ik erbij betrokken? Vroegen ze mij om mijn mening? Nee toch! Pas de ochtend van die beslissende dag... Moeder was *taro* aan het schillen, raspte kruidige bast voor de gele saus. Ik keek er met verbazing naar. "Vieren we soms feest vandaag?"

"Wacht maar tot vader komt." Een kortaf, bijna afwijzend antwoord. Van moeder? Die altijd zo lief was? Onbegrijpelijk, onverklaarbaar. Ik kreeg een onprettig gevoel, een vermoeden. Moest ik misschien... vandaag nog? Kom nou! Mama zou me toch niet in het ongewisse laten over wat er ging gebeuren? Vader kwam, bracht me met een paar woorden op de hoogte.

"Lieve dochter, op bevel van de familie, dat wil zeggen van je vader, je grootouders, mijn broers en zussen, was ik gedwongen je aanstaande huwelijk geheim te houden." Aarzelend, schuchter, bijna angstig begon moeder het na vaders bondige aankondiging uit te leggen: "Geloof me – de maan is getuige van de vele nachten dat ik geen oog dichtdeed. Hij waste en nam af, terwijl ik piekerde, me zorgen maakte. Ze waren bang dat je je hoofd zou verliezen en ervandoor zou gaan. Nou ja, een echtgenoot die net zo oud is als je vader, en dan ook nog als achtste vrouw, met zeven medevrouwen... Ach, Catherine, ik zal er geen doekjes om winden, ook ik had mijn bezwaren. Ik, je moeder, ken je manier van denken, van doen, je koppigheid. Had je kunnen blijven vluchten? Natuurlijk niet. Waar had je je moeten verstoppen, hoe had je moeten leven, willen overleven? En wat zou je verzet, je koppigheid ons opgeleverd hebben? Alleen maar narigheid en ellende.

Heel vaak wordt de hele familie er de dupe van. De moeder met al haar kinderen. En weet je wat over hun lot beslist? Hun plaats, hun rangorde binnen de gemeenschap. De vrouwen bepalen die rangorde zelf: als je je weet te schikken maak je je geliefd. De trotse, verwaande, bazige vrouwen hebben dat talent niet, die raken uit de gratie.

Vaak gaat het niet eens om het karakter van de vrouw maar is het een kwestie van geluk, van de genade van de goden: jouw kinderen zijn gezonder, ijveriger, beleefder dan die van de anderen, jouw velden leveren meer oogst op... Succes roept jaloezie op, mijn dochter, en jaloezie is besmettelijk en vaak dodelijk. Als je medevrouwen het met elkaar eens zijn en elkaar ophitsen dan weet je niet hoe snel ze je tot het mikpunt van hun aanvallen maken. Daar hebben ze weinig moeite mee. Ze spreken kwaad van je, roddelen over je, praten achter je rug: "Haar kinderen zijn onopgevoed, ze verzetten zich tegen de beslissingen van hun vader, ze verpesten de sfeer in de familie. Die vrouw wakkert haat aan, brengt onrust teweeg..." Binnen de kortste keren voelt ze zich buitengesloten, verstoten, weggepest – en ze vertrekt zonder afscheid te nemen. Waar naartoe? Ze probeert of ze ergens met haar kinderen terechtkan, het maakt niet uit waar: bij een broer of bij een zus..."

Ja, moeder had gelijk. Zij wist hoe het in elkaar zat. Maar, Rosaline, voel je met me mee hoe het me toen te moede was – die dag? Het was zo plotseling. Ik werd erdoor overdonderd.'

Ik knikte, raakte zacht haar arm aan. Een gebaar om mijn medeleven te benadrukken.

'Als meisje droomde ik van een jonge echtgenoot. O Rosaline, wat ben ik jaloers op je dat je Paul krijgt. Hij is jong, krachtig, gezond – en hij verdient geld,' voegde ze er fluisterend aan toe. Ook met gedempte stem, achter haar hand, gaf ze me haar raad als een geheim: 'Wees onderdanig, volgzaam, gewillig.' Er gleed een schalks lachje over haar gezicht. Ze knipoogde ondeugend. 'En schenk hem jongen die zo sterk zijn als een luipaard. Misschien kun je zo voorkomen dat hij algauw een tweede vrouw in huis haalt.'

Er werd even gezwegen. Een nadenkend peinzen. Toen zei Catherine in de stilte: 'Paul bezit geen koffieveld, dat is ook een voordeel. Dan heeft hij ook geen behoefte aan arbeidskrachten voor het wieden en plukken, dat wil zeggen aan veel vrouwen en rissen kinderen.'

Verbaasd, verwonderd, kijk ik haar aan.

'Vind je het raar dat ik dat zeg?' Zonder mijn mening af te wachten, ging ze verder terwijl ze zich steeds meer opwond: 'Uit mijn mond is dat niet zo vreemd. Moet je horen, je vader, mijn man – waarom wilde hij mij per se tot vrouw terwijl hij kinderen heeft die al voor mij het levenslicht aanschouwden? Ik zal het je zeggen: om mijn jeugd! Daardoor heeft hij de beste garantie dat ik hem kinderen zal schenken, steeds maar weer nieuwe arbeidskrachten, een zichtbaar bewijs van zijn mannelijkheid, zelfs al is hij oud.

En je moet niet vergeten dat de oudere heer weleens een verzetje wil, dat hij zich wil amuseren, wat afwisseling wil. In plaats van de vermoeide slappe lichamen die getekend zijn en verzwakt doordat ze zich hun hele leven hebben afgepeigerd, door ziekte, door het kinderen krijgen, door het zogen en opvoeden. Ik heb respect voor oudere mensen: deze vrouwen hebben behoefte aan rust, ze verdienen het. En toch, Rosaline, zal het je verbazen dat juist die oude vrouwen jaloers zijn. Mankou en Melelé, bijvoorbeeld. Je vader heeft ze opgenomen toen hun man, zijn oudere broer, werd gedood door een neervallende tak. Of Mafonkou en Maffo, de twee vrouwen van je overleden opa. Zij zijn het onberekenbaarst, mij het slechtst gezind en wilden de anderen tegen mij opzetten. En waarom? Ken ik hun redenen? Misschien is het uit angst dat ze tekort zullen komen met zo'n jonge vrouw, dat hij hen minder aandacht zal schenken. Of misschien nemen ze het hun oude man kwalijk dat hij altijd maar verliefd is. Of zijn ze gewoon berekenend en hebben ze de dagelijkse strijd om het bestaan voor ogen? "De nieuwe" wil ook een stuk land. Natuurlijk, haar kinderen willen ook eten. Dat betekent dat zij erbij inschieten, dat ze waardevol akkerland moeten afstaan. Dat doet pijn, verdriet. Zoals je ziet, zijn er heel wat redenen te vinden – en natuurlijk heeft iedere vrouw in haar hart ook een heel geheime, persoonlijke reden. De man, die vaak niet opgewassen is tegen zijn valse vrouwen of die strijd niet aan wil gaan, laat het gewoon gebeuren.

Wie heeft er nooit gehoord van de ruzies, de rivaliteit die jonge vrouwen te wachten staan die met een man trouwen die al heel wat vrouwen heeft? Steeds weer worden er zulke verhalen verteld, ze gaan van mond tot mond. En moeder wist dat ik daarvan ook op de hoogte was.'

Daarna zweeg Catherine eindeloos; waar dacht ze eigenlijk aan? Aan onaangename, niet zulke prettige voorvallen in onze familie? De teleurstelling over haar eigen familie? Op mij miste haar verhaal zijn uitwerking in elk geval niet. Het schudde me wakker, ging me aan het hart. Ongelooflijk dat ze mijn lot benijdenswaardig vindt, dat ze vindt dat ik geluk heb. Door haar zou ik nog geloven dat ik een lot uit de loterij heb omdat ik zijn enige vrouw zal zijn. Voorlopig nog wel, lieve Catherine. Mijn aanstaande man is jong, gezond en verdient geld. En ik, ik voel me het ongelukkigste meisje van alle jonge meisjes van alle dorpen uit de buurt. Over mijn verdriet dat ik afscheid zal moeten nemen, zegt ze niets. Denkt ze daar dan niet aan, heeft ze geen medelijden met mij?

Zachtjes, haar woorden met zorg kiezend, begon Catherine weer te praten: 'Ondanks alle ongeluk van dit huwelijk hebben de goden mij hun zegen niet helemaal onthouden: ze hebben ervoor gezorgd dat twee goede zielen me hartelijk in deze familie hebben opgenomen. Een van hen heeft de belangrijke positie van "eerste vrouw". Ze zoekt altijd naar een vreedzame oplossing, koos daarom je moeder, die goede ziel, als mijn *marâtre* uit. Wat een geluk.

Herinner je je nog de dag dat ik hier aankwam, Rosaline?'

'Als de dag van gisteren, Catherine. Je broer en een vrouw vergezelden je.' 'Dat was een van moeders medevrouwen, de derde. Ze droegen het feestmaal. Je kon de dikke aderen op hun keel zien, zo hard drukten de potten die tot de rand met taro en gele saus gevuld waren tegen hun hoofd en schouders. Mijn moeder wist dat mensen door een smakelijke, overvloedige maaltijd vredig worden gestemd. Niemand mocht worden overgeslagen. Hiermee zetten we de toon, als we ze teleurstelden zou ik daar de dupe van zijn geworden. Ik droeg mijn bezittingen: een jurk, parelsieraden, in een doek gebonden. Mijn man zou me vast wel meer geven, hoopte ik.

We betraden het terrein van de nederzetting. Vier jonge meisjes kruisten ons pad. Ze kwamen van de beek, met volle wateremmers balancerend op hun hoofd. Intussen weet ik bij welke moeder, bij welk huis ze horen. Ongevraagd zetten ze hun eigen last op de grond, namen de potten van ons over en vergezelden ons naar hun, jouw, vader – mijn toekomstige man.

De paar passen erheen... De last van de dag deprimeerde me. Je moet je bedenken wat er allemaal was gebeurd sinds die ochtend, het vroege uur toen ik nietsvermoedend was opgestaan. Ik wankelde, viel bijna, dacht dat mijn benen het begaven, net als wanneer je tegen zonsondergang te veel palmwijn hebt gedronken en hij zijn zoete smaak van de middag kwijt is en je naar het hoofd stijgt. Een smartelijk moment, Rosaline. Ik was net zo lief doodgegaan.

We gingen het huis binnen. Daar zat hij, nee, hij troonde op zijn kruk van houtsnijwerk, midden in de kamer. Uit zijn pijp kwam zijdeachtige rook, die naar boven krulde en vervloog. Zijn haar, zijn baard zat al vol zilverdraden. Wat een persoonlijkheid! Verheven, eerbiedwaardig, majesteitelijk. Zijn aanblik deed me opschrikken uit mijn matte stemming, mijn gebrek aan passie. Hij was zonder twijfel iemand die respect afdwong, een heer des huizes – maar moest ik, een jong, onervaren, geïntimideerd meisje een van zijn echtgenotes worden, zouden wij man en vrouw worden, hij de vader van mijn kinderen? En hoe kwam ik op hem over? Hij moest toch meteen kunnen zien dat ik niet gelukkig was! Het leek hem niet te storen.

Hij gaf ons een knikje. Beval krukken te halen. Pas toen we verzekerd waren van een zitplaats, schonk hij ons al zijn aandacht.

Een hartelijke begroeting, een uitwisseling van beleefdheden, vragen naar het welbevinden, de gezondheid van mijn familie. Hij praatte met mijn broer en de derde vrouw van mijn vader. Mij schonk hij nauwelijks aandacht, hij keurde mij slechts af en toe een blik waardig. Met verwondering stelde ik vast dat het pijn deed dat hij me negeerde. Ik gaf mezelf een standje: ben je nu al jaloers? Kijk je of hij stralender en guller naar de anderen lacht dan naar jou? En dat terwijl ik hem immers niet eens mijn genegenheid, mijn hart had gegeven.

Hij liet zijn eerste vrouw halen, vroeg haar alle vrouwen van de familie bijeen te roepen. Langzaam kwamen ze aanslenteren, de een na de ander ging zwijgend op het stukje gras voor het huis van onze gemeenschappelijke man zitten. Onderzoekend bekeek ik hun gezichten, maar ze waren ondoorgrondelijk, ze verrieden geen instemming maar ook geen vijandigheid.

Op gepaste afstand gingen de kinderen om ons heen zitten. Giechelend en joelend gaven ze elkaar een por en stoeiden met elkaar, onbekommerd, bruisend van levensvreugde. Maar ook zij werden stil toen je vader het woord nam. Hij stelde me voor. Zei in weinig woorden dat mijn vader en hij vrienden waren die samen aan geheime vergaderingen van de chefferie deelnamen. En toen maakte ik mee hoe een wijze man met levenservaring weet om te gaan met de lelijke praatjes en de scherpe tongen van een achterbaks stel vrouwen.

Er was geen sprake van dreigementen of van een oorlogsverklaring, nee, hij herinnerde hen aan wat ze zelf hadden meegemaakt: "Weten jullie nog, de dag dat je voor het eerst een voet op dit erf zette?" Hmm! Er werd veelstemmig gebromd, gemompeld. Heftig geknikt. "Waren jullie bang?" Hmm! "Gingen er allerlei vragen door jullie hoofd?" Hmm! "Bijvoorbeeld: hoe is het leven in een vreemde familie?" Hmm! "Of: hoe zal ik door de anderen ontvangen worden? Met open armen of afwijzend?" Hmm! "Zal de marâtre een vriendelijke, aardige vrouw zijn of een akelig mens dat me geen belangrijke raad geeft?" Hmm! "Vroegen jullie je ook af: zullen ze hun zaaigoed met me delen en hun hak?" Hmm!

Hij liet zijn stem dalen. "En Catherine? Wat gaat er in haar om? Vandaag?" ging hij verder, terwijl hij op mij wees. Uitdrukkingsloze gezichten. Het zwijgen... het duurde een eeuwigheid voor me. "Zij vraagt zich die dingen ook af," antwoordde de eerste vrouw gehoorzaam. "Neem dat maar van mij aan. Ik doe een beroep op jullie eergevoel." Daarmee was de kous af.

Rosaline, een man die zoveel woorden vuilmaakt aan een nieuwe vrouw. Heb je dat ooit gehoord?'

Ik schudde mijn hoofd.

'Normaal zeggen ze alleen: dat is de nieuwe vrouw. En dat was het dan.'

Ik bevestigde het zonder er ervaring mee te hebben.

'Toen kondigde hij het feestmaal aan: "Catherine en haar begeleiders zijn niet met lege handen gekomen. Laten we eens proeven hoe de andere familie kan koken: maken ze de taro even lekker klaar, zonder klontjes en klompjes? Is de saus lekker? Hebben ze er niet te weinig palmolie in gedaan? En hebben ze wel de moeite genomen om de onontbeerlijke twaalf kruiden te halen?" Deze mededeling miste zijn uitwerking niet. Hun gezichten lichtten op, straalden voor het eerst vriendelijkheid uit.

Zoals altijd nam hij, net als alle mannen, eerst zelf een portie, en gaf toen de potten aan zijn eerste vrouw. "Verdeel het eerlijk onder de vrouwen, voor henzelf en hun kinderen," zei zij tegen de "jongste". Je weet immers, Rosaline, dat het negeren van de rangorde tot ontevredenheid en ongerechtigheid leidt, en aanleiding geeft tot verbitterdheid, onenigheid en ruzie. Je moet de regels kennen.

Een klein groepje ging naar jullie huis toe. Ook de eerste vrouw was erbij, die nu de verantwoordelijkheid voor mij overdroeg aan de marâtre, jouw moeder.

Samen lieten we ons het feestmaal goed smaken. Degenen die met me mee waren gekomen van mijn familie, mijn broer en de derde vrouw van mijn vader, brachten de nacht met ons door in het huis van mijn marâtre. In het ochtendgloren vertrokken ze. Maar natuurlijk pas nadat ze afscheid van het familiehoofd hadden genomen.

Zoals verwacht begonnen ze toen te jeremiëren over de ongemakken van de reis: de lange afstand... de gloeiende zon... het stof in hun keel... de ondraaglijke dorst... Ze jammerden om er munt uit te slaan. Toen was ik alleen, eenzaam, ze hadden me achtergelaten bij wildvreemde mensen, in een onbekende omgeving. Ik keek de mensen van wie ik hield weemoedig na tot ze in de verte door het oerwoud werden opgeslokt.

Je moeder voelde mijn zielenpijn, begreep mijn neerslachtigheid. Ze verleende me onderdak en troostte me als een dochter. Ik liep haar overal achterna. Naar de beek om samen borden en pannen af te wassen, om kleren en doeken te wassen, om water te halen. Naar het bos om brandhout te verzamelen. Naar het veld om te oogsten. Werk dat ze al een hele tijd haar grotere kinderen liet doen. Ze deed het nu weer zelf om mij persoonlijk vertrouwd te maken met alle plekjes van mijn nieuwe leefomgeving, met de gebruiken van de familie en om me alles uit te leggen. Daarbij ging het vooral om de karaktertrekken, de eigenaardigheden van alle medevrouwen.

"De scherpe tongen van de twee vrouwen van de vader van onze man bijvoorbeeld, hun kwetsende manier van doen – probeer er begrip voor te hebben," vroeg ze mij. "Ze zijn gevormd door wat ze allemaal hebben meegemaakt. Hun man heeft lang ondraaglijk veel pijn geleden – een martelende lijdensweg. Maar toen hij in prima gezondheid verkeerde was hij niet rechtvaardig, hij verdeelde zijn gunsten naar believen. Hij was nog maar net ziek of de vrouwen aan wie hij altijd de voorkeur had gegeven wilden niets meer van hem weten, ze wendden zich af, verzorgden hem niet. Mankou en Melelé offerden zich voor hem op, ze hadden medelijden en waren bang voor hatelijke praatjes in het dorp. Tegelijkertijd en met evenveel vuur voerden ze oorlog, al hun medevrouwen waren hun tegenstanders geworden. Korzeligheid, wrok, bittere vijandschap, vijandigheid tegenover hun medemensen werden tot een gewoonte." De keuken is het rijk van de vrouwen. Het centrum van ons thuis, daar naast de stookplaats. Je moeder en ik hebben op die plek heel wat uurtjes samen doorgebracht, van gedachten gewisseld, elkaar verhalen verteld, gekletst terwijl we altijd druk bezig waren: maïskorrels van de kolven afpulken, groente snijden, bonen of pinda's lezen... "*Ndole* en kookbananen met pinda's zijn zijn lievelingsgerechten. Natuurlijk ook taro met gele saus, maar dat eet je alleen als het feest is." Ze liet zien hoe hij het graag klaargemaakt zag en bracht hem zijn eten als zij aan de beurt was. "Een kieskeurige eter," vertrouwde ze me op een dag toe. "Pinda's," zei hij, "zul je wel nooit zo smakelijk klaarmaken als Magne. Maar je tarosaus is onovertroffen!" Sommige vrouwen gedragen zich gewoon dwaas, door hun onredelijkheid wekken ze zijn woede op." De stem van je moeder klonk verwijtend, beschuldigend. "Denk goed na wat je doet. Bijvoorbeeld met goedbedoelde raad: belast hem niet te veel. Stuur nooit bedelende kinderen naar hem toe ook al heb je de olie, het zout of de kerosine voor de lampen nog zo hard nodig. Hij zal de onschuldige kinderen met barse stem wegsturen en zeggen: "Sinds wanneer moet ik me bezighouden met vrouwenzaken. Ze hebben toch akkers. Als ze niet hadden zitten luilakken en kletsen hadden ze een goede oogst gehad. Dan hadden ze een deel ervan op de markt kunnen verkopen of ruilen." Nog erger is het als de bedelende kinderen aan zijn deur kloppen als hij met vrienden aan het praten is. Dan moeten ze zich snel uit de voeten maken om een pak slaag te ontlopen. En dan blijft ook hun moeders een boel heibel niet bespaard."

Toen was op een keer de dag gekomen. De stem van je moeder klonk ernstig, ja, zelfs plechtig toen ze zei: "Vanavond breng je onze man eten en zul je zijn lamp aansteken. Stel je erop in en bereid je erop voor. Ga naar de beek, was je en doe een schone doek om je heupen. Hij zal je verwachten, je hartelijk ontvangen, jouw eten opeten, zijn lof erover uitspreken, zich te goed doen aan de palmwijn. Er zal een weldadig gevoel door hem heen gaan en hij zal naar tederheid, liefkozingen verlangen.

Je bent een fatsoenlijk, braaf meisje en je hebt je tot dusverre waarschijnlijk verzet als de jongens je wilden aanraken bij het spelen. Maar ik vraag je om vannacht gewillig en bereid te zijn:

doe wat hij van je verlangt. Hij is je man. Maak hem niet boos door hem af te wijzen, door te huilen of te jammeren. Duld het. Je wilt immers de moeder van veel kinderen worden, is het niet?"

Rosaline, de eerste liefdesnacht – met hem. Een plicht zonder verlangen, die op me drukte, me deprimeerde, de hele dag. Vervuld van angst volg ik de loop van de zon, smeek de goden of ze hem willen tegenhouden, maar ook die dag neemt het licht af en valt de nacht.

Ik was gedwee en gedienstig tegenover de oude man. Bij het afscheid de volgende ochtend zei hij, die goeiige papa: "Vergeet niet vanavond mijn lamp aan te steken." Je moeder stond me al op te wachten. Ik vertelde haar van het nieuwe verzoek. Ze glimlachte, knikte tevreden. Hiermee was er een eervol einde gekomen aan haar taak als marâtre.'

Catherines gezicht werd ondoorgrondelijk. Ze zweeg, leek verzonken in zwaarmoedig gepeins. Ze had mij haar ervaringen toevertrouwd, mij, een meisje, een kind in de ogen van de volwassenen. Wat er gebeurd was dat wist ik, het was me bekend, ik had die tijd samen met haar meegemaakt. Maar haar gevoelens, wat ze ervan gevonden had, dat had ik niet kunnen vermoeden.

Een verhaal dat me aangreep en waar ik over na moest denken. Nu bekeek ik de tijd die komen ging met nog meer bezorgdheid, voelde me er nog onbehaaglijker bij. Het samenzijn, het samenwerken van man en vrouw, de nachten die gezamenlijk doorgebracht moesten worden, wat wist ik ervan? Het was een verboden onderwerp. Op sommige avonden ging mama naar vader, en wat dan nog? Het was altijd al zo en nooit anders geweest. Ooit had mijn vriendin haar moeder ernaar gevraagd. Het had haar een oorvijg opgeleverd.

De dubbelzinnige opmerkingen van de jongens, hun toespelingen, verondersteld dat ik ze begreep, gaven me een gevoel van schaamte, ik sloot mijn oren ervoor. Ik schonk geen geloof aan de verhalen die sommige vriendinnen fluisterend vertelden, deed ze af als fantasie. Ze waren onwaarschijnlijk, ongeloofwaardig en onvoorstelbaar. Vrouwen van mijn familie, die me lief en dierbaar waren, trotse, zelfbewuste mensen – deden die zoiets? Mijn moeder bijvoorbeeld. Ik kon het me niet voorstellen.

Het vertrek

Het huis staat er, de bruidsprijs is voldaan. Niets staat een snel huwelijk en het daaropvolgende vertrek meer in de weg. De twee vaders hebben elkaar al weer ontmoet. Wat wilden ze bespreken? Ongetwijfeld het ceremonieel van het huwelijk, het moment van het vertrek. Als het moet dan moet het, verzuchtte ik berustend in mijn lot.

Een ander probleem beangstigde me, verontrustte me toen veel meer dan het naderende afscheid. Ik ben christen, geloof in de God van de blanken. 'Het is een zonde,' tierde de evangelist in de kerk, 'een zwaarwegende, belangrijke zonde zelfs, om zonder Gods zegen een vrouw in huis te halen.' Met een waarschuwend opgeheven wijsvinger liet hij zijn toehoorders weten: 'De Heer is alomtegenwoordig, Hij ziet alle wandaden... en bestraft ze. Meteen of later, het moment komt vanzelf een keer. Een man en een vrouw, ik zei *een...*' Pauze.

Een ronddwalende blik. Iedereen begreep de boodschap die al vaak met bulderende stem was verkondigd, alsof je het van alle kanten hoorde donderen. 'Een man en een vrouw moeten hun band voor het leven met Gods zegen sluiten, anders is hij niet geldig.'

Vader sloot zijn oren voor de heilsboodschap van de blanken. Dat besluit nam hij toen hij voor het eerst een broeder die net zo donker van huid was als hijzelf in de taal van het dorp had horen verkondigen: 'Schaamteloosheid is zondig, bedek jullie lichaam.

De schedelcultus is zondig, jullie moeten met jullie voorouders breken. Veelwijverij is zondig, leef met één vrouw en blijf haar trouw. Liegen is zondig. Laat de heidense tradities varen. Jullie willen na de dood toch niet voor eeuwig branden in de hel?'

'Ze hebben hem behekst,' luidde vaders conclusie. 'Er wonen boze geesten in hem. In zijn aderen vloeit nu het bloed van de blanken, zijn hart slaat hun maat.' Over de god van de liefde, de vergeving van de zonden, de belofte van het eeuwige leven wilde hij niets meer horen.

En ik was bang dat hij ook niets zou willen weten van het inzegenen van ons huwelijk door een van die kerkmensen. Maar ik! Ik was immers christen, ik was gedoopt, had belijdenis gedaan: 'Geloof je in God, de Vader, de Schepper van al wat leeft?' had de dominee gevraagd. 'Antwoord dan: ja, dat geloof ik.' En ik bevestigde: 'Ja, dat geloof ik.' En nu keerde ik me daarvan af. Ik sloeg Zijn voorschriften in de wind. Samenleven met Paul is zondig. 'O,' kreunde ik. De stem van de evangelist klonk hard in mijn oor. 'De Heer zal onverzoenlijk zijn, Zijn straf onverbiddelijk.' Over die zekerheid verbaasde ik me, ik trilde van angst. Welk lot, welke lijdensweg stond me te wachten: honger? Langdurige ziekte? Kinderloosheid?

's Nachts wilde de slaap niet komen. De doorwaakte uren duurden oneindig lang. Ik werd gekweld door verdriet. 'Zoek troost, hoop in het gebed.' Ik herinnerde me de uitnodigende, opbeurende woorden van de predikant. Zachtjes maakte ik me los uit de omhelzing van mijn broers en zussen die in hun slaap warmte en geborgenheid zochten, vouwde mijn handen onder de dunne doek en richtte het woord tot de welwillende, barmhartige Vader: 'Zij, die de boodschap brachten, zeiden dat U overal bent – alomtegenwoordig. Kijk dan alstublieft deze kant op, werp een blik in ons kleine dorp, op mij, Rosaline, in mijn nood, en hoor wat mijn vader altijd zegt: "Waarom zou ik niet onze eigen goden mogen blijven dienen? Zou ik onze voorouders geen offers mogen brengen om ze verzoenlijk te stemmen, net als mijn voorvaderen? Net als mijn grootvader en ook diens vader omring ik mij met een schare vrouwen, die mij dankbaar kinderen schenken. En ineens noemen de missionarissen of, erger nog, hun behekste aanhangers die eigenlijk mijn broeders zijn, al onze tradities die van oudsher in ere worden gehouden zondig, duivels zelf. Ze noemen mij geringschattend een heiden – goddeloos. Ze doen maar! Ik, Todjo, zal de gunst van de voorouders niet lichtvaardig verspelen." Alstublieft, zie, lieve God,' zo bad ik, 'zie mijn machteloosheid tegenover een strenge vader. Zijn wil geschiede...'

Gespannenheid en angst maakten plaats voor rust en gelatenheid. De zorgen vielen van me af. Ik had ze bij de Heer neergelegd, ze Hem duidelijk gemaakt. Hij zal clementie betrachten. Ik was er zo van overtuigd dat ik toegaf aan mijn vermoeidheid.

's Ochtends. Ik werd wakker uit een aangename slaap, goed uitgerust. Maar er was een vraag die me bezighield. Ik gaf mezelf een standje, want het was onvergeeflijk. Waarom kwam ik nu pas op het idee? Paul is christen, gedoopt, hij heeft geloofsbelijdenis gedaan, net als ik. En? Herinnert hij zich niet meer wat die hij die God heeft beloofd? Is hij niet bang voor diens boosheid?

Rustig, Rosaline, je loopt te hard van stapel. Is het al uitgesloten dat er een kerkelijk huwelijk komt? Want ik wist er immers niets van. Wie vroeg er nou naar mijn mening? Misschien heeft Pauls vader zijn koppige vriend wel overgehaald om toestemming te geven.

Voorzichtig polste ik mama. 'Rosaline,' riep ze met een stem die trilde van ontzetting. 'Zijn de boze geesten in je gevaren? Wil je vader weer boos maken? Je doop van toen... durf je na zijn woedeuitbarsting van toen aan zoiets te denken?' Kalmerend legde ik mijn hand op haar arm. 'Het is al goed, mama.'

Mijn doop – een blijvende herinnering. Het begon allemaal toen mannen uit ons dorp op een dag aan het werk gingen. Ze maakten stenen. Vrouwen zorgden voor hun eten en drinken. Er werd gezegd dat het christenen waren. Ze gingen een kerk bouwen omdat het veel tijd kostte om telkens naar het buurdorp te gaan. Maar het was zeker niet alleen daarom, voor 'Hem' was geen moeite hun te veel. Ze werden bezield door een vrome wens: de Heer kwam eer toe en die wilden ze Hem in 'Zijn' huis bewijzen. Iedereen had het erover.

Uit nieuwsgierigheid begaven wij ons op weg naar de plek waar het allemaal gebeurde, mijn vriendinnen en ik. Hoe zagen christenen eruit? En een kerk? We hadden geen idee. We waren nieuwsgierig en wilden snel antwoord op onze vragen. Toen we op de bouwplaats waren aangekomen was het een grote teleurstelling. De vrouwen en mannen verschilden niet van de andere dorpsbewoners. Je kon nergens aan zien dat het christenen waren. Wat hadden we verwacht? We keken elkaar vragend aan, haalden onze schouders op en giechelden.

De kerk. Ze trokken muren op als voor een gewoon huis. Nee, er was een verschil. Er was geen onderverdeling voor kamers, alleen buitenmuren, en waarom zat de deur in de korte zijde? 'Heb geduld,' waarschuwden de bouwmeesters, 'straks kan iedereen zien dat het anders is.' Dus gingen we er verwachtingsvol steeds weer naartoe. Bijna altijd onderbraken ze hun werk, vroegen ons bij hen te komen zitten en vertelden: 'Onze enige God is de God die in de hemel woont, niet in de bomen. Hij houdt van de mensen, net zoveel van de blanken als van de zwarten, want Hij heeft de twee huidskleuren geschapen, net als alles om ons heen: het bos, de aarde van de velden, de regenwolken... Maar pas op, Zijn mensen doen verkeerde dingen! Ze wekken Zijn toorn op en Hij bestraft ze. En weglopen of verstoppen helpt niet. Hij ziet je, kent zelfs je gedachten. O de goedheid van Zijn hart is grenzeloos: als je berouw toont, belooft je te zullen beteren, vergeeft Hij wat je verkeerd hebt gedaan.' Ze keken ons aan, hun ogen straalden. 'Brengen wij geen blijde boodschap?' We knikten instemmend.

Op een andere dag: 'De hemelse Vader had een zoon die Jezus heette, die stuurde Hij in mensengedaante naar de aarde. Hij predikte, dat wil zeggen, hij verkondigde het woord van God, vertelde het aan de mensen. En, let op, hij deed wonderen.' We hingen aan hun lippen, hoorden vol enthousiasme dat deze jonge Jezus zieken genas: blinden konden weer zien, verlamden weer lopen.

En toen het verschrikkelijke nieuws, het bericht van zijn dood. Mensen spijkerden hem aan een kruis. Onze harten waren vol verdriet, we huilden bittere tranen. 'Maar – en dat is fantastisch,' troostten de christenen ons, 'hij is weer opgestaan.'

Het huis werd met gevlochten palmbladeren gedekt, was klaar. Nog steeds was niet te zien waarin het verschilde van een woonhuis, nou ja, alleen aan de plek van de deur. 'Kom morgen, op zondag, de rustdag van de christenen. Dan zullen we de kerk plechtig inwijden.'

Zonder te aarzelen koos ik de mooiste van mijn twee jurken voor die dag, die met de heldere bonte kleuren. Mama had er niets op tegen, was het er direct mee eens. Met mijn vriendinnen, net als ik opgedoft, onze hoofden versierd met kleine, pas gevlochten vlechtjes, ging ik op weg. We waren veel te vroeg...

Er waren nieuwsgierigen gekomen, ze stonden in groepjes bij elkaar en wachtten vol spanning op wat er ging gebeuren. Wij kinderen speelden, sprongen over takken, huppelden in een kringetje rond. Onze kleren waren allang niet meer smetteloos, onze haren zaten in de war. Plotseling kwam er beweging in de menigte, er ontstond een opgewonden gemompel. 'Ze komen eraan, ze komen, ze komen,' zei de een tegen de ander. We wisten alleen niet wie.

Toen kwam er een groep vreemde mensen te voorschijn, om de bocht van de weg. Onze vrienden liepen voorop, ze waren de vreemden tot een bepaald punt tegemoet gelopen. Er klonk stormachtig applaus van de volwassenen, de kinderen juichten. We stoven erop af, renden... en stonden met een ruk stil. Sprakeloos, met ingehouden adem staarden we naar een man in hun midden. Was het zinsbegoocheling? We geloofden onze ogen niet, wat was dat voor een mens? Wie zei er trouwens dat het een menselijk wezen was? Zijn huid had geen kleur, zijn haren waren aardkleurig en hij had een spitse neus. Een jongen die vooropliep keerde zich om en vluchtte. Wij deden hetzelfde, renden terug en zochten dekking achter de groten. 'Sufkoppen,' snauwden die tegen ons, 'dat is een blanke.' Gefluister, ook onder de volwassenen. 'Een blanke die de moeite neemt om van zo ver hierheen te komen, die die verre reis op zich heeft genomen... voor ons.'

'*Nfe nfe mpie pe bè ba mpie be djui djim Kristo gue tchatchie wo'o*,' riep hij ons toe. 'Weest gegroet, broeders en zusters in de Heer.' Hij begroette ons in de taal van het dorp. De gemakkelijkste manier om ons hart te veroveren. Handgeklap, plezier, gelach. Meer woorden leek hij in onze taal niet te kennen. Daarna vormde zijn mond vreemd klinkende woorden. Een man naast hem vertaalde het, zodat wij het begrepen. Ik luisterde niet naar hem. De kleurloze had mij nog steeds in zijn ban, ik bleef maar naar zijn gelaatstrekken kijken, naar elke handbeweging die hij maakte.

In de kerk. Plotseling hield hij een houten kruis boven de hoofden van de aanwezigen. Het moest ergens verstopt zijn geweest. Het leek zwaar, hij pakte het met beide handen vast, draaide zich naar links, naar rechts. Had iedereen het gezien? Toen hij daarvan overtuigd was, begaf hij zich naar de uitgang, gevolgd door zijn begeleiders, onze vrienden en ten slotte de hele gemeente. Buiten in de openlucht liet hij vertalen: 'Ziet, luistert, aan zo'n houten kruis, alleen groter, hebben ze onze Here Jezus, Gods zoon, genageld. Hij heeft heel erg geleden en toen stierf hij.' 'Wee, wee, wee...' klonk het veelstemmig kreunend en klagend uit de menigte. 'Wees gerust, hij is opgestaan,' mompelde ik zachtjes, trots dat ik al zoveel wist.

Zichtbaar onder de indruk van de belangstelling, het algemene medeleven, haastte de missionaris zich de blijde boodschap te verkondigen: '... op de derde dag opgestaan uit de doden, opgevaren naar de hemel, en zit aan de rechterhand van God, de almachtige vader; vandaar zal Hij komen om te oordelen de levenden en de doden.' O jee, die woorden gingen mijn verstand te boven, maar een onfeilbaar gevoel zei me dat het verhaal goed was afgelopen.

'*Nfe nfe mpie pe bè ba mpie be djui djim Kristo*.' De missionaris bleef aan het woord. Trots zijn talenkennis etalerend, hief hij opnieuw het kruis omhoog: 'Beminde broeders en zusters in de Heer,' klonk gedienstig de stem van de tolk die nu overijverig op de taal van de blanken, het Frans, overging. Voor wie? Iedereen barstte in lachen uit, grote hilariteit. Was het kruis te zwaar of houden blanken niet van een lolletje, lachen ze nooit, zijn ze nooit vrolijk? Zijn gezicht bleef in elk geval serieus, somber. Onverstoorbaar ging hij verder: 'Gods zoon heeft zijn leven voor ons gegeven. Hij is aan het kruis gestorven. Dit kruis...' Met nadruk tilde hij het nog hoger op en met een stem die overal boven uitkwam verkondigde hij: 'Het kruis is het symbool van alle christenen op de wereld, niet alleen in mijn vaderland maar ook in vele andere landen, en nu hier in jullie dorp.' Met die woorden overhandigde hij het plechtig aan onze vrienden, de christenen die in het dorp woonden. Zichtbaar geroerd namen ze het in ontvangst, bedankten hem en zeiden: 'Dit kruis zullen wij hier boven op de gevel van onze kerk bevestigen zodat het van verre zichtbaar is. Het moet ons waarschuwen, ons steeds aan het eerste gebod herinneren: "Ik ben de Here, uw God, Gij zult geen andere goden voor mijn aangezicht hebben," en elke voorbijganger laten weten: hier staat een godshuis, kom binnen, bid, loof de Heer."

Applaus, meer ingehouden en getemperd dan eerst, alsof de mensen dachten: aan ons enthousiasme is de blanke niet gewend. Wat mij betreft: eindelijk wist ik wat een woonhuis tot godshuis maakt.

De kerk werd een plek waar we graag kwamen, mijn vriendinnen en ik. Je moest je aan de voorgeschreven kleding houden om binnen te mogen – blote borsten en lendenschort waren niet geoorloofd – en je moest schoon zijn. 'De Here Jezus houdt niet van viespeuken,' zeiden ze tegen ons, de evangelist en zijn medewerkers en medewerksters. Ze leerden ons van alles: bidden, bijbelteksten begrijpen, liederen zingen... O, wat een levensgeluk, wat een heerlijk gevoel kwam er over me als we uit volle borst zongen, als we schetterend onze lofprijzingen op de Heer zongen, in de hoop dat onze stemmen tot in de wijde omtrek te horen waren.

'Jullie zijn heidense kinderen,' lieten ze ons op een gegeven moment weten. 'Door de heilige doop zullen jullie christenen worden. We onderwijzen jullie, bereiden jullie erop voor.' Van nu af aan werd er minder gezongen, en werden er meer verhalen uit de bijbel voorgelezen, uitgelegd, begrijpelijk gemaakt en door ons uit het hoofd geleerd.

'Bij de doop geven we jullie christelijke namen,' deelde de evangelist ons op een dag mee. Uitgelaten van vreugde waren we! Wat hadden we lang op die aankondiging gewacht. In het geheim hoopten we allemaal dat we een welluidende, betekenisvolle naam zouden mogen dragen. Een naam die symbolisch was voor een fantastische vrouw uit de bijbel: Marie, Sara, Ruth, Esther...

Er waren te veel kandidates! Maakte ik een kans? Het was beter om iets anders te verzinnen. Dat ene verhaal. Ik herinnerde het me nog precies, de evangelist had het ons verteld. Het ontroerde me, hoewel het zich ver van hier, in het vaderland van de blanken had afgespeeld: een jong meisje, de dochter van rijke ouders, had altijd genoeg te eten. Ze hoorde van mensen die niet ver bij haar vandaan woonden die 's nachts niet konden slapen van de honger en overdag niet wisten hoe ze aan eten moesten komen. Die wetenschap bedrukte haar, maakte haar ongelukkig. Barmhartige God, vergeef mij, bad ze – en ze stal thuis levensmiddelen. In doeken gehuld om niet herkend te worden ging ze naar de armen toe.

De diefstallen bleven niet onopgemerkt, men werd argwanend, hield haar in de gaten, wilde haar op heterdaad betrappen. 'Wat zit er onder je doek, wat verberg je daar?' vroeg een man haar onderweg op barse toon. De schrik sloeg haar om het hart. O jee, ze hebben me ontdekt. Gelaten sloeg ze de doeken uit elkaar, maar tot haar verbazing zag je niet de spullen die ze gestolen had, maar een grote bos rozen. Het was een wonder. 'Rozen,' legde de evangelist uit, 'zijn voor blanken de mooiste, de lekkerst ruikende bloemen die bij hen groeien. Is God niet geweldig?' wilde hij van ons horen. Ze noemden het meisje in het vervolg Rosaline. Ja, mijn besluit stond vast, was gevallen, niet Marie, Sara, Ruth of Esther... nee, Rosaline wilde ik heten.

Mijn moeder wist ervan, werd telkens op de hoogte gehouden van de voorbereidingen, en zei er niets van, maar ze benadrukte: 'Ik blijf bij die plek ver uit de buurt, je weet wat je vader ervan vindt, hij heeft een aversie, wrok jegens die kerkmensen. Ik wil hem niet boos maken.' 'Hm,' peinsde ik, 'En ik, als ik me nu... laat dopen?' Mijn moeder keek me angstig en bezorgd aan. 'Laten we hopen dat het hem koud laat en dat hij niet boos wordt.'

Een dominee kwam van ver weg, want er waren heel wat dopelingen die zondag. Opperste gelukzaligheid. Met volle teugen genoot ik van het moment toen hij met plechtige stem zei: 'Ik doop je met de naam Rosaline.' Uit een kalebas goot hij water over mijn hoofd. Het liep onder mijn jurk koel over mijn hele lichaam naar beneden.

Thuis stonden ze al op me te wachten: mijn moeder doodongelukkig, met rood gehuilde ogen, en een tierende vader die snoof van woede. 'Niets, maar dan ook niets, wil ik met het geloof van de blanken te maken hebben, begrepen? Of willen jullie soms dat ik jullie vrouwen met al jullie koters wegjaag, hè, en dat ik met maar één vrouw samen ga leven? Dat willen de christenen immers. Nee, onze traditie blijft onze traditie, daar moeten ze zich niet mee bemoeien.'

De dag van het afscheid moest een keer komen, vroeg of laat. En hij kwam dichterbij. Maar het vertrek voor de lange reis was nog niet ophanden. Het gebruik vereiste dat ik een tijdlang bij Pauls familie doorbracht. De nieuwe familie wilde me leren kennen: mijn karakter en mijn manier van denken. En ze wilden weten of ik wel gehoorzaam was. Deugde ik wel voor huisvrouw? Ze zouden kijken of ik geschikt was, zouden mijn ijver bij het werk op het veld, mijn kookkunst beoordelen.

Bang zag ik die proeftijd tegemoet. Ter wille van mama nam ik me vast voor om er steeds met mijn aandacht bij te zijn en open te staan voor nieuwe dingen. Om altijd beleefd, voorkomend en hulpvaardig te zijn.

'Rosaline!' Moeder riep me vanuit de keuken. Ik snelde naar haar toe, dacht dat ze mijn hulp nodig had. 'Ga zitten.' Onderzoekend bekeek ik haar gezicht. Er was iets wat ze me moest vertellen. Iets aangenaams? Iets verdrietigs? 'Rosaline, de twee vaders hebben een besluit genomen.' Ik spitste mijn oren, het ging over mij. Wat nu? 'Je huwelijk... het wordt niet hier gevierd.' 'Ja, maar waar dan?' 'Bij de andere familie.' 'In het huis van de bruidegom?' vroeg ik ongelovig. Mama knikte. 'Zo gaat dat nooit, dat heb ik nog nooit gehoord,' zei ik beslist. 'Vader heeft er zijn redenen voor.' Ik dacht na, brak me het hoofd, had geen idee welke 'redenen' vader tot zijn besluit hadden gebracht. Zachtjes vroeg ik mama: 'Wil je het me vertellen?' 'Je moet begrijpen, Rosaline, jaloezie en afgunst zijn lelijke gevoelens, die iedereen wel heeft, ook jij en ik en... ja, iedereen eigenlijk. Mensen verschillen, dat is waar, maar ze verschillen er alleen in hoe ze hun boosheid weten te bedwingen, te beteugelen. De een bewaart die in zijn hart en glimlacht, komt kalm en beheerst over, zelfs als het pijn doet, knaagt en steekt. Anderen winden zich op, worden boos of verhit tot ze dag en nacht door slechts één gedachte worden beheerst: hoe kan ik onheil aanrichten, hoe kan ik degene die zoveel geluk heeft kwaad doen?'

Ik was een al al oor, luisterde gebiologeerd naar mijn moeder. Ik vroeg me alleen af wat haar opmerkingen met mij en met de plek van het huwelijksfeest te maken hadden. Kon ze gedachten lezen? Liet ik door een gebaar mijn ongeduld blijken?

Want toen zei ze: 'En nu over jou. Je weet immers, Rosaline, al een paar van je zussen hebben onze familie verlaten. Hun papa heeft hen uitgehuwelijkt aan een goede partij, net als jij nu. "Alweer één," zullen een paar vaders in het dorp bitter denken. Ze denken aan hun eigen slechtgehumeurde dochters die thuis wonen omdat geen enkele vrijer hen wil. En dat is niet zo prettig, want ze teren op hun vaders zak. De dochters voelen zich van hun kant te veel, niet op hun plaats, een extra mond om te voeden, en worden nog knorriger, nog chagrijniger. Begrijp je nu hoe gemakkelijk een vader die succes heeft – ik bedoel met het uithuwelijken van zijn dochter – vijandige gevoelens kan oproepen?' Ik begreep het. 'En ook nog uitgehuwelijkt aan een man uit Yaoundé, de stad van de rijken, zoals iedereen denkt. Kind, je hebt geen idee... Hoe dan ook, vader wil niet dat jouw vertrek door een groot feest bij iedereen van mond tot mond gaat.'

Ik kon het niet zomaar accepteren dat ik afstand van een groot feest moest doen. 'Het is toch hun eigen schuld dat die families met hun dochters blijven zitten? Ze hebben immers een slechte naam. Wie wil er nu met hen trouwen als hun moeder van vampirisme en hun vader van hekserij wordt beschuldigd? Als ze hun kinderen opvoeden tot dief?'

Ik was kwaad, verontwaardigd vanwege die mensen... maar het hielp niets. Intriest trok ik me terug, ik wilde alleen zijn, me verstoppen. Ik liep het bos in, daar kon niemand me horen of zien. Zittend op een tak vergoot ik mijn tranen. Ik voelde me het meest afgewezen schepsel op aarde, had medelijden met mezelf. Ik moest zo ver weg. Een huwelijk zonder Gods zegen. En nu ook niet eens een feest in mijn eigen familie. Ik huilde tot al mijn tranen op waren en de sluier voor mijn ogen was opgetrokken zodat ik de bomen weer helder kon zien.

Ik had gedroomd, zoals jonge meisjes dat doen, me mijn huwelijk voorgesteld zoals andere huwelijken werden gevierd die ik had meegemaakt – met lekker eten, toneelspelletjes, plechtige momenten. Zoals het huwelijk van Ruth bijvoorbeeld. De familie van Ruths bruidegom kwam op een dag het huis van haar grootvader binnen. Vooral de jongeren deden net of ze bezweken onder de zware last van de potten met kookbananen en saus, de kalebassen met palmwijn en een mand. Ik hield haar in de gaten, Ruth was gefixeerd op de mand. Wat zat erin? Vast een jurk, sieraden... Hopelijk was Paul tijdens zijn verblijf in Yaoundé die gewoonte niet vergeten. Maar ik moest me niet ongerust maken. De vrouwen zouden hem er vast aan herinneren.

De eerste spreker was een grijze papa. 'Een oom van de bruidegom,' fluisterde Ruths zusje me toe. Bij belangrijke, beslissende samenkomsten zul je nooit een jongere horen, oudere volwassenen doen het woord voor hen. De grijze man sprak uit naam van zijn neef. Met indrukwekkend vaste stem deed hij het huwelijksaanzoek en zei: 'Beste vrienden, mijn familie is hier vandaag in jullie huis met veel mensen aangekomen. We hopen dat we niet ongelegen zijn gekomen en jullie niet in de weg staan. We hopen dat we jullie niet storen bij het uitrusten, ontspannen, bij het opdoen van nieuwe krachten of dat we jullie zelfs van dringende bezigheden afhouden. Maar we zijn hier gekomen vanwege een probleem dat geen uitstel duldt. Velen van jullie, misschien iedereen wel, kennen het spreekwoord: wie geen honger heeft maakt ook geen ruzie. Een volkswijsheid die zegt: een verzadigd mens is een vreedzaam mens.

In mijn huis woont een zoon die oud genoeg is om zelf vele kinderen te hebben. Wat is het dan beschamend voor hem om nog steeds te moeten eten wat zijn kromme, krachteloos wordende moeder hem voorzet. Maar hij weet dat hij anders verhongert. En wat voor gevolgen, wat voor uitwerking zou dat op de familie hebben? Dan zou de hele familie te lijden hebben onder zijn korzeligheid en slechte humeur. Hij is een bedachtzaam man die vooruitkijkt en hij vraagt zich af: wil ik zo ontevreden zijn? Nee! Hij denkt na en herinnert zich een knap, groot meisje van wie hij weet dat ze vlijtig en met plezier het veld bewerkt, dat ze goede oogsten binnenhaalt. Wat een genoegen voor een man: een vrouw die hem grote porties dampende couscous met smakelijke pindasaus opdient. Dat meisje zag hij bij jullie thuis. Vanwege haar zijn wij gekomen. Geef ons haar alsjeblieft als vrouw voor die zoon, zodat er vrede blijft heersen in onze familie.'

Ruths grootvader stond op. In zijn huis had ze haar jeugd doorgebracht. Ook hij was grijs en hij zou het woord doen voor Ruths familie. 'Wij kunnen bevestigen dat er in onze familie een meisje woont dat zeer goede eigenschappen bezit: ze is mooi, ijverig, bescheiden, gehoorzaam... Ik zou moeiteloos door kunnen gaan met die opsomming. Om kort te gaan: ze is ons dierbaar, mij is ze even waardevol als het licht in mijn ogen, waarmee ik elke dag weer zie hoe de zon opkomt en ondergaat, naderende regenwolken verwelkom en geniet van het vrolijke lachen op de gezichten van de mensen van wie ik hou. Jullie zoon is veeleisend, weet wat hij wil.'

Je kon zien dat de oude man van het meisje hield. 'Maar, beste vriend...' Pauze. Nog oplettender blikken van de toehoorders. Verbazing. Wat nu? 'Je doet dan wel een aanzoek, maar het is niet compleet. Er ontbreekt iets essentieels, iets doorslaggevends aan. Jullie hebben het over werk op het land, over rijkelijke oogsten, over het klaarmaken van grote porties couscous, over pikante sauzen... denken jullie alleen maar aan de eetlust van jullie zoon? Zo klonk het mij in de oren. Heb ik het verkeerd verstaan, is mij iets ontgaan?' vroeg hij de mensen die nieuwsgierig toehoorden.

'Nee,' luidde hun antwoord unaniem.

'En de honger van onze dochter? Hebben jullie daar wel oog voor? Het zal haar wel niet aan voedsel ontbreken, we denken echt niet dat jullie zoon onze dochter niet genoeg eten zal geven. Nee, we hebben het over een andere honger. Haar honger naar waardering, naar een eerlijke, menswaardige behandeling, naar liefde. Begrijpen jullie dat?

Geachte vriend, je spreekt uit naam van de toekomstige echtgenoot, van alle vrouwen en mannen van jullie familie, of ze nu jong zijn of op leeftijd. Als je vanuit jouw verantwoordelijkheid niet plechtig belooft de levenshonger van onze dochter te zullen stillen, kunnen we jullie verzoek tot onze spijt niet inwilligen.' Ruths grootvader ging zitten. Zijn gezicht was ernstig, vastberaden. De aanwezigen keken meteen de andere kant op, naar de plek waar de familie van de bruidegom om de oom heen stond, en opgewonden fluisterde, gebaarde. Met een afwerend gebaar maakte hij zich los uit het veelstemmige gefluister, stond vastberaden op en begon te spreken terwijl hij zijn handen in een deemoedig gebaar op zijn borst legde: 'Ik vraag vergiffenis... Mijn verstand was er niet toe in staat me de passende woorden in de mond te leggen voor de gevoelens waar ons hart vol van is. Heb begrip en sta het mij toe ons aanzoek in eenvoudige, algemeen gangbare, maar eerlijke, oprechte woorden nogmaals te doen. We vragen om uw dochter Ruth als vrouw voor onze zoon, moge zij haar leven met ons delen, in de gemeenschap van onze familie. Zij zal een lieve dochter, vertrouwde zus, gewaardeerde echtgenote zijn. Dat betekent dat haar verdriet ons zal bedrukken, dat we niet zullen slapen als ze ziek is, dat haar vriendelijkheid, haar vrolijkheid, haar lachen groot en klein, oud en jong gelukkig zullen maken.

Onze zoon is een oprecht, rechtschapen man, die het niet achter de ellebogen heeft. Als ik niet overtuigd zou zijn van zijn fatsoenlijkheid zou ik weigeren het woord voor hem te doen. Ik sta hier als "chef" van deze grote familie. Als algemeen gerespecteerd persoon geef ik mijn woord, ja, beloof ik plechtig wat jullie vragen, dat wij alles zullen doen om elke honger van jullie dochter te stillen.'

Hoorbare zuchten van opluchting, vervolgens een stormachtig applaus, gejuich, omhelzingen. Ook ik, meegesleept door de vreugde, gooide mijn armen in de lucht, huppelde rond, lachte. Die grootvader van Ruth! Die grijsaard zegt met eenvoudige maar vastberaden woorden die iedereen in deze kamer kan horen: beloof plechtig dat je mijn kleinkind menswaardig zult behandelen, anders geven we haar niet. 'Wat ongebruikelijk! Zoiets heb ik nog nooit gehoord, dat een grootvader zulke dingen vraagt,' zei de vrouw naast me. 'Geweldig! Bij andere discussies gaat het alleen om de bruidsprijs: geiten, palmolie, geld... Denk maar niet dat de mannen hier wakker van liggen. Ze horen het aan, maken er grapjes over, lachen erom – en dat was het. Jammer genoeg!' voegde ze er nog aan toe.

Er schoot van alles door mijn hoofd. Het was allemaal ook zo verwarrend! Tot dusverre had ik gedacht – en zo zag ik dat ook dagelijks om me heen – dat de vrouw geboren was om de dienares van de man te zijn, dat zij van nature bescheiden was. En plotseling sprak een grootvader over een andere honger van zijn kleinkind, een vrouw, dan de honger van een knorrende maag.

Wat was het toch vervelend dat ik me er niets bij kon voorstellen! Wat bedoelde hij nou? Ik ga bij mezelf te rade, krijgt mijn moeder waardering, liefde, een menswaardige behandeling van mijn vader, haar man? Weet ik dat wel? Hij heeft haar in elk geval wel een nieuw huis bezorgd. Maar ik hoor haar ook vaak klagen: 'Hij heeft mij alweer bars afgewezen toen ik om geld vroeg en hij schreeuwde: "Zie zelf maar dat je aan geld komt, ga maar naar de markt en verkoop maar iets."' Of: 'Hij heeft me alweer extra werk opgedragen, hij laat mij maar ploeteren... Ik heb mijn eigen akker nog niet eens klaargemaakt om in te zaaien. Ik ben op van vermoeidheid, maar dat interesseert hem niet.' Is dat wat ze verstaan onder een 'onwaardige behandeling'? Ik zal er nog wel achter komen, het leven zal me wel leren wat het verschil is.

Na Ruths huwelijk was het mijn hartenwens om ook zo'n grootvader te hebben. Iemand die ook mij op 'mijn' dag in het middelpunt zou plaatsen, die zou eisen dat de andere familie beloofde dat ze me niet schandelijk zouden behandelen. 'Zeg maar met krachtige stem,' zou ik hem van tevoren influisteren, 'dat je Rosaline als ze ongelukkig wordt of als haar leed wordt aangedaan persoonlijk komt halen.'

Maar voor mij is er geen grootvader, mijn beide grootvaders zijn dood. Nou ja, troostte ik me indertijd, misschien vindt vader op mijn huwelijksdag mooie woorden die hetzelfde betekenen... En nu weet ik zeker dat er voor mij geen feest zal zijn. Mijn tranen beginnen opnieuw te vloeien.

De volgende dag. Ik zat voor het huis. Twee oudere vrouwen kwamen ons erf op. Een van hen droeg een mand op haar hoofd. Een jongen wees hun de weg naar het huis van mijn vader. Ik wist genoeg, was meteen op de hoogte: dit bezoek betrof mij. De schrik sloeg me om het hart. Het mes viel op de grond. De groente die ik juist klein sneed, liet ik met stelen en al in de schaal vallen. Morgen gaat het gebeuren, zei een stem in mij. Weer voelde ik de tranen opkomen. Alweer? Nee! Alleen kleine meisjes huilen, hangen jammerend aan hun moeders rok.

De mand verried waarvoor ze kwamen. Hij was niet vies, versleten of opgelapt. Er waren nog geen *ignam*, *makabo* of zoete aardappels van het veld naar huis en vandaar in naar de markt gedragen. Deze was nieuw en ongebruikt en vandaag voor het eerst op het hoofd van de vrouw getild.

Mijn voorgevoel kwam uit. Vaders eerste vrouw bracht de twee vrouwen naar ons toe, stelde ze aan moeder voor als twee echtgenotes van Pauls vader. 'Onze zoon heeft ons de opdracht gegeven deze mand aan Rosaline, de dochter van dit huis, te overhandigen.

Zijn we hier aan het juiste adres?' 'En of!' klonk het meerstemmig, er stonden heel wat mama's in ons huis, die allemaal feilloos aanvoelden dat er iets bijzonders ging gebeuren. Popelend van nieuwsgierigheid stonden ze om me heen, hun blikken strak op de mand gericht. Zelfs ik vergat mijn afscheid dat nu wel heel dichtbij kwam toen ik verwachtingsvol het deksel optilde en de inhoud eruit haalde.

Ik vouwde twee jurken uit van kleurige stoffen. De ene met bonte bloemen en groene bladeren, de andere als het vruchtvlees van rijpe mango's. Mijn bewonderende 'aah' werd overstemd door het veelstemmige 'aah, aah, aah' dat uit de van verbazing opengesperde monden van de anderen kwam. Een paar grepen toe, wilden de stof tussen hun vingers voelen. 'Is die niet te klein?' Iemand twijfelde. 'Helemaal niet,' luidde de mening van de meerderheid. 'Jij weet alleen iets van lendendoeken.' Iedereen moest lachen.

Om alle bezwaren te weerleggen hielden ze me de jurken voor, eerst de ene, toen de andere, van voren en van achteren. De een zat hier te trekken, de ander daar, om te zien of ze al mijn rondingen wel bedekten. Ze waren het erover eens: 'Ze passen allebei.' Ze passen allebei, herhaalde ik weemoedig, natuurlijk onhoorbaar, in mezelf. Welke doe ik aan? Welke geef ik weg, zoals van mij verwacht wordt? Er bleef geen tijd over om daarover na te denken, want op de bodem van de mand ontdekte mama een pakje, een stukje stof dat een paar keer dubbel was gevouwen. 'Ik voel het al, parels.' Natuurlijk, ik wist het weer, over het algemeen worden er sieraden gegeven, en ik had ook sieraden verwacht. De prachtige jurken brachten me het hoofd op hol.

Ik sloeg de lap open. Een ketting, een paar oorbellen met parels, helderrood, lagen voor ons. 'Mooi!' Opnieuw klonken er kreten, iedereen was enthousiast. 'Net rijpe koffiebonen!' 'Inderdaad, alleen nog roder, nog feller, nog prachtiger.' 'Die heeft hij in de stad gekocht, ik bedoel in Yaoundé, bij de rijken.' 'Een genot om te zien.' 'Die zal al je wensen vervullen.' 'Maak hem maar niet boos, schenk hem veel kinderen.' Meningen, raad dwarrelden door elkaar. Ik hoorde er een verlangen in. Ze dachten dat ik gelukkig was – en ik...? De kleren, de parels waren prachtig, ik had nooit zulke kostbare dingen gehad. Lag er dan toch een veelbelovende toekomst voor me?

Geamuseerd keken de twee brengsters van de mand naar de geanimeerde bedrijvigheid. Ze konden thuis de bruidegom melden dat zijn geschenken in de smaak waren gevallen. Dat was niet altijd het geval. Als er jaloezie in het spel was, werden er vaak weinig vleiende opmerkingen gemaakt.

Het was niet mogelijk – het schemerde al. Ik wreef mijn ogen uit en kon het niet geloven. Een nacht zonder nare droom, zonder wakker te liggen, zonder angst voor de toekomst. Ik had doorgeslapen alsof dit een dag als alle andere was. Wat was er aan de hand? Was mijn hoofd op hol gebracht door de cadeaus? Was ik daarom nieuwsgierig geworden naar het nieuwe leven in de stad van de rijken? Zo simpel, zo snel? Laat ik me door twee jurken, een parelketting en een stel oorbellen op andere gedachten brengen? Ben ik ineens niet meer angstig en ongerust, maar vol verwachting en vertrouwen?

De vroege ochtenduren verliepen als gebruikelijk: ik veegde het erf, ging naar de beek, waste me, waste de borden af en haalde water.

De eerste vrouw maakte haar ronde, ging langs alle huizen en vroeg de vrouwen om naar de cultplaats te komen. De kinderen hadden geen uitnodiging nodig, ze kwamen ook ongevraagd al aanstormen. De grote boom is de ontmoetingsplaats, een eerbetoon aan de goden van onze nederzetting, aan de voorouders en aan de grote almachtige God. De heilige plek voor mijn familie. 'Heidenen' noemt de evangelist ze in de kerk, de gewijde plaats van de christenen. Als hij me hier zou zien... Maar wat moet ik anders? Moet ik de zegen van mijn vader weigeren? Dat zou betekenen dat ik met mijn familie brak, afvallig werd.

Vader liep op ons af. 's Ochtends had hij de goden al gunstig gestemd met offergaven. Hij goot waardevolle palmolie over de stenen onder de boom, strooide kostbaar zout. Nu sprak hij tot hen:

'Wij vertrouwen jullie onze dochter toe. Ze zal van ons weggaan, ons dorp verlaten om in de vreemde wereld haar eigen gezin te stichten. Bescherm haar tegen de invloed van slechte mensen, help haar haar eigen weg te vinden en de eer van onze familie ook in den vreemde hoog te houden.'

Hij bukte zich, pakte takken en een kalebas water die hij er al eerder had neergezet. Alleen hij, het familiehoofd, is gerechtigd de heilige plant voor de zegening te zoeken, het water bij de beek te halen. Vlak voor mij leegde hij de kalebas, haalde de heilige plant meermalen over de doorweekte, modderig geworden grond en stak hem me toe. Ik zoog met mijn lippen aan de blaadjes, proefde de aarde op mijn tong. Aarde, water, groene takjes van de nederzetting waar ik geboren was. Ik nam de geest ervan in me op, die zou me vergezellen.

Vader begon opnieuw: 'Als een vogel een hindernis op zijn weg tegenkomt, vliegt hij eroverheen, de wind waait eroverheen. Jij zult zijn als een vogel, als de wind, want onze goden zullen je leiden, over je waken, jou kan niets gebeuren, waar je ook naartoe gaat.'

Vaders zegen sterkte me, gaf me de hoop: het komt wel goed, ik sta onder de bescherming van de goden. Een ontroerend moment te midden van mijn familie – een blijvende herinnering. Mijn christelijke Vader in de hemel, die ik gezworen had dat ik naast Hem geen andere goden zou hebben, was ik helemaal vergeten. O, wat laadde ik een grote schuld op me.

Wie vergezelt me naar mijn nieuwe familie, wie gaat er met me mee? Dat bepaalt vader. De eerste vrouw natuurlijk. Had hij bij mama geïnformeerd met welke vrouwen ik het best kon opschieten? Dat zou aardig van hem zijn. Hij heeft verder nog de twee 'jongsten' gevraagd. Een moeder als begeleidster was niet gebruikelijk. Waren ze bang voor onaangename scènes, dat ik bij het afscheid in tranen zou zijn voor de ogen van de hele nieuwe familie?

Het passen: ik had de jurk met de bloemen gekozen. Ik werd steeds weer in vervoering gebracht door zijn de bonte kleuren. De mangojurk ging naar de jongste vrouw, naar Catherine, had mijn moeder bepaald. Ze was er dolblij mee en omarmde me, danste, draaide me in een kring rond. Ze is als een zus voor me, en toch... ik deed met weemoed in mijn hart afstand van de jurk.

Voorzichtig verwijderde mama de kleine houten pennetjes uit mijn oorlelletjes. De enige oorbellen die ik ooit had bezeten waren snel zoekgeraakt. Drie pareltjes aan een draadje geregen. Een cadeau van mijn tante uit Bafoussam toen ze een keer op bezoek was in het dorp. De parels van mijn nieuwe sieraad zijn op metaaldraad geregen – en ik heb ook nog een ketting gekregen.

Opgedoft als nooit tevoren, stel ik me bloot aan de bewonderende blikken van de vrouwen die achterblijven. Even genieten van het paraderen, voor ik zoals afgesproken de jurk weer uittrek en de sieraden weer afdoe. Pas vlak voor het erf van mijn schoonvader zal ik me weer mooi maken. Stof, regen, modderspatten zouden mijn opschik kunnen bederven, zeiden ze. Ik voelde de echte reden: we zouden eens buren tegen kunnen komen onderweg – ze waren jaloers.

Het moment van het afscheid, waar ik lang tegen op had gezien. Maar toen was ik zo opgewonden, was ik zo druk bezig dat ik niet verdrietig, weemoedig, bedroefd was. De ene na de andere vrouw zwaaide naar me, riep 'ohoho' en keerde zonder om te kijken terug naar haar huis. Een vertrek alsof we elkaar 's avonds weer zouden ontmoeten, en anders 's ochtends vroeg wel. En mama: zij en mijn broer en zussen vergezelden ons een stuk van de weg. 'De maïs staat er goed bij, het regent voldoende, niet te veel...' Een gesprekje alsof we bij de buurvrouw langsgingen. Plotseling bleef ze staan, riep: 'Kom kinderen! Terug! Ohoho.' En daar liepen ze al snel naar hun huis terug, ook zij, zonder achterom te kijken.

Verrast keek ik hen na. 'Maar mama, wat nu? Toch niet zo!' 'Kom!' De vrouwen namen me in hun midden, pakten mijn handen, trokken me verder. Ik wilde me verzetten, weerstand bieden, protesteerde met een huilerige stem: 'Zo onverschillig kan ze toch niet weggaan?' 'Kom nou eindelijk!' Dat klonk doortastend. 'Is het je niet opgevallen dat de vrouwen je afscheid gemakkelijker hebben gemaakt? Nu helpt ook je moeder je om over de pijn van de scheiding heen te komen.' 'O...'

'Wacht hier, kleed haar maar aan! Het is verstandig als we onze komst aankondigen!' besliste de eerste vrouw. En ze rende er al over het smalle pad vandoor. Ik werd weer opgedoft. 'Snel, de zak!' Catherine haalde hem uit haar mand. Beide kanten waren tot de helft losgemaakt. Ik wist wat me te wachten stond. Daar hoorden we al stemmen van het erf, toen gejoel, geschreeuw, gelach dat dichterbij kwam. 'Snel, snel! Eroverheen!' Haastig trokken ze de ruwe, muffe zak over me heen. Ik werd omgeven door volslagen duisternis. Heel langzaam kwam er een sprankje licht door het grove weefsel, waardoor ik vaag kon zien wat er om me heen was.

Geleid aan beide handen, liep ik langzaam de uitgelaten, uitbundige mensenmenigte tegemoet. Een mannenstem riep al van verre: 'Hartelijk welkom!' 'Je schoonvader,' fluisterde de jongste vrouw tegen het stuk zak waar ze dacht dat mijn oren zaten. 'Hij loopt voorop, aan het hoofd. Hij wenkt.'

Ik hoorde hem dichterbij komen, zag zijn gestalte onduidelijk voor me. 'Vrouwen van mijn vriend, wees hartelijk welkom op ons erf. Beschermelingen van onze goden, jullie voeren een prachtig, allerliefst geschenk in je midden. Mijn grote dank.' Hij legde zijn handen op mijn schouders, drukte ze zacht. 'En de reis? Was hij bezwaarlijk, vermoeiend?' 'Bedankt voor je medeleven, voor de vriendelijke woorden, ze zijn hartverwarmend... maar onze voeten zijn kapot van het lopen, ze doen zeer. De weg was lang, moeizaam en zwaar.' Ze gingen voor me staan, beletten me verder te lopen. 'Papa, door een kleine schadeloosstelling kunnen we de pijn vergeten.' Ik hoorde geldstukken rinkelen.

We kwamen weer in beweging, maar een paar stappen. 'Papa!' Catherines stem klonk klagelijk. 'Kijk, er staat geen wolkje aan de hemel, de zon brandt meedogenloos en het zweet breekt ons uit. Er zit geen druppel meer in onze kalebassen. We zijn onderweg geen enkele bron tegengekomen. We snakken naar water. Papa, we willen drinken kunnen kopen.' Iedereen was vrolijk. 'Ze zijn wel vindingrijk, die vrouwen,' hoorde ik iemand zeggen. Wie had er ooit geld betaald voor water? Ja, misschien voor heerlijke zoete limonade... maar die was er in het dorp nog niet. Ik moest lachen, net als de anderen, stond te giechelen onder mijn muffe zak. Een por in mijn ribben waarschuwde me dat ik serieus moest zijn. 'Jullie hebben alle reden om te klagen. Ik weet dat het vreselijk is om dorst te hebben,' hoorde ik mijn schoonvader vol medelijden in zijn stem zeggen. Hij speelde het spelletje mee: 'Hier, om jullie dorst te lessen.'

Weer kwamen we in beweging. Liepen verder. Stop. 'Is daar iemand die beweert dat honger minder erg is dan dorst?' 'Nee, niemand,' klonk het uit de menigte. 'Onze magen knorren als woedende honden.' 'Hier, hier... breng ze tot bedaren.'

Door de zak heen zag ik de omtrek van het huis, nog maar een paar meter. Dacht hij dat het nu afgelopen was met het spel? Hij had de vasthoudendheid van de vrouwen onderschat. Ze wisten dat hij vriendelijk lachend geld moest geven.

'We hebben onze kinderen achtergelaten. Die zitten thuis te huilen...' 'Best, best! Hier, pak aan, meer heb ik niet, nu is het op.' Als bewijs draaide hij zijn uit raffia geweven beurs om. 'Is er een munt op de grond gevallen?' 'Nee, alleen een paar verkruimelde blaadjes.' 'Dus als jullie nog meer willen...' 'Papa, we zijn meer dan tevreden, we zijn zelfs gelukkig. Bedankt voor je begrip, voor je gulheid. En nu, vriend van onze echtgenoot, neem haar, je toekomstige schoondochter, mee naar binnen.'

Sterke mannenhanden trokken me voorzichtig het huis in. Een vriendelijke vrouwenstem bij mijn oor zei: 'Lieve zusters, wees welkom. Kom binnen, de deur staat open voor jullie.' De moeder van Paul? In de kamer klonk gemompel, gefluister. De stem van de eerste vrouw overstemde alles, bracht iedereen tot zwijgen: 'Wij hebben er alles aan gedaan om dit kostbare, onvervangbare geschenk heelhuids en ongedeerd aan jullie over te dragen. Voorzichtig en doordacht hebben wij gevaren overwonnen: steile hellingen, snelstromende beken, modderige wegen. De goden hebben ons beschermd, ons welwillend begeleid. Alstublieft, hiermee is onze missie volbracht.'

Weer een en al vrolijkheid. Lachen, geroezemoes vulden de kleine ruimte. Waar is Paul? Die vervelende zak ook voor mijn ogen!

Daardoor kan ik de gezichten niet duidelijk zien. Paul moet hier zijn, hij staat vast tussen zijn vrienden.

'Lieve familie!' Mijn schoonvader stond achter me, weer rustten zijn handen op mijn schouders. 'Hier is dan het geschenk waar we zo lang naar verlangd hebben, een jonge, mooie, ijverige vrouw voor onze zoon Paul.' Ze begonnen te applaudisseren. Hij weerde het af: 'Nog niet. Het geschenk is nog ingepakt. Willen jullie het niet eerst zien?' 'Natuurlijk!', 'Ja!', 'Nu meteen!' klonk het van alle kanten. Ook die kreten weerde hij af. 'Jullie moeten weten dat ik geen moeite heb geschuwd om een geschikte vrouw voor Paul te vinden. Paul, mijn zoon, woont in de stad, in de hoofdstad Yaoundé. Zeg nou zelf, zou hij daar met ieder dorpsmeisje aan kunnen komen?' Ze klakten verontwaardigd met hun tong, maakten wegwerpgebaren, riepen nee.

Hm, ging het door mijn hoofd, wat weten ze het allemaal goed! En de meesten van hen zijn de grens van het dorp nog nooit over geweest. 'Nee, Paul heeft een goede vrouw nodig. De goden weten het, de toekomst zal het leren. Maar vandaag spreek ik uit de volle overtuiging dat ik die vrouw gevonden heb. Ze heet Rosaline en is de dochter van een gewaardeerde vriend die ik al jarenlang ken. Haar vader is een respectabel man, zijn reputatie of die van zijn familie is nog nooit in twijfel getrokken.' Hij zweeg.

'En nu?' Het werd stil. Eindelijk, dacht vast iedereen. 'Stel jullie eens voor, een vriend, een broer geeft jullie een pakje, mooi ingepakt in bladeren en vastgebonden met hennep. Zou je dan niet verrast zijn en bij het openmaken denken: wat zou dat zijn? Zal ik het leuk vinden? Of – is de verpakking misschien het waardevolste? Grappig hè, dat wij mensen meestal hetzelfde denken.' Er werd instemmend gemompeld.

'Welnu, Rosaline is niet ingepakt in bladeren en niet vastgebonden met hennep. Ze heeft alleen een zak om een deel van haar lichaam. Iedereen heeft vast al een idee hoe ze er waarschijnlijk uitziet.' Een spel. Voor de anderen begrepen hoe het gespeeld werd, riep een vrouw: 'Ze is geen blanke! Kijk maar naar haar benen, die zijn zwart net als die van mij.' Er brak een lachsalvo los. Je moest ook wel een zuurpruim zijn om niet naar hartelust mee te lachen. En chagrijnen waren daar niet.

Ook ik had lol voor tien, lachte tot tranens toe onder mijn zak, ademde ongewild met volle teugen de muffe lucht in. Plotseling, als door de hand van een geest, verstomde het hele gezelschap. Er was niets meer te horen. Snel hield ik mijn hand voor mijn mond. Er mocht geen gesmoord gelach naar buiten komen.

'Hebben jullie het lachen gehoord?' Ach natuurlijk. Nu wist ik het, mijn schoonvader had een gebaar gemaakt, gevraagd of de vrolijkheid kon stoppen. 'Klonk dat niet als een vogel die in de warme zonneschijn zijn plezier helder en duidelijk uitzingt?' 'Mensen met een vrolijke lach geven blijk van tevredenheid, levensvreugde. Alleen ontevreden mensen lachen niet, zijn knorrig, hatelijk, boosaardig.' Een papa, die vast grijs was, had het woord genomen. Aan zijn stem, die een beetje kraakte, kon je horen dat hij al op leeftijd was.

'Zoals iedereen kan vaststellen, hangt de zak los over haar lichaam.' De ondeugende stem van een jong iemand. 'Ja, en...' zei mijn schoonvader onderzoekend. 'Ze is niet mollig, ik bedoel niet dik. Slanke vrouwen hebben vaak een knap gezicht als ze geen ontsierende littekens hebben.'

'Haal toch eindelijk die rottige zak weg!' zei een ongeduldige stem. 'Anders denken we nog dat er aan jullie bruid iets mankeert en dat jullie haar niet durven te laten zien.' 'Precies!' 'Nou, inderdaad!' klonk het eendrachtig van alle kanten. Bevrijd me, dacht ik vol verlangen naar frisse lucht. 'Rosaline, ben je zover?' Natuurlijk, wilde ik uitroepen, maar ik gaf de voorkeur aan een eenvoudig 'ja'.

Behoedzaam trokken de eerste en de jongste vrouw de hinderlijke zak van mijn hoofd. Ik slaakte een zucht van verlichting, knipperde met mijn ogen. Het heldere daglicht deed zeer. Mijn schoonvader drukte me hartelijk aan zijn borst. Die omarming ging vergezeld van joe-joe-gejoel, hoerageroep, geklap. 'Kom, mijn zoon, en nu jij.'

Zichtbaar verlegen maakte Paul zich uit de groep van zijn vrienden los. Hij kreeg plagende opmerkingen naar zijn hoofd. Ik bekeek hem met welgevallen, had hem lang niet gezien. En hij? Kon ik maar gedachten lezen. Beval ik hem? Is hij een beetje trots op mij? Vindt hij mij knap in deze jurk, of misschien mooier in de mangokleurige? Stijf, een beetje houterig, nam hij mij in zijn armen, drukte zijn hals tegen mijn hoofd – hoger kwam ik niet bij hem – eerst de ene kant, toen de andere en liet me weer los.

Weer een drukte van belang. Jong en oud dansten om ons heen, zongen, klapten op de maat... putten zich uit. Mijn schoonvader verzocht om stilte: 'Mijn dochter, ik ben heel gelukkig. Ik wil niet veel meer zeggen, maar één mededeling moet me nog van het hart: Paul bezit geen rijkdommen.' Hij glimlachte geamuseerd. 'Dorpsbewoners kiezen vaak stadsmensen. En dat terwijl mijn zoon me vertelt dat veel mensen het in de stad slechter hebben dan in het dorp. Er zijn geen velden om groente te verbouwen, de beken zijn vervuild, brandhout kost geld... Goed, Rosaline, als je maar weet dat je geen rijke man getrouwd hebt, maar een afstammeling van deze familie. Luister goed naar me, alle zonen van deze familie zijn rechtschapen echtgenoten geworden, zorgzame vaders met verantwoordelijkheidsgevoel. Je kinderen en jij, jullie zullen geen honger lijden, bij ziekte zal naar genezing worden gezocht. We vragen je, Rosaline, doe je best zodat jullie in harmonie kunnen leven.'

Ja, papa! Mijn hart sprak, maar mijn mond vormde geen woorden. Jonge mensen uiten zich niet in het openbaar, en vrouwen al helemaal niet. Ik keek hem stralend aan, knikte zachtjes. Hij begreep het. Een welwillend antwoord. Ja, ik voelde me aangetrokken tot Paul. Ik kende hem weliswaar nauwelijks, we hadden elkaar alleen maar vluchtig gezien en altijd als er anderen bij waren. Ook de komende tijd, hier bij Pauls familie, zal het niet anders zijn. Mijn marâtre zal me onder haar vleugels nemen, als een kloek haar kuiken, ze zal me beschermen en me geen moment uit het oog verliezen. Anderen hebben de eerste stappen gezet, de richting bepaald... ik volg haar.

Mijn vermoeden werd bewaarheid. Een medevrouw van Pauls moeder, mijn marâtre, nam me op en liet me niet meer los. Haar goedheid was grenzeloos, haar zorgzaamheid en hulpvaardigheid maakten me sprakeloos. 's Ochtends vroeg was het al: 'Rosaline, we doen alle karweitjes in huis samen.' En zo verliep de dag. 'Paul moet trots op je zijn,' zei ze in de keuken, terwijl we samen het eten klaarmaakten. Ze zei dat nog een keer op het veld toen we samen de grond bewerkten en nog een keer bij de beek toen we, onafscheidelijk als we waren, de was deden.

Ze legde elk detail uit, en ik luisterde, nam een geïnteresseerde houding aan alsof alles wat ze me vertelde nieuw voor me was. Mocht ik haar geestdrift temperen? 'Dat weet ik al' of 'maar mama doet dat zo', één onbenullige opmerking was voldoende geweest om haar te beledigen. Goed, misschien zou ze toegeeflijk zijn geweest en had ze die betweterigheid aan mijn jeugd toegeschreven. Maar ze had mijn opmerking net zo goed als slecht gedrag, als onopgevoedheid kunnen beschouwen, en later, als er ook maar enige onenigheid over mijn persoon bestond, zou er gezegd worden: wie verbaast dat nou, haar marâtre had al problemen met haar.

Mijn schoonvader zocht ons op, stond op een dag onverwachts in de deuropening bij mijn marâtre en informeerde hoe het met mij ging. 'Ik zou me bij niemand prettiger voelen, bij niemand in betere handen zijn dan bij deze zorgzame mama.' Ik glimlachte dankbaar naar haar, legde vertrouwelijk mijn hand op haar arm. 'Wie had me anders in zo korte tijd moeten leren een goede echtgenote voor Paul te zijn?' 'Bravo, mama, dat mag ik graag horen.' Ze straalde van trots, werd er zelfs dikker van. Haar inzet was niet voor niets geweest. 'Want,' ging hij verder, 'Paul geeft aan dat hij wil vertrekken. Zijn baas kan hem niet langer missen. Hij wil zijn baan in geen geval kwijtraken. Daarom zijn we gedwongen Rosalines verblijf bij ons te bekorten.'

'Jammer,' zei ik. 'Ach, Rosaline.' Troostend aaide de vrouw mij over mijn haar. 'Paul heeft echt redenen om zich te haasten, hij wil zijn werk beslist niet kwijtraken.' Het was haar aan te zien dat ze naar bemoedigende woorden voor me zocht. 'Jullie komen vast een keer op bezoek... met jullie eerste kind...' Uitgelaten kneep ze me in mijn arm. 'Misschien de volgende regentijd al. Als de goden mij dan nog niet geroepen hebben, woon je dan weer een tijdje bij mij.' Het was duidelijk dat ze daarnaar uitkeek. De brave borst, dacht ik en ik voelde me een beetje schuldig.

Ik werd nog steeds bang en angstig als ik aan de grote stad dacht, ja, alleen al aan de rit ernaartoe. Maar ik was nu zo beperkt in mijn bewegingsvrijheid en ik moest zo onderdanig zijn dat het veel geduld van me vroeg. De laatste tijd was ik dan ook niet meer alleen bang voor het onbekende leven, ik kende ook korte momenten van nieuwsgierigheid en verwachting.

Het donderde onheilspellend, en ik hoorde het kletteren van de regen vliegensvlug dichterbij komen. De was! Ik haastte me naar buiten, griste de spullen bij elkaar, zag in mijn ooghoek drie personen lopen, hun lichamen ondanks de last op hun hoofd gebogen tegen de storm. 'Snel, snel, naar binnen,' mompelde ik en dacht aan wat er in de zakken zat, aan het feit dat het misschien kon bederven, en liep het huis in.

Ik was nog maar net binnen of ik hoorde stemmen. 'Zijn jullie het!' En ik vloog Catherine al om de hals. Ze werd vergezeld door twee van mijn broers. 'Je moeder stuurt ons. Ze zegt dat je algauw gaat vertrekken.' Ik knikte. 'Hier: maïs, pinda's, bonen, zoete aardappels.' Met het puntje van haar teen wees ze naar de betreffende zak. 'Voor het begin!' O, wat geweldig! Ze denkt aan me. Een geslaagde verrassing. Vol verlangen dacht ik aan haar. Door emoties overmand greep ik de 'jongste' bij haar handen, en leidde haar dansend om de kostbaarheden heen. Benieuwd vroeg ik haar hoe het met iedereen ging. 'Hoe gaat het met haar? En met mijn broers en zussen?' 'Ze zijn allemaal kerngezond. Tja, de oude vrouwen hebben last van de kwaaltjes waar ze altijd al over klaagden.' Ik mag ze allemaal lange tijd niet zien, pas na de geboorte van een kind. Dat is het gebruik. Ik werd overvallen door weemoed.

Ook Pauls familie wilde gul uit de hoek komen. Zijn moeder en zelfs een paar medevrouwen kwamen met grote en kleine zakken aanzetten en legden ze bij onze bagage. Paul schrok en sloeg verbijsterd zijn handen boven zijn hoofd in elkaar. 'Niet te betalen!

Dat gaat me een geld kosten,' jammerde hij. 'Het transport kost me een vermogen.' De vrouwen wilden er niets van horen, zijn protest was aan dovemansoren gericht. Voor dorpelingen betekende makabo in de mand nu eenmaal meer dan klinkende munt in de zak. 'Kun je geld soms eten?' snauwden ze hem toe.

Een vale lichtstreep in de laagte tussen twee heuvels kondigde de dag aan. Het schijnsel van de stormlampen belichtte de bedrijvige chaos. Iedereen stond elkaar in de weg. Toen een teken: we zouden gaan. Pauls hele familie vergezelde ons tot aan de kruising. Zijn vader, diens vrouwen en een van opwinding rusteloze, tomeloze horde kinderen. Alleen de allerkleinsten waren op de rug van hun moeder gebonden en lagen te doezelen, werden door de algehele opwinding niet aangestoken.

Het moment van de scheiding, het vaarwel zeggen. Iedereen omarmde me. 'Ohoho.' Ze liepen terug. Nog van verre riep Pauls vader zijn zoon waarschuwend toe: 'Zorg goed voor je vrouw!' Dat afscheid deed me nauwelijks verdriet, veroorzaakte niet dezelfde pijn als toen ik wegging bij mijn familie. En mijn toekomst? Die legde ik in mijn avondgebed in de handen van mijn christelijke Vader.

Vooruit! Paul maande tot spoed. De grote, stevige jongens namen hun zware lading weer op zich, onze voorraden voedingsmiddelen voor de grote stad. Met snelle passen volgden we het pad dat zich door bos en struikgewas kronkelde naar de brede weg toe.

Een paar wachtenden zaten al verveeld op hun volgepropte zakken. Hoe lang al? Al uren? Anderen stonden in groepjes bij elkaar, praatten luidkeels over de voors en tegens van het een en ander. Wat ons betreft: Paul deed het woord, zijn broers en ik luisterden. 'Ha, een buitenkansje. De broer van een vriend rijdt met zijn bestelauto van Bafoussam terug naar Yaoundé. Ik heb er wel voor moeten onderhandelen dat hij ons meeneemt. Ik heb hem beloofd een hogere vrachtprijs te betalen. Toen stemde hij ermee in. Een plekje bij hem is erg gewild. Bestelauto's zijn wendbaar, heel wat anders dan die grote vrachtauto's die als het regent uren, soms een dag of een nacht, in de modder vastzitten.'

Plotseling kwam men in beweging. De wachtenden gingen bij hun bagage staan. Een voertuig kwam donderend aanrijden. Ik dook in elkaar van het getril en het kabaal, ik kon er niets aan doen. Maar tegelijkertijd ging er een glimlach over mijn gezicht: mijn eerste busrit kwam me weer levendig voor de geest: hoe ik toen geschrokken was, mijn hart als een razende tekeerging, de panische angst voor het bakbeest. Nu doe ik moeite, dwing ik mezelf beheerster en kalmer te zijn, en dat is ook wel nodig, het is van levensbelang voor me. Ik ben op weg van het dorp naar de grote stad.

Deze bus heeft geen stoelen. Ze zijn eruitgehaald, dan kunnen er nog meer zakken, trossen kookbananen, kippen, kuikens, piepende biggetjes, opeengepakt in manden, ingeladen worden. Ergens erbovenop of ertussen zoeken de mensen een plekje om te zitten, stevigheid.

In Bafoussam. 'Wacht hier,' zei Paul en hij was al verdwenen in het gedrang. 'Paul!' riep ik hem schuchter na, maar het was niet zo hard dat hij mij in de wirwar van geluiden en geroep had kunnen horen. 'Best,' bromde ik. Wilde ik hem lastigvallen, hem smeken: 'Blijf hier bij me, laat me alsjeblieft niet alleen?' Nee natuurlijk! Wilde ik echt zo te koop lopen met mijn angst, mijn schuchterheid? Hij is nog een vreemde voor me, met onbekende, niet-vertrouwde stemmingen, buien. Hoe zou hij gereageerd hebben? Begripvol en goeiig, of met hoongelach of zelfs woedend en schreeuwend?

Er stopte een bestelauto, waardoor ik opschrok uit mijn gepeins. Paul zat naast de chauffeur, lachte vriendelijk naar me. De bagage was snel opgeladen. Ik gleed naast hem, ging ervan uit, kinderlijk onnozel als ik was, dat het zo gerieflijk zou blijven. Maar ik had me flink vergist! De rit ging kriskras door Bafoussam. Telkens weer kwamen er passagiers bij. Paul en ik waren allang uit de cabine verbannen, moesten onze plaatsen afstaan aan twee zwangere vrouwen, zetelden net als de anderen hoog boven op de laadvloer, gezeten op zakken en omringd door dozen en manden.

De zon stond hoog, brandde verzengend op ons mensenkinderen neer. Ik bond mezelf ter bescherming een doek om mijn hoofd. Eindelijk verlieten we de stad, we reden hotsend en botsend, en er kwam geen eind aan. 'Gelukkig geen stof! Tijdens de droogtetijd kun je het niet geloven – dan is het niet te doen.' 'De weg is nog goed!' 'Geen wonder, we zitten nog aan het begin van de regentijd. Wacht maar tot het de maand van de maïsoogst is.' 'Vrachtwagens en bussen hebben er nu al problemen mee, dat kun je zien aan de diepe rijsporen.'

Door de oneffenheden van de weg werden we door elkaar geschud en gerammeld, heen en weer geduwd als door een onzichtbare hand. Nu werden er belevenissen van vorige reizen verteld, ervaringen, meningen hardop uiteengezet. Ook Paul deed mee, amuseerde de medereizigers met grappige beschrijvingen van zijn avonturen. Hij kon op een rijke ervaring bogen, want hij had al onder allerlei omstandigheden gereisd.

Maar langzamerhand greep de vermoeidheid om zich heen, werden we in slaap geschommeld als baby's op de rug van hun moeder. Ook ik dutte in, dommelde wat en schoot alleen omhoog als de auto door een diepe kuil ging.

Stop! Een nederzetting van kleine huisjes. Ik keek vragend op. 'Pauze,' zei Paul, en hij maakte een veelzeggend gebaar met zijn hand: eten. Ik had erge honger, maar nog meer de behoefte mijn benen te strekken, me uit te rekken en me te bewegen. O, wat een genot.

'Een graag en veel bezochte stopplaats,' legde Paul uit. 'Dat komt door de mama's hier, ze zijn zakelijk en bedrijvig.' En inderdaad, daar zaten ze op hun krukjes in het gelid met hun pannen voor zich, alsof ze ons verwachtten. Ze zwaaiden uitnodigend met hun armen. Wat ze tegen hun potentiële klanten zeiden verstond ik niet, maar het betekende vast: 'Kom dichterbij.' Ik moest flink vechten tegen de verleiding om snel elk deksel op te lichten. Gehoorzaam bleef ik naast Paul lopen, wachtte af of hij hetzelfde verlangen had. Kookbananen, makabo, zoete aardappels en vlees in grote stukken zoals er nog nooit op mijn bord hadden gelegen.

'Voor mij gazelle. Aap, wild zwijn en slang heb ik nog nooit geprobeerd.' Ze dienden het op een stuk bananenblad op, en ergens vonden we twee krukjes. Dapper zette ik mijn tanden in het vlees. Hmm, en dan die pikante saus.

Mijn familie... ineens moest ik aan ze denken. Ik kreeg een onbehaaglijk gevoel, alsof ik hun onrecht aandeed door mijn hele portie met smaak alleen op te eten. Maar ik had het graag gedeeld, verdedigde ik mezelf. Toen werd ik verstandig. Was het mijn idee geweest om mijn familie, het dorp te verlaten? Nee! Was ík bezweken voor de verleidingen van de grote stad? Nee! Dus, Rosaline, geniet er maar van, laat het je maar smaken. Want weet jij veel of hij verder ook zo gul zo zal zijn?

Mijn blik viel op een winkeltje. Die flessen daar, op de plank, in een rij vooraan. Rood, geel, oranje straalden ze me tegemoet. Hmm, het water liep me in de mond... heerlijke, zoete limonade. Nou is het wel genoeg, Rosaline! Ik wendde me af, dronk een grote slok van het lauwwarme vocht dat Paul van een jongen had gevraagd.

'Prima jagers, de mannen hier,' doorbrak hij ons zwijgen, 'ze leven er goed van, van de opbrengst van het bos. Vlees voor de familie en vlees voor de verkoop. Goed eten en geld verdienen... is toch prima, of niet?' Ik knikte.

'Begrijp je hun taal?' Bij het bestellen had ik me daarover verbaasd. Hij glimlachte. 'Dat is niet hun taal, maar die van de blanken.' 'Hè? Die mama's spreken...?' Vast verkeerd verstaan, dacht ik. Hij maakte gnuivend mijn vraag af: '... net als de langneuzen? Nee, niet perfect. Maar een paar woorden, de namen van de dieren waarvan het vlees in hun pannen gebraden wordt en de prijs natuurlijk. Alle woorden die je nodig hebt om geld te verdienen.' 'Maar wie heeft het ze geleerd, van wie hebben ze het geleerd?' Ik bewonderde die mama's echt. Maar door Pauls antwoord werd me duidelijk dat ik een onervaren dorpsmeisje was. 'Misschien hebben ze zonen en dochters die op school Frans leren.'

Er werd getoeterd. Onze chauffeur riep op om te vertrekken. 'Vooruit, kom, we moeten hem niet nijdig maken,' waarschuwde

Paul me en hij trok me aan mijn arm omhoog van mijn krukje.

We reden weg. De weg was een smal lint en door de bomen en struiken kon je niet ver kijken. Net als de anderen dommelde ik maar wat, opende af en toe mijn ogen, knipperde tegen de zon, keek waar hij stond. Hij zou algauw ondergaan en dan zouden we in het donker zitten en gedwongen zijn te stoppen. Of kon dit vehikel zijn weg ook door de nacht vinden? In het licht van de maan misschien?

Plotseling werd ik getroffen door een fel schijnsel, dat zelfs achter gesloten oogleden waarneembaar was. Ik dook in elkaar, sperde mijn ogen open en keek in twee felle, verblindende lampen. Grote, almachtige God, help ons! Er zit een boze geest achter ons aan. Volkomen van slag greep ik Pauls arm vast, wees zwijgend naar het monster dat ons najoeg. Een vragende blik, hij begreep niet waarom ik bang was. Ineens brak hij in schaterlachen uit, sloeg zich van plezier op zijn dijen. 'Er rijdt een auto achter ons met de koplampen aan. Hoe moet de chauffeur anders in het donker de weg vinden?' zei hij hikkend van de lach. Ik ademde diep in en uit, sloeg mijn ogen neer, deed beschaamd mijn handen voor mijn gezicht, gaf mezelf op mijn kop: o, wat ben je toch vreselijk onervaren.

Alsof Paul nadacht over de woorden van zijn vader, legde hij zacht zijn arm om mijn schouders en vroeg zachtjes in mijn oor: 'Heb je nog nooit zulke felle lampen gezien?' Ik schudde mijn hoofd. 'Daar wen je snel aan.' Er ging een weldadige warmte door mijn lichaam. Zijn nabijheid, dat liefdevolle gefluister – een vertrouwdheid die ik nog nooit ervaren had. Ik was weer gekalmeerd.

Op een schijnbaar eindeloze weg rammelden we verder door de donkere nacht. De maan stond als een smal streepje aan de hemel. Ik zag dat we niets aan zijn schijnsel hadden. 'De chauffeur wil nog tot de Sanaga rijden,' kwam er een stem uit het donker, 'zodat we hem morgen direct over kunnen steken.' Wat een geluk, een dag zonder regen. We zijn goed opgeschoten.' Er werd weer gezwegen. De Sanaga? Daar had ik nog nooit van gehoord. Ik was nieuwsgierig wat dat nu weer was. Ik verander de positie van mijn verkrampte benen – de rit gaat maar door. Eindelijk, het moment is gekomen... Paul schudt mijn arm. 'Kom, hier brengen we de nacht door.' Ik wrijf in mijn ogen. Waar ben ik? O ja, op reis... maar we reden niet meer over de hobbelige weg. We stonden stil. En daar kwamen al kletsende mensen om onze auto heen staan, schenen met petroleumlampen, hielpen ons eraf te klimmen.

'Sluit je maar bij de vrouwen aan.' Iemand duwde me naar hen toe, slaapdronken sjokte ik achter hen aan. Een grote ruimte, volgepropt met ligstoelen. 'Hier maar,' dacht ik en koos de dichtstbijzijnde slaapplaats uit. Een vrouw nestelde zich tegen me aan. 'Vanwege de kou,' zei ze. We dekten ons met onze beide doeken toe.

Een dreunend kabaal, een herrie, een gekletter deed me uit mijn slaap opschrikken, ik schoot omhoog. Beschermend deed ik mijn handen voor mijn oren. God, Vader, wat was dit? Regende het stenen? 'Slaap maar verder, mijn dochter,' zei een vrouwenstem naast me. 'Het is de regen die op het golfplaatdak klettert. Jullie hebben thuis zeker een traditioneel dak van riet of van gevlochten palmtakken?' Ik knikte. 'Ja, op blik klinkt regen als tromgeroffel.' Het duurde wel even tot mijn bonzende hart tot rust gekomen was.

Al in de kleine uurtjes wekten de vrouwen me met hun lawaai en geklets. 'We gaan naar de Sanaga, een bad nemen.' 'Naar de Sanaga?' 'Ja, naar de rivier.' Op hun gezichten was ongeduld te lezen, ze wilden vertrekken. 'Kom je mee? Dan moet je het nu beslissen!' 'Ja, ja!'

Achter elkaar volgden we het smalle pad. Hoog, dicht struikgewas als groene muren aan beide kanten. Plotseling een stralend licht. Een stekende pijn in mijn ogen. Ik kneep ze stevig dicht, probeerde ze pas na een tijdje voorzichtig een klein beetje te openen. Echt, dat had ik nog nooit gezien, zo'n eindeloze, oogverblindende watervlakte. 'Ga je wassen,' riep iemand waarschuwend, 'straks rijden we verder.' Maar dat was niet mogelijk, dacht ik. Dit was water, langzaam voortglijdend water. Ik hief mijn ogen op, zocht het eind van de glinsterrivier, de overkant. Een wazige, groene streep, ver, ver weg... en daartussenin niets anders dan traag stromend water. Ik stond er overdonderd bij. Thuis kennen we alleen de beek. Bij sterke regenval zwelt hij aan, maakt de mensen bang met zijn geruis, geborrel en gegorgel. 'Voorzichtig! Niet te dichtbij komen,' zeggen ze dan, 'anders word je nog door de boze geesten gepakt, dan dompelen ze je onder en ze laten je pas weer los als je dood bent.' Die vrees is gerechtvaardigd, er zijn er al heel wat gegrepen. En hier helemaal, in dit eindeloze water, hoeveel zitten er hier wel niet? Ik huiverde. Nee, dank je, geen bad.

Klaar! Gereed voor vertrek! Maar in plaats van op de auto te klimmen, wandelden onze medepassagiers er gezellig vandoor. 'Kom,' zei ook Paul, 'het heeft geen zin om erop te klimmen.' We liepen de anderen achterna. Ik begreep er niets van maar sjokte mee. En toen begreep ik ineens wat ze van plan waren, het was onvoorstelbaar maar ik wist het nu zeker. We moesten erover, over die uitgestrekte, brede, glinsterende rivier. Wat onvoorzichtig en onbezonnen van die mensen. Denken ze er dan niet aan dat we de levensruimte van de boze geesten binnendringen? Zijn ze niet bang voor hun boosheid, hun onberekenbaarheid? Kennelijk niet.

Een nieuwe gedachte. Het verhaal van Mozes: hielp God Mozes niet het volk Israël naar de andere kant van een groot water te brengen? Mozes hoefde alleen zijn arm op te tillen en de wateren scheidden zich al, de Israëlieten liepen naar de overkant en kregen niet eens natte voeten. Ik zag in dat ik op een dergelijke hulp niet hoefde te hopen. De Sanaga is veel te breed voor een wonder.

Terwijl ik er nog steeds angstig bij stond en moeite deed aan de duivelse onderneming te wennen, stonden de andere vrouwen onbekommerd te kletsen alsof ze op weg waren naar de markt aan de overkant van de beek in het dorp.

Paul was bij de mannen gaan staan. Aandachtig keken ze naar de behendigheid, de handigheid van de arbeiders, leverden luidkeels commentaar op de bevelen en aanwijzingen die de arbeiders elkaar toeriepen. Ze sleepten balken, trokken aan kettingen en touwen om voor de auto's een veilige oprit te maken naar de veerboot, want zo noemden ze de aan elkaar gebonden enorme boomstammen. Onze bestelauto balanceerde langzaam over de dikke planken die land en veer overbrugden, bewoog zich traag over het hobbelige oppervlak en kwam tot stilstand. Nog twee voertuigen volgden hem. En wat gingen wij doen? Dat was een overbodige vraag, de eerste passagiers staken de verbindingsbrug over, onder wie Paul. Hij keek onderzoekend om: ze komt! Hij was tevreden.

Ik wilde dat hij naast me stond. Wist hij dan niet hoe akelig ik me voelde? Waarom zou hij? Rosaline, wees eerlijk: is dit gevaarlijker dan het oversteken van de beek in het dorp? Een boomstam – en klaar! Die aanstellerij van je is belachelijk.

Over de oneffenheden van de ondergrond liep ik op onvaste benen naar Paul toe. 'Een nieuwe, gewaagde onderneming voor je,' zei hij spottend. 'Nou en of,' antwoordde ik, moedig lachend. Beheers je, zet je over je aanstellerige angst heen, hield ik mezelf aldoor maar weer voor.

Maar toen de overtocht begon klampte ik me vast aan het rek van de laadbak van onze auto en bedekte mijn gezicht met mijn doek. Ik wilde niet geconfronteerd worden met de aanblik van die onheilspellende watermassa om me heen. Maar desondanks kreeg ik het lelijk te kwaad. Was het de opwinding, de belasting van mijn zenuwen, het aanhoudende geschommel van de veerboot of de afschuwelijke stank van de motor? Ik weet het niet. Ineens werd ik misselijk, had ik braakneigingen. Mijn ontbijt, ignam met rode bonen, danste speels op de golven. Toen ze zagen dat ik misselijk was, kwamen er twee vrouwen aansnellen. Ze legden me op de grond, Paul stond radeloos naast me, vroeg onophoudelijk, met bezorgdheid in zijn stem: 'Gaat het alweer beter?' Toen voelde ik me weer meer op mijn gemak.

We gingen langzamer varen. Nieuwsgierig tilde ik mijn hoofd op, keek naar de oever. Bomen, hutten, mensen, zo dichtbij dat je ze aan kon raken. 'Grote God, wij loven U,' zong ik zachtjes voor me uit. Ik had wel willen dansen.

Voor ons een grijszwarte muur. Wolken stapelden zich dreigend op aan de hemel, golfden, deinden. Daarginds een felle bliksemschicht. De donder was nog ver weg, alleen nog een onheilspellend gerommel. En onze weg ging nou net die duisternis in.

‘Hopelijk bereiken we de kleine nederzetting nog op tijd,’ zei Paul. ‘Anders breekt het noodweer in het open veld boven ons los. En dat is geen pretje zonder beschermend dak boven ons hoofd.’

Onze chauffeur dacht er kennelijk net zo over. Extra snel raasde hij ervandoor, ondanks de gaten en kuilen in de weg. We werden door elkaar geschud als zakken zacht stro.

Gelukt! De wind raasde, waaide stof, bladeren, takken, afval op. De eerste druppels vielen, groot en zwaar. Haastig hadden de mannen een dekzeil over onze lading heen gelegd. De goedige, gezette bezitter van het café van het plaatsje verleende ons onderdak. ‘Net nu, voor de hellingen,’ bromde de chauffeur. Toen zweeg iedereen, het donderende gekletter van de regendruppels op het golfplaatdak liet ons verstommen. Je kon immers onmogelijk verstaan wat de ander zei. Paul kocht suikerriet. Tevreden tegen een balk geleund zoog ik de zoetigheid eruit. We zouden het wel redden...

De chauffeur kende de gevaren: nu, na de regen, was snelheid niet meer van belang. Hij moest zijn hoofd erbij houden om het voertuig op de straat te houden, er niet af te glijden en niet in de sloot te belanden. De wielen werkten zich moeizaam door de diepe modder heen. We glibberden voort, raakten telkens weer in een slip, maar de chauffeur wist de auto op de weg te houden en elke keer slaakte iedereen weer een zucht van verlichting dat het nog net goed was gegaan en werd er vol spanning naar het volgende obstakel uitgekeken.

Dat duurde niet lang! Een vrachtwagen zat vast en stond dwars over de weg. Zijn achterwielen draaiden maar door en hadden zich al tot aan de as ingegraven. We konden er niet langs.

Een niet-geplande onderbreking – niets aan te doen. ‘Die helling daar, dat is een gevaarlijke plek,’ zei onze chauffeur. ‘De jongens uit de omgeving weten er alles van. Na zware onweersbuien komen ze vaak aangerukt met schoffels, machetes, takken, balken, om wat geld te verdienen.’

Ook hier waren ze aan het ploeteren. Ze waren luidruchtig en deden belangrijk. Een paar mislukte pogingen. Maar toen, plankgas en veel modder spuitend, kwam de vrachtauto los en kon weer verder. En wij ook.

Opstappen! Terwijl hij naar een fijngebouwde man keek, zei onze chauffeur geamuseerd glimlachend: 'Andere chauffeurs kiezen hun passagiers zorgvuldiger uit: geen vrouwen, geen zwakkelingen, alleen stevige kerels – want die kunnen duwen.'

Toen we dichter bij de stad kwamen, begonnen veel medepassagiers ongeduldig te worden: 'Chauffeur, stoppen! Hier is vlees!' 'Ik wil gazellenvlees kopen.' 'Ik wild zwijn.' 'Ik aap.' 'Hier zijn de prijzen laag, dichter bij Yaoundé worden ze steeds hoger.'

De auto stopte nu bij elke nederzetting, bij elke verkoper langs de straat. Prijzen werden vergeleken en besproken en er werd zoveel mogelijk afgedongen. Als de verkoper er niet op in wilde gaan, slenterden de reizigers weg, kwamen terug en gingen eindelijk toch tot aankoop over. De eeuwige treuzelaars, die hoopten dat het nog goedkoper kon, werden door de chauffeur tot haast gemaand. Hij kende zijn leveranciers en deed al snel goede zaken. Met een knipoog liet hij mij weten: 'Dat verkoop ik in Yaoundé, ik heb thuis drie vrouwen en elf kinderen zitten.'

Paul verrastte me met een wildzwijnsbout. Tot mijn spijt zei hij: 'Voor mijn baas, ik moet hem gunstig stemmen omdat ik zo lang ben weggebleven.'

Verpakt in zakken, lagen de stukken vlees tussen ons in. De wind deed zijn uiterste best de hinderlijke geur van ons weg te waaien, maar het lukte hem niet. En die grote, zwarte, glanzende vliegen, werden ze aangetrokken door de geur? Of was er nog iets anders? Er zaten een paar bloedvlekken aan de buitenkant van de zakken, daar deden ze zich smakelijk te goed aan, met hun poten wijd uit elkaar zodat ze niet door een windvlaag werden weggeblazen.

Yaoundé

Yaoundé – eindpunt van onze reis, het moment waarnaar ik verlangd heb. Geradbraakt van het dagenlange gehots, hondsmoe ondanks het urenlange gedommel.

Het begon al te schemeren toen we door de eerste woonwijken reden. Donkere straten, hier en daar zwak verlichte verkoopstalletjes, cafés, mensen in het flakkerende schijnsel van hun petroleumlampen.

Plotseling verlichte straten, gedempt licht alsof de zon opkwam. Nieuwsgierig keek ik rond, zocht naar de bron van die stralen. Ah, helemaal boven, aan het eind van een hoge paal, was een... hm, bij een auto noemen ze dat een koplamp... bevestigd. Hij scheen niet eens zo fel, maar toch: de nacht werd tot dag. De huizen van twee verdiepingen die ik rechts en links van de straat kon onderscheiden, wekten mijn bewondering die avond eigenlijk niet, misschien doordat ik moe was.

Hij klopte drie keer op het dak van de cabine. Pauls teken voor de chauffeur: stop! We zijn er! Nauwelijks was de bestelauto tot stilstand gekomen, de motor uitgeschakeld, of de huisdeur werd al opengegooid. Met veel geschreeuw, gelach, geroep – ze waren echt blij – kwamen er vrouwen naar buiten rennen, met een hele schare kinderen van alle leeftijden achter hen aan.

Omarmingen. Gesnater, en wat prettig, in de taal van het dorp. Kenden ze mij? Ze ontvingen me, waren belangstellend tegen me alsof ik een vriendin was. 'Denken jullie soms dat ik hier wil overnachten?' snauwde een woedende stem uit de cabine. O ja, de chauffeur. Er zaten drie vrouwen en elf kinderen op hem te wachten. Haastig werden onze spullen afgeladen.

'Dit is Rosaline, mijn vrouw,' zei Paul luid en trok onstuimig mijn hand omhoog. Een veelstemmig ontvangstkoor begroette me: 'Welkom, zuster!' zeiden de vrouwen. 'Welkom, mama!' de kinderen. 'En deze charmante, lieftallige dames, Rosaline, zijn de geachte echtgenotes van mijn zeer gerespecteerde baas: Suzanne, Lucie, Jacqueline' – voor hen allemaal had hij een ondeugend, schalks lachje – 'en al hun kinderen omdat het geluk met hen is.' Met een breed handgebaar boven hun hoofden gaf hij te kennen dat hij hen allemaal bedoelde. 'Prijs je maar gelukkig, Rosaline! Hier te midden van deze hartelijke, hulpvaardige mensen, nemen wij onze intrek. Zij verlenen ons onderdak!'

O, wat was het lot goed voor mij! Mijn hart sprong op. Dolgraag, jubelde het in mij, wil ik in dit huis wonen, bij deze vrouwen, met deze kinderen. Hier zit ik niet dagenlang zonder aanspraak, eenzaam, verveeld, ongerust als Paul werkt of veel tijd met zijn vrienden doorbrengt, wat mannen vaak doen. De taal van het dorp geeft ons een band. Het blijft me bespaard om zwijgend, zonder iets te kunnen zeggen met vreemde mensen samen te leven.

Met z'n allen samen voor het huis. De ene vraag lokt de andere uit, naar de kleinste details. Grenzeloze nieuwsgierigheid, ongeduld: wat is er gebeurd in het dorp, het buurdorp, in de nabije, verre omgeving? Hoe is het met deze of gene? Paul gaf informatie, bracht verslag uit, betoonde zich een rijke informatiebron. Hij kende de mensen die de drie vrouwen kenden.

Ik was er met mijn hoofd niet bij, luisterde er maar met een half oor naar. Ik brak me het hoofd over andere dingen. Van wie was het huis waar we voor zaten? Van de echtgenoot? Waarom liepen de vrouwen en de kinderen dan zo onbekommerd in en uit? Waar stonden de huizen van de vrouwen? De gebouwen rechts, links waren niet van deze familie, dat was duidelijk, daar woonden de buren. En dan het onderdak dat ze ons 'verleenden', zoals Paul het noemde. Waar was het? Dat van hem? Dat van mij? Als ik alleen maar een slaapplaats had, ik wilde graag gaan liggen, had moeite m'n ogen open te houden.

Eindelijk... niet dat alle vragen van de vrouwen uitputtend beantwoord waren. Nee, Paul gaapte voortdurend, maakte een vermoeide indruk, zei ten slotte spijtig: 'Sorry, morgen gaan we verder...'

Suzanne liep als eerste vrouw zelfverzekerd voorop. Het huis was ruimer dan het er vanbuiten uitzag, had heel wat kamers. 'Hier slaapt Lucie met haar kinderen, hier Jacqueline, hier ik...' We liepen de gang door, ze wees naar de gesloten of half openstaande deuren. 'Het appartement van het familiehoofd. Op dit tijdstip is hij er nooit. Hij komt altijd laat, heeft buitenshuis zakelijke aangelegenheden.'

Dit was dus duidelijk het bewijs. Hier zag ik iets wat ik me nooit had kunnen voorstellen, nooit had kunnen geloven: geen op zichzelf staande, afzonderlijke huizen. Drie vrouwen, alle kinderen, hm, zelfs de man, alle huizen op elkaar onder één dak. Wat een armetierige, meelijwekkende toestand! Ik stelde me voor dat mijn vader in het dorp gewoon naast ons zou wonen, in de kamer naast die van mijn moeder, te midden van al die drukke kinderen, dag in, dag uit... Ik vond het wel grappig. Een andere wereld. Waar ontving de echtgenoot zijn vrienden? In de gezamenlijke woonkamer? In die drukte, het voortdurende komen en gaan? Blootgesteld aan de luisterende oren van de vrouwen, aan hun nieuwsgierigheid? Schandelijk! Of trok hij zich met zijn bezoekers terug in de slaapkamer? Dat was nog erger!

De vrouwen, hoe konden ze tegen het ruimtegebrek, tegen het feit dat ze constant in de gaten werden gehouden? Trokken ze elkaar niet de haren uit het hoofd, gingen ze elkaar niet met pollepels te lijf?

Suzanne deed de laatste deur van de gang open, lachte uitnodigend: 'Kijk, jullie kamer!' Ik keek naar het enige meubelstuk: een bed. Dat verontrustte me, een angstig voorgevoel bekroop me. 'Onze kamer? Dat begrijp ik niet! Waar is mijn slaapplaats?' mompelde ik doodmoe en keek bedeesd, hulpzoekend naar Paul en vervolgens naar Suzanne. Een doodse stilte. Er werden veelzeggende blikken gewisseld. 'Praat alsjeblieft met haar, Suzanne,' zei Paul ten slotte, stopte zijn handen diep in zijn broekzakken en liep zachtjes fluitend de gang door.

Ze sloeg haar armen om me heen, liefdevol, zorgzaam, als om een klein zusje dat bescherming nodig had. 'Mijn kinderlijke dorpsmeisje, onervaren en onschuldig,' fluisterde ze. Door die zachte stem, de warmte van haar lichaam, haar begripvolle gefluister – ik, een dorpsmeisje dat van niets wist – verloor ik mijn zelfbeheersing. Ik liet mijn tranen de vrije loop. 'Kom!' Ze nam me bij de hand als een klein kind, bracht me naar haar kamer. 'Ga maar in mijn bed liggen.' Ik sliep een gat in de dag, dommelde tot ik langzaam ontwaakte. Er was iets wat me bedrukte. Iets wat me droevig stemde. Wat was het? Ik gaf gehoor aan mijn gevoel en gaf mezelf de tijd erachter te komen, me bewust te worden van de herinnering. O ja... gisteravond – Pauls slechte humeur. Maar waarom eigenlijk? Inmiddels weet ik wel dat de omstandigheden in de stad anders zijn, maar ik heb toch nog wel recht op een eigen kamer? Ik laat me niet met Paul elke nacht samen opsluiten, daar hebben ze me niet op voorbereid. In het dorp zou ik recht hebben op een huis, net als mijn moeder en al haar medevrouwen.

Een rustige dag – de dagelijkse gang van zaken in de familie. Ontspannend voor mij, na de ongewone vermoeienissen van de reis. Ik kon de vermoeidheid in al mijn ledematen nog voelen. 'Paul heeft met zijn baas het huis verlaten.' En met die informatie moest ik het doen. Zijn naam werd die dag niet meer genoemd.

Tegen de avond nam Suzanne me apart. 'Moet je horen, meisje. Je slaapt bij mij, ik bedoel voor een tijdje. Ik zal je onderwijzen, instrueren in de gebruiken hier, in de normale dingen die Paul van je verwacht.' 'Als een marâtre?' vroeg ik hoopvol en blij. 'Tot op zekere hoogte... "Rosaline heeft wat tijd nodig om te wennen," heb ik hem uitgelegd. Hij begreep wat ik bedoelde.' Als door een onzichtbare windvlaag weggeblazen, verdween mijn innerlijke spanning en daarmee mijn onzekerheid. Er stroomde een gevoel van rust, van vertrouwen door me heen.

De dagen gingen voorbij. Wij vrouwen leefden in goede onderlinge verstandhouding. Dat dacht ik tenminste, ik had geen idee wat er onderhuids allemaal broeide. Met de een ging ik naar de markt, met de ander ging ik brandhout kopen. Ik kookte met Lucie en deed de was met Jacqueline. Paul zag ik zelden, meestal 's ochtends. Vriendelijk informeerde hij naar mijn welbevinden. 's Avonds kwam hij met zijn *patron* laat thuis en vaak sliep ik dan al. 'Dit is de laatste nacht,' kondigde Suzanne op een avond aan. 'En dan...?' 'Kom!' Met een handbeweging nodigde ze me uit naast haar op de rand van het bed plaats te nemen. Moederlijk legde ze haar arm om mijn schouders. 'Moet je luisteren, meisje. Je wist dat je niet voor altijd bij mij zou slapen.' Natuurlijk niet, dat hoefde ze niet te benadrukken. Ik bleef roerloos met gebogen hoofd zitten. Haar stem veranderde, ik hoorde dat het haar amuseerde: 'De patron moppert al dat door jou mijn deur voor hem gesloten blijft, dat hij door jou op rantsoen wordt gezet.

Je kent alleen het leven in het dorp. Misschien dacht je wel dat het overal, ook in de stad, net zo gaat als thuis. Je kende alleen de situatie dat niet alleen de man zijn eigen huis heeft, maar ook de vrouwen... Aan bouwgrond is in het dorp geen gebrek. Maar in de stad – daar heb je geen weet van – troggelen ze je een enorm bedrag af voor een stukje grond dat je in het dorp te klein zou vinden om pinda's te zaaien.' 'Dat weet ik wel, dat weet ik wel.' Ik had de brutaliteit om haar woordenstroom te onderbreken, wilde graag laten zien wat ik zelf allemaal wist. 'Mijn oom in Bafoussam zegt precies hetzelfde. Alleen welgestelde zakenlieden kunnen zich in de stad genoeg grond en land permitteren.' 'En jammer genoeg behoort onze patron daar niet bij.' Ze haalde haar schouders op, berustend in haar lot.

En even later riep ze verheugd: 'Wat begrijp jij de situatie toch goed, Rosaline!' Ze pakte mijn hand, aaide hem. Een teken dat het haar beviel, van tevredenheid. 'Wat kun je eraan doen? Nood breekt wet, met tegenzin leven wij hier in kamers in plaats van eigen huizen, ook de patron.' Best, best, dacht ik. Eiste ik een eigen huis? Die eis heb ik allang laten vallen. Maar een kamer voor mezelf en voor mijn toekomstige kinderen. Ik wil mijn kamer niet delen met een man, elke nacht opnieuw. Wat zou mama daar wel niet van zeggen?

'En nu over jou! We hebben jullie onderdak verschaft, jou en Paul. Moet je horen, een man en maar één vrouw delen samen een kamer, dat is heel normaal, het zou zonde zijn om er nog één in te richten. Wie stoort jullie nou, geen tweede, derde, vierde vrouw...' Ik perste koppig mijn lippen op elkaar. Het was gewoon onvoorstelbaar.

'Bovendien, Rosaline!' Ik spitste mijn oren, miste de gebruikelijke zachte toon in Suzannes stem. Vastberaden, haast dreigend ging ze verder: 'In ons huis staat verder geen kamer leeg. Goed, zeg maar tegen Paul dat hij een ander onderkomen voor jullie moet zoeken als hij daar het geld voor heeft.' Dat klonk spottend. Hij heeft het niet, dat wist ze. Ik beet op mijn lippen, kneep mijn vingers in elkaar, wilde pijn voelen. Was er een andere manier om de schaamte waarvan ik mij ineens bewust werd te verdragen?

De berisping ging door: 'Misschien zou je dan wel onder vreemde mensen moeten leven, met buren die de taal van hier spreken, die niet de jouwe is. Paul werkt, is de hele dag onderweg.' Na één keer diep ademhalen zei ze het ergste wat ze kon verzinnen: 'Mannen zijn gevoelig, onberekenbaar als een vrouw hen in hun eergevoel krenkt. Stijfkoppigheid zou Paul kunnen kwetsen, hem tot het uiterste kunnen drijven, en dan stuurt hij je terug naar het dorp. Zal je vader daar blij mee zijn, je met open armen ontvangen?'

Het was genoeg, genoeg. Ik deed mijn handen voor mijn gezicht, verborg het berouwvol, schuldbewust, dook in elkaar alsof ik geslagen werd. O, wat begreep ik haar goed. Wat voor onheil had ik aangericht? Ik, het onnozele meisje, onverbeterlijk eigenwijs, naïef. 'Vergeef het me, alsjeblieft, vergeef het me,' fluisterde ik en ik wilde alles doen wat ze van mij verlangde. 'Begrijp je het, meisje?' 'Ja, ja,' antwoordde ik haastig in mijn kinderlijk verlangen om het bij te leggen. 'Ik wilde je duidelijk, zonder eromheen te draaien, uitleggen dat je niet met vuur moet spelen.' Wat een opluchting! Haar stem had de goeiige klank weer terug, het dreigende, het bloedserieuze was geweken.

In mijn onrustige slaap draaide ik me van de ene zij op de andere. Ik beleefde van alles in dromen waarvan ik me 's ochtends niets meer herinnerde. Onuitgeslapen werd ik wakker. De uren sleepten zich voorbij in zenuwachtigheid.

In de late namiddag klonk: 'Rosaline!' Suzanne riep me vanuit haar kamer. Met bonzend hart liep ik naar binnen. 'Ik moet met je praten – over de gedragsregels voor de nacht.' Teder aaide ze over mijn haar. 'Trouwens,' de schalksheid straalde uit haar ogen, 'vanaf morgen noem ik je niet meer "meisje"... Misschien,' ze dacht na,' 'zeg ik dan vrouwtje. Ben je nieuwsgierig naar het huwelijk?' vroeg ze onverwachts. 'De eerste liefdesnacht?' Ik reageerde met een zwijgend schouderophalen. Ze lachte. Amuseerde ze zich over mijn onervarenheid?

'Was jezelf goed. 's Avonds, als de mannen nog even samenzitten met de vrouwen, sta je op een gegeven moment op. Je kleedt je uit in jullie kamer, knoopt pasgewassen doeken om, gaat in bed liggen en wacht op Paul. En niet inslapen, hè?' Ze dreigde me schalks met haar vinger.' Als Paul naast je gaat liggen, zich tegen je aanvlijt, je liefkoost, Rosaline, wees dan gewillig, wijs hem niet af, laat hem doen wat hij wil. Misschien doet het even een beetje pijn, maar dan zet je je kiezen maar op elkaar, en niet jammeren.'

Moe en vechtend tegen de misselijkheid, leunde ik tegen het kozijn van de voordeur, dronk slokjes citroengrasthee. Die plant had ik achter het huis gevonden, waarschijnlijk had iemand hem meegenomen uit het dorp. Suzanne zat op haar krukje te genieten van de warme stralen van de vroege ochtendzon en sneed maniokbladeren fijn voor het middageten. Ik moet haar helpen, dacht ik plichtbewust, maar ik had er de energie niet voor. 'Suzanne, wat is er toch met me aan de hand? Ik heb geen warm hoofd, geen koorts, geen pijn in mijn ledematen, dus geen malaria, en toch...'

'Vrouwtje, maak je niet ongerust, je bent zwanger.'

'Zwanger!' Een vreugdekreet, ik spring een gat in de lucht.

'Rosaline, moet de hele buurt het weten? Voordat Paul het hoort?' siste Suzanne.

'Mij een biet!' Ze kon me niet van mijn stuk brengen. Gelukzalig draaide ik om haar heen, vergat mijn vermoeidheid, misselijkheid, lusteloosheid. Helemaal buiten adem ging ik naast haar zitten, overstelpte haar met vragen: 'Weet je het zeker? Je kunt je toch vergissen.'

'Blijf zitten! Vertel, wanneer heb je voor het laatst de maan gezien?'

'Een eeuwigheid geleden.'

'Nou, een beter bewijs is er niet!'

Opperste gelukzaligheid! Ik had de godganselijke dag wel willen dansen en zingen. Binnenkort – ik hoopte dat de tijd voorbij zou vliegen – zou ik een klein wezentje in mijn armen wiegen. Dan nog een beetje geduld... het kind moest al een beetje sterk zijn, want anders durfden we de vermoeiende reis niet aan.

Onze aankomst in het dorp zie ik levendig voor me, ik stel me het zo rooskleurig mogelijk voor. Mama rent ons met grote passen tegemoet, roept al van verre: 'Waar is mijn eerste kleinkind?' Ze zal het aan haar hart drukken en liefkozen, vinden dat het groot en sterk is, en het zal haar niet uitmaken of het een jongen of een meisje is. 'Rosaline is thuis, Rosaline is met haar kind thuisgekomen!' Als een lopend vuurtje zal het bericht van mijn aankomst rondgaan, van huis tot huis, van mond tot mond. Mijn arme kind! Ze zullen het elkaar uit de armen nemen: iedereen wil het dragen, iedereen wil het kussen. Als bezorgde moeder ben ik bang dat het straks nog begint te huilen. Maar nee, mijn lieveling straalt en lacht.

Beheers je, Rosaline, kalm aan, ik riep mezelf tot de orde. Concentreer je op wat je vanavond te vertellen hebt. O God, hoe moet ik het zeggen, schuchter en verlegen als ik ben? Misschien morgen. Onmogelijk – hij zou verontwaardigd kunnen reageren, woedend op mij worden als hij het van anderen zou horen. In mijn radeloosheid vroeg ik het Suzanne. 'Zeg gewoon: "Zeg Paul, ik heb de maan al een hele tijd niet gezien."'

Hij begreep het direct, wist meteen wat ik bedoelde. 'Wat? Nu al?' riep hij uit, zeer verheugd, met een stralend gezicht. 'Ik ben wel een echte kerel, of niet?' pochte hij. Maar alsof hij zich er ineens bewust van werd dat er twee mensen voor nodig zijn om zwanger te worden, voegde hij er met zachte stem snel aan toe: 'Ik ben trots op je!'

We noemden onze zoon Emmanuel. 'Zoek een welluidende, waardige naam,' had Paul me opgedragen. Bovendien spraken we af dat ons kind net als mijn vader Todjo zou heten. Er brak een opwindende tijd aan. De vrouwen hadden een verlopen kalender, van een jaar dat allang voorbij was, die van onschatbare waarde was. Naast elke datum stonden een of twee voornamen: namen uit de bijbel, christelijke namen. Gelukkig kon Jacqueline lezen. We luisterden aandachtig naar haar, benieuwd, knikten instemmend, schudden afwijzend ons hoofd, discussieerden, vonden sommige namen mooi, wezen andere af. Na lang wikken en wegen koos ik voor Emmanuel. En waarom? Ik herinnerde me de woorden van een evangelist: 'Emmanuel betekent: God met ons.' Als ons huwelijk zonder Gods zegen is gesloten, dacht ik, dan geef ik met deze naam een teken: hemelse Vader, ik vraag U, wees met ons.

Gelukkig nam Paul zijn rol als vader serieuzer dan andere mannen die ik kende. Nu bracht hij niet meer elke avond met zijn vrienden door en kwam hij vaak vroeg thuis. Dan waste hij zijn zoon, nam hem op de arm, liep met hem rond en kocht voor hem bij de mama op de hoek zoete bananen. En als hij ergens muziek of zingen hoorde, droeg hij Emmanuel daar naartoe. Wat vond Paul het prachtig om te zien hoe het kleine lichaampje zich opgewekt op het ritme heen en weer bewoog. De vrouwen van de patron staken er de draak mee, amuseerden zich over zijn 'getut met het kind' zoals ze het noemden. 'Laat ze maar,' zei hij glimlachend tegen mij.

Mijn gezinnetje lag me na aan het hart, daar leefde ik voor. De droom van een rijke kinderzegen zou uitkomen, mettertijd, op den duur. Ook genoot ik van het samenzijn met de andere vrouwen, van het samenleven onder één dak. Als er heibel was, als ze elkaar in de haren zaten, trok ik me terug en wachtte tot de donderwolken voorbij waren getrokken. Soms hadden ze ruzie vanwege hun man die volgens de een of de ander zijn gunsten, zijn welwillendheid ongelijk verdeelde, maar meestal ging het om de kinderen. Ze namen het op voor hun spruiten, hun eigen vlees en bloed, als teven die hun jongen verdedigen, zonder zich te interesseren voor de kwestie waar het om ging. Emmanuel was nog te klein om irritatie op te wekken, hem werd nog niet snel iets kwalijk genomen.

Eigenlijk had ik vrolijk moeten zijn, tevreden, onbekommerd, maar er was altijd die knagende pijn, die mij treurig, weemoedig stemde: het heimwee naar het dorp, het verlangen mijn familie weer te zien. Soms deed iemand me de groeten, werd me verteld dat het goed ging met iedereen. Maar ik wilde ze zelf zien, me er met mijn eigen ogen van overtuigen dat het hen aan niets ontbrak.

Met mijn hartenwens was ik bij Paul aan dovemansoren. Hij wilde de reis niet ondernemen: het kind was nog te klein. Maar Emmanuel groeide, ontwikkelde zich goed en was al twee. Hij zei dat hij er geen geld voor had en verdedigde zo zijn verzet, rechtvaardigde zo zijn weigering. 'Jij denkt alleen aan het geld voor de reis,' hield hij mij voor, 'maar je vergeet de geschenken die ze verwachten, de vaders, de moeders, de medevrouwen, de tantes en ooms, de kinderen. Voor allemaal bij elkaar is dat een bestelwagen vol.' Ik zweeg en wist maar al te goed dat hij gelijk had.

Er ging iets in Pauls hoofd om. Een paar dagen was hij zwijgzaam, onbenaderbaar, tot hij me deelgenoot maakte van zijn plan: 'Ga jij maar met het kind, zonder mij.' 'Ik alleen met het kind... en de bagage dan? Uitgesloten, van zijn lang zal ze leven niet.'

'Je neemt maar één tas met kleren mee, geen cadeaus. Geef ze maar wat geld.'

Eerst wees ik zijn plan nog ten stelligste af, verwierp ik het met kracht, maar langzamerhand, beetje bij beetje, moest ik er steeds weer aan denken, werd het aantrekkelijker, vertrouwder... mijn verlangen was te sterk geworden.

De reis was erg vermoeiend. In de bus was het krap, heet, stoffig, muf, en dan nog het geratel, het gehots – mijn zoon was er niet aan gewend en vond het ondraaglijk. Hij huilde, sliep uitgeput in, werd wakker, jammerde, jengelde. Hij had last van diarree, waarschijnlijk door het vieze water. Ik had last van mijn geweten: vergde ik niet te veel van het kleine ventje?

En toen was er een eind gekomen aan het getob, de kwelling was afgelopen, de verlossing, de bevrijding was gekomen – we hadden ons reisdoel bereikt. We stopten bij de kruising die ik kende. Ik wachtte even, stond een poos stil en ademde met diepe teugen de zuivere, frisse lucht in. Dat was wel een heel verschil met de stad, waar het altijd rokerig, branderig rook, omdat er in alle hoeken en gaten vuurtjes smeulden.

Emmanuel

Ik keek om me heen: rode aarde, groen struikgewas. Ja, hier was ik in de bus gestapt die me naar de onbekende wereld had gebracht. Ik had mijn hart toen vastgehouden en had de toekomst met angst en beven tegemoet gezien. Hoe lang was dat geleden? Ik had het slechter kunnen treffen. Een sentimenteel gevoel van verbondenheid met mijn geboortegrond overviel me. Ik had geen tijd te verliezen! Haastig tilde ik mijn tas op mijn hoofd, Emmanuel was op mijn rug gebonden. Snel liep ik naar onze nederzetting toe – naar huis.

Er heerste doodse stilte! De huizen lagen er verlaten bij, er was geen mens te bekennen. Wat nou? De schrik sloeg me om het hart. Wat was er aan de hand? Ach... ik sloeg me met mijn vlakke hand tegen mijn voorhoofd. Rosaline, stadse vrouw die je bent! Het is marktdag! Natuurlijk, de vrouwen zijn vroeg vertrokken, willen hun waren onder de bomen uitstallen, beschermd tegen de verzengende zon. Schaduwplekken zijn in trek, gewild, ook in verband met de kleine kinderen.

Achter een huis ontdekte ik spelende kinderen. Ze namen me kritisch op. Aan hun blikken kon je zien dat ze zich afvroegen: wie is die vrouw? Ze herkenden mijn gezicht niet meer. En ik? dacht ik. Jullie zijn gegroeid, zijn veranderd... Toen ik vertrok, zogen er nog heel wat van jullie aan de borsten van jullie moeder.

'Ik ben Rosaline,' stelde ik me voor. 'Uit Yaoundé?' brulden ze vragend als uit één mond. 'Ja.' 'He, he, he.' Ze hupten uitgelaten om me heen. Eén kind zei: 'We zeggen het wel tegen je moeder,' en ze stoven er allemaal vandoor. Het deed me goed dat ze me nog niet vergeten waren en ik keek ze glimlachend na. Uitgeput liet ik me op een krukje neervallen. Emmanuel liep rond, verzamelde stokjes en blaadjes.

Sneller had het niet gekund. De kinderen waren kennelijk naar de markt gerend en de vrouwen hadden zich met hen weer naar huis gehaast. Wat een gelukkig weerzien, fantastischer en ontroerender dan in mijn mooiste dromen.

Maar direct daarna waren ze weer geanimeerd bezig, ijverig in de weer, waar maar een plekje vrij was. Een druk komen en gaan. Ik hoefde ze niet te vragen wat ze deden, ze maakten *nkui* en couscous klaar – voor mij. Het was me een stelletje. Ik glimlachte geamuseerd. Nkui, de sterke pikante en zoals beweerd werd reinigende saus voor de moeder vlak nadat ze een kind had gekregen. Emmanuel liep al, praatte allang, speelde met andere kinderen, had al een eigen willetje... maar gebruik is gebruik. Die geliefde, traditionele ceremonie lieten ze zich niet afnemen, het was ondenkbaar voor hen om ervan af te zien.

Het duldde geen uitstel – mama herinnerde me aan mijn dringende plicht de schoonfamilie te bezoeken. Al meteen op de dag van mijn aankomst? Ik was te uitgeput om het hele stuk te lopen, te moe voor nog een ontvangst. Morgen meteen, zo vroeg mogelijk, want ze mochten in geen geval via via over mijn aankomst horen. De 'eerste' en de 'jongste' boden aan mij te vergezellen: 'Net als toen, jaren geleden,' zeiden ze.

'O, bedankt!'

Goedgemutst en uitgelaten, als pubermeisjes overmoedig kwebbelend over gemeenschappelijke herinneringen, leggen we de weg tussen de twee nederzettingen af. 'Weten jullie nog, hier, precies onder deze uitstekende boom...' '... deed je je andere kleren aan...' '... deden we de zak over je heen...' '... hier werden we door het bruidsgezelschap ontvangen...' '... hier klaagden we over vermoeide voeten...'

Pauls moeder zat in de ochtendzon, verwarmde haar ledematen. 'Dat verzacht de pijn in de gewrichten,' legde ze later uit. 'Ook mijn ogen worden minder!' En dat bleek, want ze herkende ons pas toen we vlak voor haar stonden. 'Hè, hè, hè... Rosaline met de zoon van Paul, hè, hè, hè, dat ik dat nog mag beleven!' Ze klapte in haar handen, stak ze ons toe, vroeg of we haar omhoog wilden helpen van haar lage krukje.

Ze nam Emmanuel op de arm, haar kleinzoon, Pauls eerste kind, ze had alleen maar oog voor hem. Met kleine danspasjes, wiegende heupen, liep ze om ons heen, bewoog zich ritmisch, twee vingers op haar lippen, neuriede – een uiting van opperste blijdschap. Vol verbazing kwamen de medevrouwen hun huizen uit gesneld. Nieuwsgierige blikken... Wat was er 's ochtends vroeg al om zo blij over te zijn? 'De zoon van Paul!' riep ze hun toe en tilde het kind met al haar kracht voor iedereen zichtbaar omhoog. Emmanuel, Pauls eerstgeboren kind, een jongen, was uit de grote stad naar hen in het dorp toe gekomen. Eindelijk, eindelijk... Ik, zijn moeder, stond, vol trots, een beetje aan de kant, bekeek hun feestelijke stemming, hun uitbundigheid.

De dag ging snel voorbij. We wilden vertrekken, afscheid nemen, terugkeren voor het invallen van de nacht. Ze protesteerden. Pas nadat we hadden beloofd gauw weer te zullen komen, en dan voor langere tijd, lieten ze ons gaan.

De dagen vlogen voorbij. Emmanuel genoot er flink van, onderzocht het dorpsleven, genoot van de vrijheid, de ruimte, was overal kind aan huis. Het dagelijks leven van de vrouwen was niets veranderd, ze hadden veel te doen, het was vermoeiend, maar het ging desondanks zijn gewone gangetje. Toch voelde ik een verandering, een opmerkelijke persoonlijke verandering: het kind, het meisje Rosaline, opgegroeid in deze nederzetting, was jaren geleden weggetrokken. Er was een jonge vrouw teruggekomen, de moeder van een zoon, iemand die zich staande wist te houden, ja, die het wist te redden in een leven buiten het dorp. Nu genoot ik algemeen aanzien, ze hadden respect voor me. Zelfs vader zag me als een gesprekspartner die informatie kon geven over de belevenissen en vermoeienissen van het reizen, over gebeurtenissen in Yaoundé, hij stelde de ene vraag na de andere. Hoe kon hij ook weten dat mijn wereld in de stad kleiner, beperkter was dan die in het dorp?

'Rosaline, denk je niet dat het tijd wordt?' merkte mijn moeder op een dag op. 'Ja,' ik kon een stuurse zucht niet onderdrukken, 'je hebt gelijk. Als ik ze boos maak of krenk heeft dat vervelende gevolgen.'

De volgende dag pakte ik mijn tas in. Ik talmde, had er zonder aanwijsbare redenen geen zin in, verzette me ertegen. Rosaline, je bent harteloos, schaam je, gaf ik mezelf op mijn kop. De hartelijke manier waarop ze je ontvingen, de trots die je voelde toen ze zo blij waren met Emmanuel – ben je dat allemaal vergeten? Moet je jezelf nu overwinnen, jezelf geweld aandoen om een paar dagen bij hen door te brengen? Begrijp ik mezelf wel? Ook zij mogen immers verwachten dat Emmanuel, hun kleinzoon, hun leven een tijdlang met zijn lachen verrijkt.

Wat waren ze blij toen ik kwam. 'Ha, nu zijn jullie een hele tijd alleen van ons, het kind en jij. We zullen jullie stadsmensen eens verwennen, je zult versteld staan: met vruchten, noten, vers geroosterde maïs...' Beschaamd vroeg ik me af waarom ik me er zo tegen had verzet.

'Weet je nog? Je hebt het me toen beloofd.' Mijn vriendelijke, zachtmoedige marâtre van toen, drong erop aan, wilde ons dolgraag onderdak verschaffen. Haar huis bestond uit slechts één ruimte: de stookplaats in het midden, tegen drie muren een bamboebed. In een hoek bewaarde ze de keukenspullen: pannen, kalebassen, aarden potten... Aan een dwars door de ruimte gespannen liaan hingen haar doeken. Uitgerekend in het huis van dat beste mens gebeurde het, begon het lot zijn noodlottige, rampzalige loop te nemen.

Emmanuel wende gemakkelijk, voelde zich snel thuis. Hij speelde, werd rondgedragen, viel om, huilde, lachte, at met onbedwingbare trek 's avonds zijn maïspap. Schoon, gewassen legde ik hem in zijn bed. Als ik moe werd, ging ik naast hem liggen.

Op een avond kwam er bezoek. Mijn marâtre stelde de jongeman voor: 'De zoon van een vriend van je schoonvader.' We praatten met elkaar, ook hij stelde veel vragen en het werd laat. 'Waarom zou je tastend je weg zoeken door de pikdonkere nacht, daar staat een bed, slaap maar tot de dag aanbreekt.'

Ik werd wakker uit een weldadige slaap, rekte me uit en hoorde nog slaapdronken hoe de marâtre opstond om de pit van de lamp aan te steken. Gekraak ook van het bed tegenover me, de jongeman was met een sprong uit bed. Spaarzaam licht bescheen het vertrek. Hij keek me vriendelijk lachend aan, kwam haastig een stap dichterbij, zijn blik betrok, geschrokken riep hij uit: 'Er komt bloed uit de neus van je kind.'

Een schreeuw van ontzetting uit mijn borst. Vol vertwijfeling sleurde ik Emmanuel omhoog, smeekte hem huilend: 'Doe je ogen open, doe je ogen open.' Hij deed het niet. Ik zag het meteen, ik voelde het meteen: er zat geen leven meer in. De marâtre pakte het levenloze lichaam, hield hem bij zijn voeten vast, liet hem met zijn hoofd naar beneden bungelen, masseerde en kneedde hem. Tevergeefs – ik wist het. Ik werd overmand door pijn. Ik rende naar buiten, wierp me in het stof, schreeuwde de pijn uit mijn lichaam: 'Ho li li, ho li li, ho li li,' jammerde, huilde ik.

Vrouwen, kinderen, mijn schoonvader, allemaal kwamen ze geschrokken hun huizen uit stormen. Ze praatten chaotisch door elkaar. Stelden geschrokken vragen: 'Een sterfgeval?' 'Wie?' 'Waar?' 'In onze familie?' 'Er was toch niemand ziek?' 'Bij welke buren?' 'Ho li li, ho li li, ho li li' – het geweeklaag van mijn marâtre wees ze de weg. Ze kwam het huis uit. In haar armen droeg ze mijn dode kind, liep langzaam de familie tegemoet. Wezenloze, gepijnigde gezichten, star van de schrik, stom, roerloos... tot de pijn eindelijk geuit kon worden. De klaagzang werd aangeheven.

Ik zat op de grond, mijn rug tegen de muur van het huis. Iemand had me een verwassen, afgedragen doek om mijn heupen gebonden, een teken van rouw. Snikkend fluisterde ik telkens, telkens weer: 'Het is niet waar, niet waar... het is maar een droom, geloof me Paul, een boze droom...' Vrouwen en mannen van de familie, buren waren om me heen gaan zitten, zaten net als ik in het stof, wiegden zich op de eentonig klaagzang.

Rouwgasten kwamen van alle kanten aanstromen, betuigden hun deelneming, hun medelijden. Telkens als er een nieuwe bezoeker kwam, werd ik door uitgestoken handen op de been geholpen. Vergezeld van Pauls moeder en mijn marâtre, begroette ik iedereen en nam hen hard huilend mee het huis in. Daar lag mijn zoon, gekleed in zijn mooiste hemdje en broekje, opgebaard op een tafel.

Treurgezang heel in de verte, nog nauwelijks hoorbaar, maar het kwam dichterbij. Mijn familie. Het bericht was snel rondgegaan, alsof de wind het had meegevoerd. Ook wij gingen op weg, hen tegemoet. Wat een rampzalig, indroevig weerzien! Ik viel mijn moeder in de armen, ik was bijna buiten mezelf van verdriet. Ze omhelsde me, hield me lange tijd stevig vast, fluisterde zachtjes in mijn oor, sprak troostende woorden, veegde met haar doek de tranen van mijn gezicht. Ontdaan staarde mijn vader naar het levenloze mensenkind dat hij als trotse opa nog maar een paar dagen geleden had zien ronddartelen.

Timmergeluiden drongen het huis binnen, overstemden de klaagzang. Gehamer, elke slag was een klap op mijn gewonde ziel. Ja, ze timmerden al uit op maat gezaagd hout van de raffiapalm een kist in elkaar: Emmanuels doodskist. Aan de andere kant werd gehakt, gegraven. De grond was hard, uitgedroogd. Het graf. Ze zouden hem vandaag nog in de rode aarde neerleggen.

Mijn vader en mijn schoonvader stonden apart, wisselden van gedachten, serieus, met vastberaden gezicht. Ze riepen me naar hen toe, vroegen me wat er de dag daarvoor, die nacht, die ochtend exact was gebeurd. Ik vertelde, het kostte me moeite, maar ik voelde dat mijn verklaring belangrijk, van gewicht was. 'Hij stelde veel vragen, interesseerde zich voor Pauls werk, het leven in Yaoundé, voor alles...' Indringende vragen, het leek wel een verhoor: 'Wie was die jongeman? Wiens zoon?' 'De marâtre kent hem.' Mijn schoonvader snelde naar haar toe, vroeg hoe hij heette, kwam nog opgewondener, nog verontruster terug. 'Wanneer heeft hij het huis verlaten?' 'Hij is gebleven... de marâtre nodigde hem uit om in het ongebruikte bed te gaan liggen... hij zag als eerste dat er bloed uit Emmanuels neus stroomde... daarna heb ik hem niet meer gezien,' voegde ik er haastig met zachte stem aan toe. Ik voelde dat de wereld om me heen begon te draaien en daarna werd het nacht om me heen.

Even later was het als een lopend vuurtje rondgegaan, ging het van mond tot mond: 'De jongeman... hoe valt de dood van het kind anders te verklaren? Zo plotseling?' 'Zijn gedrag: hij zag bloed, ging ervandoor... heel verdacht, dat is alleen maar een bevestiging...' 'Hij heeft het van zijn moeder... ze zeggen dat zij...'

Hun opmerkingen, overwegingen gingen aan me voorbij, drongen niet tot me door, wekten mijn belangstelling niet. Ik zat daar, onverschillig, afwezig, aan mijn kind te denken. Hij was zo gelukkig ingeslapen, stierf zonder enig symptoom van ziekte. Allemaal zijn ze ervan overtuigd dat dit geen natuurlijke dood is. Iemand heeft het met opzet gedaan om kwaad te doen. Blijkt uit de uitroepen van mijn schoonvader niet ook dat hij daarvan overtuigd is? 'Wat wordt mij verweten? Wat heb ik verkeerd gedaan dat ze mij een dolk in mijn hart steken?' Maar de jongeman...? Wat heb ik, wat heeft mijn kleine Emmanuel met hem te maken? We hebben elkaar gisteren pas voor het eerst ontmoet.

Mijn marâtre nam me apart. 'Heb je wel begrepen wat sommigen vermoeden en anderen zeker denken te weten?'

Ik schudde mijn hoofd. 'De jongeman, waarom zou hij...? En hoe had hij...? Emmanuel lag immers in mijn armen.'

'Rosaline, ze denken dat hij vampirisme bedrijft, begrijp je het nu?'

'Natuurlijk, de mensen kletsen, vertellen verhalen over vampiers die 's nachts hun slachtoffers uitkiezen.'

'Ja, zo is het. Die kwaadwillige mensen hoeven de kamer niet eens te verlaten, ze hoeven niet eens op te staan van hun bed. Hun geest maakt zich los van hun lichaam, kruipt in een dier – een muis, vlieg, hagedis, muskiet – dat dan de dodelijke handeling uitvoert: hij zuigt het bloed uit de slachtoffers, vernietigt hun organen. Rosaline, begrijp je het nu? ' vroeg ze me vol ongeduld.

'Jawel, jawel, maar waarom zou iemand mijn kind...? Ook vampiers doden toch niet zomaar mensen?' riep ik met schelle stem uit. Mijn lichaam schokte van het huilen.

Mijn vader en schoonvader kwamen het erf op. Waar waren ze geweest? Ik had niet eens gemerkt dat ze weggingen. Een man die ik niet kende liep tussen hen in. Wat een eigenaardige man, ik kende niemand met zulk lang haar. Hij had een tak van de 'vredesboom' in zijn hand en om zijn schouders hing een van raffia geweven tas.

Mama zat naast me. Ook zij keek de vreemdeling na.

'Wie mag dat zijn?'

'Ik denk...' mama aarzelde nog. 'Een tovenaar... Die raadplegen ze als ze een probleem willen oplossen. Op een bepaalde manier.' Zachtjes alsof ze tegen zichzelf sprak, zei ze: 'Hij zal de waarheid wel ontdekken. Pauls vader zoekt de schuldige om zich te wreken.'

Ze mompelden, fluisterden, allemaal. En knikten instemmend. Hm, weet iedereen wat het betekent als deze man verschijnt? Ze gingen het huis van de marâtre binnen. Daar lag Emmanuel opgebaard. Maar even later kwamen mijn vader en schoonvader weer naar buiten. Ze lieten de vreemde man alleen met mijn dode kind. Wat ging hij met hem doen?

Vader kwam naar ons toe, zei met weinig woorden: 'Hij bezit toverkracht, kent planten, wortels, soorten boomschors, schelpen met magische kracht, hij weet hoe hij die moet inzetten zodat het anderen noodlottig wordt. Als de jongeman schuldig is zal hij het leven laten...'

We begroeven Emmanuel zonder dat zijn vader erbij was. Wat hadden we anders kunnen doen? Wachten? Dat had onmogelijk gekund. Op traditionele wijze kun je een lijk niet tegen ontbinding beschermen, niet voor zo lang, niet voor onbepaalde tijd.

We treurden drie dagen om Pauls zoon, ontvingen telkens weer mensen die van dichtbij of van verre kwamen, even bij ons gingen zitten, en meededen met de treurzang, ons hun deelname betuigden. 's Nachts strekten wij vrouwen ons volgens het gebruik uit op bananenbladeren en sloten onze leeggehuilde ogen.

De avond van de derde dag. Mijn familie trof voorbereidingen om naar hun nederzetting terug te keren, maar niet zonder dat onze haren werden afgeschoren. Allemaal ondergingen we dat ceremonieel. Een kaalgeschoren hoofd is voor vreemden een teken dat je in de rouw bent, dat je een van je beminden bent kwijtgeraakt. Als ze het zien, zullen ze stoppen, naar de reden vragen, woorden van troost vinden. Strikt genomen had ik me als christen tegen het scheren moeten verzetten. Dominees en evangelisten prediken tegen dergelijke gebruiken, maar... ik had er de kracht niet voor.

Nog diezelfde dag begon mijn schoonvader te informeren, overal navraag te doen: 'Ken jij een betrouwbaar, integer iemand die naar Yaoundé gaat?' Wat dat betreft was het geluk dan nog met ons: een buurman ging naar Yaoundé en hij vroeg hem Paul in zijn wijk op te zoeken en hem persoonlijk de treurige boodschap over te brengen. 'Kies je woorden weloverwogen, vertel het hem voorzichtig,' vroeg hij hem smekend.

Ik wachtte. Mijn zenuwen werden flink op de proef gesteld. Dag in dag uit oefende ik geduld, zocht hardnekkig naar redenen waardoor zijn komst werd uitgesteld: ik twijfelde niet aan de betrouwbaarheid van de overbrenger van de boodschap, maar ik wist dat er problemen konden rijzen, onvoorzien, plotsklaps, van het ene ogenblik op het andere, waardoor plannen werden uitgesteld of in duigen vielen. Misschien moest hij het gereserveerde, apart gelegde geld voor de reis uitgeven aan een dringend ziektegeval of was hij dagenlang niet in staat om te reizen, malaria had je zomaar te pakken. Transportproblemen, pech onderweg zijn aan de orde van de dag, schering en inslag. Maar stel dat de doodstijding Paul wel via de snelste weg had bereikt, wat lette hem dan om als de wiedeweerga te komen? Of hij nu geldgebrek had of niet? Zijn baas of andere vrienden zouden hem vast helpen. Was hij soms ziek? Mijn stemming wisselde dagelijks meermalen, soms maakte ik me ontzettend veel zorgen, dan weer was ik boos, woedend, geïrriteerd. Waarom kwam hij niet?

Emmanuels dood liet in mij een troosteloze leegte achter. Ik speelde met de gedachte te vertrekken, naar Yaoundé terug te keren en vroeg mijn marâtre om raad.

'O mijn dochter,' zuchtte ze, haar blik was verdrietig, triest. 'Dat is onmogelijk... de riten... ken je ze niet?'

'Nee, echt niet, welke dan? Wie moest ze uitvoeren? Ik? Wat?' Ik stotterde van schrik, dacht lusteloos: wat moet er nog meer gebeuren? Mijn lichaam is uitgeput, krachteloos, mijn geest murw, meer kan ik niet verdragen. Desondanks wist ik dat de riten gerespecteerd moesten worden, anders bleef je zitten met de kwellende angst dat het lot zich zou wreken, dat er nóg een ongeluk zou gebeuren. O mijn marâtre, ze kent me, voor haar kan ik niets verborgen houden, ze kan aan mijn gezicht zien hoe de vlag erbij hangt.

'Het is niet vermoeiend en het doet geen pijn,' haar woorden klonken troostend, 'maar eerst wachten we op Paul, hij moet komen, hoe dan ook... Ik kan het je leren, vandaag al. Het echtpaar voert die riten normaal gesproken direct na de dood van het kind uit. Ze drinken samen water, snijden een kookbanaan doormidden, een makabo, een zoete aardappel en ook een stuk kolanoot. Een vriend van de familie die ook een kind is kwijtgeraakt, scheert hun hoofden. Een teken waarmee de ouders van het overleden kind aangeven dat ze niet alleen water en eten delen, de voorwaarde voor het leven, maar ook pijn en verdriet. Dat ze samen treuren.'

Met tranen in mijn ogen keek ik mijn marâtre aan. 'Hij is er nog steeds niet... ik heb al geen hoop meer.'

'Rosaline, mijn dochter!' Ze nam me in haar armen, streelde me troostend over mijn haar. 'Er zal een reden voor zijn dat hij niet komt en kennelijk heeft hij er geen invloed op. De dood van zijn zoon kan hem niet onverschillig zijn, hij komt, ik ken Paul.'

Ik wilde haar graag geloven, zag reikhalzend uit naar zijn komst.

'De riten, Rosaline, je viel me in de rede. O ja, het scheren van de hoofden... Daarna vragen ze het echtpaar zich op het veld terug te trekken, elkaar daar als man en vrouw te beminnen. Zelfs als ze niet meer samen zijn, al jaren gescheiden leven, zijn ze gedwongen deze riten in acht te nemen, ze kunnen er niet omheen. De voorouders waken erover, in de hoop dat de sympathie opnieuw gewekt wordt, de harmonie wordt bevorderd in de nederzettingen. Een weigering heeft ernstige gevolgen: dan zijn ze vervloekt en is de met andere partners verwekte kinderen geen lang leven beschoren.'

'O jee, o jee, marâtre,' jammerde ik. 'Dat gebeurt vast, de voorouders zullen boos op ons zijn. Paul stort ons in het ongeluk door weg te blijven.'

'Beheers je, Rosaline.' Ze praatte kalmerend op me in. 'Het ritueel kan ingehaald worden, direct na jullie weerzien.'

'Echt?'

Ze knikte.

'De jongeman heeft zijn laatste pijp gerookt, zijn laatste adem uitgeblazen, dus is hij schuldig.' Ik hoorde genoegdoening in de stem van mijn schoonvader.

Mijn marâtre gaf me meer details: 'Een kort ziekbed. Het begon als een malaria-aanval. Toen kreeg hij hevige buikpijn, hij spuwde bloed en overleed.' Ook haar gezicht drukte tevredenheid uit.

En ik? Of hij nu dood is of levend – Emmanuel is er niet meer.

'Ha, we hebben tegenmaatregelen getroffen,' zei de marâtre, 'ze kunnen niet meer bij ons binnenkomen, want we hebben ze elke mogelijkheid ontnomen om hun gruwelijke spel te spelen.' Ik keek haar verbaasd aan. 'De vampiers...' fluisterde ze.

'Kun je die op afstand houden, je ertegen beschermen?'

'Nou en of!'

'Door planten, talismannen, *gris-gris*...' dacht ik. Wat wist ik nou over middelen om die bloedzuigers af te weren?

'Precies, ken je de struik voor vaders huis? Die met de kleine witgroene bloemen? Die ruiken 's nachts sterk, zoet, verdovend en ze verjagen indringers. In ons geval, in onze nederzetting waar een vampier al verderf heeft gezaaid, heb je sterkere middelen nodig: gris-gris, die meer effect hebben. Onze man... je weet over wie ik het heb?'

'Ja... de tovenaar.'

'Hij verstaat zijn stiel, het bewijs is geleverd. Hij heeft ons nog een keer geholpen, heeft kruiden en wortels samengesteld, er misschien kippenkoppen bij gedaan... dat blijft een geheim... en dat middel tijdens een nachtelijke ceremonie op alle vier hoeken aan de rand van ons erf begraven. Hij vraag er heel wat geld voor. Maar wat moeten we anders? Het is noodzakelijk.' Ze haalde wanhopig haar schouders op. Toen stond ze op, liep naar haar bed, tilde haar matras op, voelde, vond wat ze zocht en drukte me iets in de hand. 'Hier, voor jou! Neem het mee naar Yaoundé en leg het onder jullie matras, het zal jullie beschermen.'

Nieuwsgierig bekeek ik het pakje, gewikkeld in een felrood stukje stof. 'Mag ik het openmaken?' Ze knikte. Er zaten zeven kaurischelpen in en wat poeder. 'Gemalen *gugubre*pitten, die helpen heel goed, gemengd met zout.' Wat was ik dat beste mens dankbaar dat ze zo zorgzaam was en aan me dacht.

Ik wachtte, wachtte en wachtte... De ene dag na de andere ging voorbij. Er brak een ander seizoen aan, het was begonnen te regenen: de gewassen moesten ingezaaid worden. De vrouwen kregen het druk. Ik ploeterde, zwoegde, matte mezelf af. Ik ging vaak op bezoek bij mijn familie, maar keerde 's avonds altijd terug. Pauls familie mocht in geen geval de indruk krijgen dat ik hen meed. Ze moesten niet denken dat ik hen heimelijk de schuld gaf van de dood van mijn kind.

Niemand sprak meer over Emmanuel, noemde zijn naam nog. Niemand had het erover dat Paul wegbleef of vroeg me wanneer ik naar Yaoundé terug wilde keren. We deden net of het leven normaal en onbezorgd was. Ze wilden me helpen over het verlies van mijn kind heen te komen, het te vergeten.

Maar ik kon het niet vergeten, ik kon geen antwoord vinden op de prangende vraag welke god het nodig gevonden had me zo onbarmhartig, zo meedogenloos te straffen. En waarom, wat had ik misdaan?

Vader had me de zegen van de goden van onze nederzetting gegeven voor onderweg. Waarom zouden ze wrok koesteren, mij kwaad doen? Misschien omdat ik de hemelse Vader mijn belofte had gedaan? Aan de andere kant dacht ik juist dat Hij boos op me was omdat ik voor mijn huwelijk niet Zijn zegen had gevraagd. Maar Hij wist immers dat het niet mijn schuld was. Toch kon ik er niet omheen dat ik me in het diepst van mijn hart schuldig voelde. Wat was ik argeloos en naïef! Had ik gehoopt dat ik de Heer gunstig zou kunnen stemmen, dat ik Hem door de naam die ik mijn kind had gegeven kon vragen om met ons te zijn?

Ik leefde in een soort waas. Op de velden ontkiemde het zaad. De planten ontwikkelden zich. Het onkruid woekerde. Met vereende krachten trokken we ertegen ten strijde.

Op een dag keerden we moe, vies, dorstig, en hongerig terug van het werk op het land. De zon ging al onder. Loom stond ik op het erf met de andere vrouwen te praten. De marâtre riep me naar binnen, vol ongeduld. 'De patron, Pauls baas, is bij vader. Was je, maak je klaar. Ze zullen je roepen.' De hitte steeg me naar het hoofd, mijn hart ging als een razende tekeer. Dit was het beslissende moment! De bevrijding uit de onzekerheid! Hoe de boodschap ook zou luiden: aan het ondraaglijke, murw makende wachten was een einde gekomen. Vliegensvlug waste ik het zweet, het rode stof van mijn lichaam, wilde gereed zijn, de tijd van zorgen geen minuut rekken.

Mijn geduld werd op de proef gesteld. Ze namen er de tijd voor, die twee. Wat werd er allemaal besproken en beslist? Hoe zag mijn toekomst eruit?

Ze lieten me niet roepen. Mijn schoonvader bracht de patron zelf naar ons toe, naar het huis van de marâtre. Een hartelijke omarming. Zo vriendelijk had ik hem nog nooit meegemaakt. 'Lieve Rosaline, Paul stuurt me, hij vraagt je terug te keren.' 'Wat is er met hem? Waarom komt hij zelf niet?' Zal ik eindelijk antwoord op de brandende vragen krijgen die ik me elke dag van 's ochtends vroeg tot 's avonds laat en in slapeloze nachten heb gesteld? 'Hij is ziek geweest, kon niet reizen. Ze zullen het je later allemaal wel vertellen.'

'Mijn dochter, morgenvroeg zul je ons verlaten,' deelde mijn schoonvader me mee. 'Jullie reizen samen.' 'Morgenvroeg?' fluisterde ik verbijsterd. 'Maar, papa... de riten. Die moeten we hier toch uitvoeren, Paul en ik, op deze plek? Anders,' ik snikte, de angst greep me naar de keel, 'roepen we onheil over ons af. Dan zullen de voorouders ons vervloeken en dan zal ik alleen nog maar mismaakte kinderen ter wereld brengen.' Ik sloeg mijn handen voor mijn gezicht, snikte onbeheerst.

Mijn schoonvader en mijn marâtre spraken een hartig woordje met me, hadden het niet gemakkelijk met me. Ik wilde het maar niet geloven, liet me niet aanpraten dat de riten ook in het verre Yaoundé konden worden voltrokken, 'en wel direct na je aankomst. Paul weet ervan, hij is ervoor,' voegde de patron er nog met nadruk aan toe. 'Bovendien,' beloofde mijn schoonvader, 'zal geen offer ons te groot zijn om de voorouders tevreden te stellen.' Wat moest ik doen tegen zoveel overtuigingskracht?

Rillend van de kou gingen we op weg. De ochtendkoelte drong onaangenaam door de dunne stof van mijn jurk heen. Het had die nacht geregend en je zakte diep weg in de doorweekte grond, de vette modder.

Mijn reisgenoot zei slechts het noodzakelijke maar ik vond het wel prettig dat hij zweeg. Verdriet, droevigheid, droefgeestigheid bedrukten me, maakten me neerslachtig. Hoe had het toch allemaal kunnen gebeuren?

Bij de eerste stopplaats nam hij me apart, vroeg me met hem een stukje van de lawaaierige, bedrijvige mensen te gaan staan. 'Rosaline,' vaderlijk legde hij zijn arm om me heen, sprak liefdevol, met warme stem, 'er is je iets heel verdrietigs overkomen, het lot heeft je lelijk te pakken gehad. Geloof me, we zijn in gedachten allemaal bij je geweest, de hele tijd. En Paul...' De patron schudde zachtjes zijn hoofd. 'We maakten ons grote zorgen om hem... Zijn toestand was zorgelijk.' Hij zweeg. Dacht hij erover na wat hij mij zou toevertrouwen en wat hij beter voor zich kon houden? 'Het bericht was natuurlijk een grote klap voor hem, we konden hem niet tot bedaren brengen. Hij wilde meteen vertrekken, op reis gaan. We hielden hem tegen, uit bezorgdheid. Toen werd hij apathisch, at onregelmatig en bitter weinig, zei haast niets meer en maakte een afwezige indruk, alsof hij er met zijn hoofd niet bij was, ook op het werk. Gelukkig dat ik niet alleen zijn baas ben, maar ook zijn vriend. Een andere patron zou hem vast ontslagen hebben.'

Elke tussenstop, elke pauze gebruikte hij nu als gelegenheid om me op de hoogte te brengen van Pauls zorgelijke gedrag, zijn doen en laten sinds Emmanuels dood. Ook in het dorp waar ik onvergetelijke herinneringen aan had: waar ik zoveel vlees had gegeten als nooit tevoren, waar ik de mama's had bewonderd die zo commercieel waren dat ze zich woorden uit de taal van de blanken eigen hadden gemaakt, waar ik trots was geweest op Paul, mijn man die zo zelfverzekerd was en in het leven nooit voor een verrassing leek te staan...

We stonden tegenover elkaar, Paul en ik. Hij keek me aan, maar even, sloeg toen treurig zijn ogen neer, wendde zich af, liep langzaam weg. De dood had een barrière tussen ons opgeworpen, we waren te verlamd en verkrampt om met elkaar te praten. Hij was mager geworden, was zichtbaar afgevallen. Langzame bewegingen. Waar was zijn vitaliteit gebleven, zijn energie? Zijn stralende lach? Die had plaatsgemaakt voor een treurig-schuchtere glimlach.

Lucie, Jacqueline, Suzanne, de drie actieve, bedrijvige vrouwen, hadden voorzorgsmaatregelen genomen. Een vriend uit onze streek wilde onze hoofden wel scheren, ze hoefden hem alleen maar te roepen. Hem was, zoals de traditie het vereiste, hetzelfde lot overkomen: ook hij was een kind kwijtgeraakt.

De donkerheid van de nacht maakte het mogelijk dat we dichter bij elkaar kwamen. De riten waren voltrokken, eindelijk. Ik slaakte een zucht van verlichting, voelde opluchting, wachtte alleen nog tot Paul zou vragen: Rosaline, vertel. Toen deed ik verslag, beschreef wat er gebeurd was, de ontzetting en het verdriet, het gefluister, ik luchtte mijn hart, de hele nacht. Eindelijk mocht ik mijn verdriet met hem delen.

'Pauls ogen glanzen weer,' zei Lucie op een dag toen we als vrouwen bij elkaar zaten. We zaten uit te blazen van het huishoudelijk werk en kletsten wat. 'Ja, hij heeft weer plezier in het leven. Hij heeft zijn luchthartigheid terug,' bevestigde Suzanne. 'En ik heb gehoord dat de patron prijzend zei dat Paul weer goed werk levert, net als vroeger.'

Hun opmerkingen klinken me als muziek in de oren. Een onbezorgd leven, zoals vroeger! Bovendien koester ik een geheim, ik wil het de vrouwen nog niet vertellen. Maar Paul heb ik het een paar dagen geleden toegefluisterd: ik heb de maan al een tijdje niet meer gezien.

Dieudonné

In de andere familie speelde iets, de harmonie was verstoord. Het eerste wat ik eigenaardig vond, het eerste teken dat het niet goed zat, was dat Jacqueline voor zichzelf en haar kinderen kookte, terwijl wij net als altijd samen het eten klaarmaakten. Wat was er aan de hand? Het was me een raadsel. Suzanne en Lucie snaterden meer dan anders, lachten harder... Ik zweeg, hoopte van ganser harte dat de gemoederen mettertijd zouden bedaren. Maar het tegendeel was het geval: de spanning nam toe. Er werd geen woord meer gewisseld tussen de twee vrouwen en Jacqueline. De kinderen waren ervan in de war en onzeker. Ik leed eronder, kende de redenen voor de onenigheid niet, durfde bij niemand te informeren, niet bij Suzanne, niet bij Lucie, niet bij Jacqueline. Uit angst dat ik erin meegetrokken zou worden, dat ik partij moest kiezen.

Jacqueline. Ik had bewondering voor haar schoolkennis. Ze had leren lezen en schrijven en vaak kon ze de dingen net iets beter verwoorden dan wij. Ik wilde haar graag bijstaan. Maar dan zou ik me tegen Suzanne keren. En dat was uitgesloten. Ze was vanaf het begin als een moeder voor me geweest. Als ik terugdacht aan mijn aankomst, toen ik een eigen kamer wilde, was het Suzanne geweest die begrip voor me had gehad, zij had me in haar kamer laten slapen, mij dingen uitgelegd. Sinds die tijd besprak ik alles wat me aan het hart ging met haar.

Ook Lucie moest Suzanne trouw blijven. Zij had als moeder van twee kinderen altijd in armoedige, beklagenswaardige omstandigheden geleefd, tot Suzanne de patron had omgepraat en die haar als derde vrouw had opgenomen, samen met haar kinderen. Dat was genereus geweest, zoiets sprak niet vanzelf, en ze wist heel goed dat een welwillend woord, een opbeurend lachje tegenover Jacqueline door Suzanne als verraad zou worden opgevat. O, wat was het toch vervelend om afhankelijk te zijn!

En de patron? Hij meed het strijdtoneel, ging de gespannen sfeer uit de weg. 's Avonds kwam hij nog later naar huis, ging bij degene in bed liggen die aan de beurt was en stond 's ochtends weer vroeg op.

Op een avond fluisterde Paul tegen me: 'Ik weet waar het om gaat.' Nieuwsgierig wachtte ik het moment af dat we ons konden terugtrekken. 'Het sop is de kool niet waard,' begon hij. 'Jacquelines kinderen, Roger en Christine, zijn vlijtige leerlingen, ze halen goede cijfers. Ze helpt hen bij het leren, hecht grote waarde aan een opleiding. Op een gegeven moment, misschien aan het eind van het schooljaar, zei de patron lovend tegen Roger – ik weet niet of hij het serieus meende of dat het een grapje was – "Jij bent een flinke vent, zo iemand heb ik later nodig als opvolger in mijn zaak." Meer niet. Suzanne kreeg het te horen en vatte het op als een belofte, voelde zich als "eerste", als moeder van de oudste zonen, gepasseerd – de tweedracht was gezaaid.'

Paul was klaar met zijn verhaal. We zwegen, keken treurig voor ons uit. Plotseling voelde ik wrevel in me opkomen. 'Wat een onzin allemaal!' siste ik geïrriteerd. Nachtenlang had ik me het hoofd erover gebroken wat Jacqueline misdaan mocht hebben, welke schuld ze op zich geladen had, dat ze haar en haar kinderen wegtreiterden, hen het huis uit probeerden te krijgen. Ik had gedacht dat ze misschien iets had gestolen, kwaad had gesproken, zich agressief had gedragen, dat ze misschien wel in de prostitutie zat.

Jacqueline verhuisde.

Ons kind kwam gezond ter wereld. Een geschenk! Een teken van de hemelse Vader dat hij niet meer boos op ons was. Omdat we zijn edelmoedigheid waardeerden noemden we onze zoon Dieudonné, van God gegeven. Ondanks alle geluk was er één zorg die me niet losliet, die me onrustig maakte. Dieudonné leek verbluffend veel op Emmanuel, ze leken als twee druppels water op elkaar. En als mensen dat zeiden, beviel het me niet, ik haatte het zelfs omdat ik wist wat er in hen omging: Emmanuel is wedergeboren, met al zijn ongeluk, dit kind zal door hetzelfde noodlot getroffen worden. Hebben ze soms geen as op Emmanuels kist gestrooid om die vloek te verhinderen?

Ik maakte niemand deelgenoot van mijn innerlijke onrust, zelfs tegenover Paul verborg ik mijn angst. Ik was een gelukkige, trotse moeder en zei onbewogen: 'Natuurlijk lijken ze op elkaar. Dieudonné heeft dezelfde ouders als Emmanuel.' Maar vooral op de rustige momenten, als ik hem de borst gaf, als hij genoeglijk lag te zuigen, keek ik peinzend naar mijn kind, smeekte het nadrukkelijk: 'Groei op tot een energieke man, doe het voor mij en je vader.'

Hij groeide goed, alsof het kleine ventje er alles aan deed om mijn hartenwens te vervullen. Maar als hij maar even niet lekker was, koorts had, geen zin had in eten, was ik vreselijk ongerust, vroeg ik iedereen om raad hoe hij van zijn kwaal af kon komen.

Ik had nog altijd het kleine pakje van mijn marâtre. Die bescherming tegen vampiers had ik goed bewaard, het was een waardevol bezit. Aan het begin van de zwangerschap had ik het onder het matras gelegd, om het ongeboren kind te beschermen. Na de geboorte legde ik het ergens anders neer, ik verschoof het meer naar de plek waar Dieudonné 's nachts lag.

Hij leerde vroeg lopen. Vanaf dat moment werd hij aangetrokken tot de andere kinderen, hij was niet bij hen weg te slaan, stond ze bij het voetballen in de weg.

Op een middag kwam hij huilend de keuken in, krabde zich op zijn buik. 'Mama, het brandt en het jeukt,' zei hij snikkend. Ik legde mijn pollepel niet meteen neer, ik was net de couscous aan het roeren. Ach, kinderen huilen zo vaak, dan zijn ze weer gestoken door een mug, dan hebben ze zich weer pijn gedaan aan een doorn. Maar tot mijn schrik vond ik een platgedrukte rups in zijn broekje, geen gewone rups maar de gevaarlijke soort, met lange fijne haartjes op de rug. Ik was er bij het werk op het land al vaak mee in contact gekomen, had ze bij het onkruid wieden weleens per ongeluk vastgepakt. Ik heb geen idee hoe ze het doen, maar de plekken worden net zo hard als bij een insectensteek, ze branden en jeuken dagenlang.

O, mijn arme kind! Het beest had in zijn doodsstrijd vast zijn hele voorraad gif uitgespoten. Pijnlijk, maar niet levensbedreigend zoals een slangenbeet. Toch dacht ik koortsachtig na: wat moest ik doen? Ik riep Suzanne, Lucie. 'Wat moet ik doen?' vroeg ik ook aan hen. 'Je moet aarde met water vermengen, dat werkt verkoelend en verzachtend,' luidde hun beider raad. En het werkte inderdaad: Dieudonné kalmeerde. Om hem een beetje te verwennen kocht ik zoete bananen op de hoek.

De nacht verliep rustig. Maar 's ochtends zag ik dat de plek groter was geworden. Toen het in de loop van de dag broeieriger werd, begon Dieudonné weer te krabben en te huilen.

Ach, was ik maar in het dorp, dacht ik met spijt, moeder wist er wel raad op, die wist vast een werkzame geneeskrachtige plant. 'Ik zou maar naar de polikliniek gaan,' raadde Suzanne me aan. 'De genezers daar zijn ervaren, ze zijn opgeleid door de blanken, verkopen ook hun medicijnen, van die kleine, witte, ronde dingetjes, als geperst maniokmeel, tabletten die je moet innemen. Probeer het daar maar. Wacht, ik ga met je mee.'

Een in het wit geklede man onderzocht Dieudonnés pijnlijke plek, die nu vochtig was. Hij knikte, bromde een 'Hm', krabbelde iets op een stukje papier en gaf het me. 'Koop dit maar bij het loket.' Hij wees een kant op. Gelukkig wist Suzanne waar het was.

Tabletten om in te nemen, poeder voor de wond, zorgden voor een verbetering, maar slechts van korte duur. 'Kom, Rosaline, kleed je kind aan, dan gaan we naar het grote ziekenhuis in de stad,' zei Suzanne, mijn zorgelijke blikken gingen haar aan het hart.

Ik zette grote ogen op! Wat een gebouw! Zo lang en breed en hoog! Perplex stond ik ervoor, vol verwondering. We gingen naar binnen. Wat uitgestrekt! Hier pasten alle huizen van een heel dorp in.

Ook Paul was erbij, hij had besloten mee te komen in verband met de taal. Jacqueline woonde niet meer bij ons en Suzanne en Lucie kenden net zomin andere talen als ik. De taal van de blanken is tegenwoordig heel belangrijk, daarin maken Kameroeners uit alle verschillende delen van het land zich verstaanbaar.

Bedrijvigheid, een komen en gaan. Overal wachtenden. Ook wij stonden te wachten en we moesten de hele ochtend geduld hebben, tot we binnengelaten werden. Wat een onverwachte aanblik: in een stralend heldere, zonovergoten kamer zat een vrouw. Ze glimlachte naar ons. Haar kleren en haar huid waren wit, en ook haar gladde, lichte, luchtige haar. Zoiets had ik nog nooit gezien. Ik wilde het wel aanraken. Rosaline! Ik riep mezelf meteen tot de orde, concentreerde me, dacht aan mijn kind. Paul praatte met de vrouw, legde het uit, beantwoordde haar vragen. 'Daar is iets aan te doen,' liet ze voor me vertalen en ze onderstreepte haar woorden met een opbeurend lachje. Ze schreef medicijnen voor.

Consciëntieus, uiterst zorgvuldig behandelde en verzorgde ik Dieudonné. Toen de uitslag verbeterde had ik wel feest willen vieren. Maar daarna verslechterde zijn toestand opnieuw.

'Uitslag, veroorzaakt door een rups, wil ondanks behandeling niet genezen – eigenaardig.' De patron zelf piekerde erover, want Dieudonnés gejengel en mijn eigen neerslachtigheid betekenden een aanslag op het humeur van alle bewoners van het huis. 'Ben ervan overtuigd dat er toverij in het spel is... Iemand bemoeit zich ermee. Geen geval voor de medische wetenschap van de blanken, die werkt niet. Dit moeten we zelf zien op te lossen.' 'Laten we dan een traditionele genezer zoeken,' zei Paul bedachtzaam, alsof hij er al over nadacht waar hij zo iemand zou kunnen vinden. 'Maar pas op,' waarschuwde de patron. Hij maakte een afwerend handgebaar. 'Niet iemand van hier, niet iemand van het volk van de Ewondo. Jullie weten immers dat ze ons Bamileké niet erg goed gezind zijn. Ze vinden dat wij uit het westen indringers zijn. Nee, nee die van hier vertrouw ik geen leven toe,' riep hij. 'En zij ons waarschijnlijk ook niet,' voegde hij er schalks lachend aan toe. 'Wat moeten we dan? Naar het dorp reizen?' vroeg Paul onderdanig. 'Je hebt geen andere keus, maar ditmaal moeten jullie samen gaan.'

Uitgeput en met verkrampte ledematen stapten we de bus uit, doodop gingen we op weg naar de nederzetting. Een oude man kruiste ons pad, bleef even staan, hief zijn handen omhoog in een deemoedig gebaar en betoonde ons zijn medeleven. 'Wat? Wat zeg je daar?' schreeuwde Paul tegen hem. De arme vent! Geschrokken dook hij in elkaar, vroeg met smekende blik om begrip. Hij wist immers niet wat hij bij ons teweegbracht! 'Maar... maar,' stotterde hij hulpeloos, 'komen jullie niet voor de begrafenis?' 'Van wie, wie?' Opnieuw bestormde Paul de geschrokken man, die nu begreep dat wij nog van niets wisten. Hij sloeg op de vlucht, wilde niet de overbrenger van de doodstijding zijn.

'Vooruit, vooruit!' Paul snelde ervandoor, gedreven door de grote onzekerheid: wie was er overleden? Ik rende erachteraan, hijgend en puffend, de last van mijn kind drukte op mijn rug. Al van verre hoorden wij weeklagen, treurgezang; toen zagen wij de vrouwen. Paul hield in, bleef staan, fluisterde: 'Hij dus...'

Ze zaten voor het huis van zijn vader, op het stukje gras in de smalle strook schaduw voor de muur. Toen wij in hun gezichtsveld kwamen, ze ons gewaarwerden, droogden hun tranen op, verstomde hun geweeklaag: uiterst verbaasde, sprakeloze blikken waren zwijgend op ons gericht. Pauls moeder was als eerste bij haar positieven en stond op: 'Zijn jullie het echt?' Ze voelde aan de arm van haar zoon alsof ze zich daarvan moest overtuigen door hem aan te raken.

'Jullie... hier? Hoe... hoe is dat mogelijk?' stamelde ze. 'Je vader is vannacht overleden. Vanochtend hebben we een bode naar Bafoussam gestuurd, die moest proberen jullie zo snel mogelijk op de hoogte te stellen.'

We legden uit waarom we gekomen waren, lieten Dieudonné van hand tot hand gaan. Hij amuseerde de vrouwen niet met een stralende lach zoals indertijd Emmanuel. Hij was niet vrolijk, maar huilde bitter. Troostende, bemoedigende woorden, iedereen probeerde het kind op zijn eigen manier te kalmeren, maar tevergeefs. Ik keek vertwijfeld naar Paul. Ondanks de pijn, ondanks het verdriet over het verlies van zijn vader fluisterde hij me toe: 'Vandaag nog.'

Mijn schoonmoeder bracht ons achter het huis. Daar, in de schaduw van een breed overhangende mangoboom, hadden mannen 's ochtends een kuil ter grootte van een graf gegraven, hij was echter maar kniediep. Zand uit de beek vormde de onderste laag. Ze hadden bananenplanten gekapt, de toppen eruit gehaald en de stammen doormidden gekliefd en in de kuil naast elkaar gelegd, met het snijvlak naar boven. Daar was de dode op gelegd en met nog een laag stammen bedekt, met het snijvlak naar beneden. Van tijd tot tijd werd er water overheen gegoten. De vochtigheid in de stammen zorgde voor koelte en zo bleef het lijk een paar dagen goed. Maar nu waren wij tegen de verwachting al aangekomen. Ze beslisten dat de begrafenis de volgende dag plaats zou vinden.

Paul had twee van zijn ooms in vertrouwen genomen en zich teruggetrokken om met hen te overleggen wat er met zijn zoon Dieudonné moest gebeuren. Het verdriet over de dood van mijn schoonvader ging diep, hij was zo'n goed mens, maar de zorgen om mijn kind verdoofden die pijn, beroofden me haast van mijn verstand. Waarom mocht ik er niet bij zijn? Ik wist wel dat ik er niets over te zeggen had, maar ik wilde graag horen wat er besproken werd. Nee, dit regelden de mannen! Vrouwen werden pas achteraf op de hoogte gebracht. Dat deed Paul, hij bracht het inzicht van zijn ooms aan me over: 'De voorouders,' zei hij, 'moeten ontstemd, boos zijn, ik heb ze waarschijnlijk verwaarloosd, ik woon immers al lang in de stad. Maar zelfs als ik hier was, dan was de traditie niet belangrijk voor me, ik dacht dat het iets voor oude mensen was... Hm, dat was onbezonnen, slordig van me.' Hij haalde zijn schouders op, trok een schuldbewust gezicht.

'Paul, en nu? Vertel, wat moeten we doen?' Ik snakte ernaar iets te horen, wilde iets doen, direct, liet Paul niet antwoorden, ging verder: 'We moeten hun onze bereidwilligheid, ons respect tonen, maar hoe? Hoe kunnen we ze gunstig stemmen, Paul?' 'Ja, Rosaline...' Waarom aarzelde hij? Zeg toch eindelijk wat! Mijn geduld was ten einde. 'Volgens mijn ooms, wat zij ons aanraden, is dat we de *tshop* uitvoeren, "de aarde graven".' Ik dacht na: de aarde graven – op een plek waar misschien twee, drie personen, voorouders van

Paul, hadden gestaan en slechte dingen hadden gezegd over een familielid, ja, over diegene zelfs een vloek hadden uitgesproken. Tot dusverre hadden de voorouders zich zachtmoedig, barmhartig gedragen, waren waarschijnlijk royaal voorzien van offergaven, maar Pauls onachtzaamheid had ze misschien onstemd.

Ah, daar schoot me een voorbeeld te binnen, een geval dat net zo was als dat van ons: een echtpaar, woonachtig in Nkongsamba, gaat met hun zieke kind naar hun geboortedorp om daar 'de aarde te graven'. Het kind werd verrassend snel gezond. Dus... waarom ook onze Dieudonné niet? Ja, ik verwelkomde de raad van de oude mannen, ik was het er van ganser harte mee eens en kreeg meteen weer hoop. 'Dan is er iemand nodig die het contact met de voorouders herstelt,' zei ik haastig. 'Laten we dat maar aan je ooms overlaten.'

Nu wenste ik vurig dat die ooms zouden zien hoe dringend het was, dat ze niet al te veel tijd voorbij zouden laten gaan. We wachtten ongeduldig en ik keek de weg af, telkens weer, het duurde maar even of mijn blik dwaalde er weer heen, tot ik ze zag komen, vergezeld van een kleine man. Paul liep ze tegemoet – ook hij had kennelijk de weg in het oog gehouden – ze praatten met elkaar, waarschijnlijk over het geld dat hij ervoor wilde hebben. Ik ging weer bij de klagende vrouwen zitten, wiegde mijn kind troostend in mijn armen, zei tegen mezelf dat de mannen me te zijner tijd wel zouden roepen. Dieudonnés uitslag was erger geworden, vooral tijdens de vermoeiende reis. Hij weigerde te eten, ik voerde hem en zei lieve, opbeurende woordjes tegen hem. Een paar hapjes en dan begon hij al te huilen. Meestal vermengden zijn tranen en de mijne zich.

Mijn hoofd rustte op mijn arm. In gedachten was ik al aan het praten met de boze voorouders, beloofde hun mijn have en goed als offergave, smeekte hun ons verzoenende gebaar te accepteren. Een hand raakte me zacht aan, een stem fluisterde: 'Paul roept je.'

'Onze man heeft het erf geïnspecteerd en is over de velden gelopen,' legde Paul me uit. 'Daarginds,' hij wees naar een kleine heuvel, 'heeft hij een plek gevonden. Iets, een verborgen voorwerp, dat hij voortdurend in de holte tussen zijn twee handen heen en weer beweegt, heeft hem de weg gewezen.'

De kleine man praatte met de ooms. Zijn kleding was niet opvallend. Eigenaardig waren alleen zijn zware, metalen armband en zijn hoofddeksel, een zwarte muts met een rode veer. Ik keek onderzoekend naar zijn gezicht, zocht naar trekken die vertrouwen wekten zodat ik me aan hem over kon geven. Maar ik vond ze niet. Zijn gezicht was oninteressant, saai – alleen zijn ogen spraken, ze staken, joegen me angst aan en boezemden me tegelijkertijd respect in.

Ik keek rond, zocht de grond af naar de plaats waar 'de aarde' moest worden 'gegraven'. Ah, bij de voeten van de ooms ontdekte ik een gat ter grootte van een kindervuist. Daar? Kennelijk. We hadden gugubre en kolanoten meegenomen: voorouders, kijk, de traditionele vruchten van de vrede. Iedereen maakte achter zijn rug zijn peul open, pulkte de pitten eruit, brak de noten en verstrooide ze om de 'plek' heen.

Het moment van het graven. De kleine man pakte de hak, bewerkte de grond. Aan de oppervlakte was de aarde hard, kurkdroog, en hoe dieper hij groef hoe fijner en kruimeliger deze werd. De opening bleek een gang te zijn. Zou hij zich vertakken? We hielden allemaal de adem in, staarden... de hak sloeg nog een keer... in hoeveel andere gangen? Vier! De ooms deinsden geschrokken achteruit, klakten ontdaan met hun tong. Paul keek me verbijsterd aan. Mijn knieën knikten, ik moest me aan zijn arm vasthouden. Er werd gezwegen, geen woord gezegd, iedereen wist dat de voorouders sidderden van woede, dat ze van plan waren ons hard aan te pakken. Vier gangen, dat betekende dat ze besloten hadden vier leden van onze familie tot zich te roepen: Emmanuel, mijn schoonvader... schoot het door mijn hoofd... nee, nee... niet Dieudonné! 'Het was de hoogste tijd!' zei de kleine man en verwees daarmee naar onze situatie. Hij had hoop, ik kon gerust zijn.

De aarde die hij nu opgroef was fijn, haast als stof. Uit een kalebas schonk hij er water overheen, roerde het door elkaar. Van dat papje streek hij oom, de oudste van ons, iets op zijn hand. Hij likte eraan, ging er een paar keer met zijn tong overheen. Met zijn vinger wreef hij er een beetje van onder zijn voetzool. Hij richtte zich tot zijn broer, vervolgens tot Paul, tot mij. Iedereen kreeg zijn deel, voltrok hetzelfde ritueel.

Ik zei tegen Dieudonné dat hij moest likken en natuurlijk weigerde hij dat. Ik duwde hem een klontje in zijn mond, hij spuugde het vol walging uit, huilde. De aarde die voor hem van levensbelang was gleed uit hem weg, met speeksel doordrenkt, in bruine sporen uit zijn mondhoeken. 'Hij móét het doen,' zei Paul. 'Laten we het met z'n tweeën proberen.' Ik hield mijn hand tegen Dieudonnés lippen, hij was gedwongen het door te slikken. We haalden opgelucht adem, het was gelukt. Alleen zijn voetzolen nog, dan was de ceremonie afgerond. Onwillekeurig keek ik naar de hemel, naar de plek waar mijn christelijke Vader regeert, maar mijn gedachten waren bij de voorouders: en, voorouders, hebben wij ons bereidwillig, onderdanig betoond? Heb medelijden, laat ons niet het slachtoffer worden van jullie plannen... 'We willen geen risico nemen, alles proberen,' hoorde ik Pauls stem naast me. 'Morgen, bij zonsopgang, zal ik ze een haan, palmolie en zout offeren.'

Het lichaam van mijn schoonvader rust nu diep in de aarde, vlak bij de muur van het huis waar hij heel wat jaren heeft gewoond en een heel stel kinderen heeft verwekt. Omdat hij bekend was in de streek, kwamen veel mensen uit de nabije en verre omgeving hem de laatste eer bewijzen.

De kist werd neergelaten voor de zon op zijn hoogste punt stond. Meteen begonnen jongemannen, uit de familie en vriendenkring, aarde in de kuil te scheppen. Van tijd tot tijd stopten ze en onderbraken ze hun werk voor de traditionele dans op de nog losse grond. Zingend en dansend stampten ze de aarde aan.

Jong en oud weeklaagde, de familie beweende de dode. In een grote kring, de een achter de ander, bewogen we ons met kleine pasjes, ritmisch voorwaarts, met klagend gezang, stromende tranen... Langzamerhand sloten de vrienden zich aan, kwamen in de kring.

Door de lange tocht, de verzengende hitte, het stof, en de uren die voorbijgingen hadden de mensen honger en dorst gekregen. Iedereen mag op zijn minst op twee handen pinda's, op geroosterde maïskolven, ignam, rijpe bananen rekenen, en de palmwijn moet rijkelijk vloeien. Paul moest er diep voor in de buidel tasten. De vruchten van het veld waren niet voldoende voor een gulle ontvangst. Hij was de enige die werk had, die een regelmatig inkomen genoot, zijn geld kon niet op in de ogen van de dorpsbewoners, de familie.

Pauls vader had zich al vele jaren daarvoor ingekocht als lid van de chefferie. Dat betekende dat hij indertijd de chef een behoorlijk bedrag had betaald om in het dorp een zeker aanzien te genieten. Zijn financiële middelen waren slechts voldoende geweest voor de laagste rang, wat hem altijd was blijven spijten. Maar ook die laagste rang betekende al dat zijn vijf vrouwen de riten van de weduwrouw vier weken moesten uitvoeren in plaats van de zeven dagen die er normaal voor stonden.

En dat is een lange tijd voor vrouwen die het druk hebben, drie van hen waren al oma. Ondanks het werk dat dringend gedaan moest worden op het land, het begin van de regentijd kwam eraan, werden ze door de traditie gedwongen stil te zitten. Overdag zaten ze naast elkaar voor het huis van hun overleden man, de 'eerste', de 'tweede', de 'derde'... allemaal op hun eigen bananenbladeren. 's Nachts sliepen ze bij hun kinderen. Hun ledematen, moe van het nietsdoen, strekten ze uit op de harde grond die bedekt was met bananenbladeren. Naar de beek gaan, elke druppel water om hun lichaam te reinigen, op te frissen, was hun verboden, vier weken lang. Ze hielden het vol, verdroegen het zonder morren, die tijd ging immers wel voorbij. Ze wisten dat verzet, weigering, de voorouders zou vertoornen en ze waren bang voor hun boosheid.

Er was maar één boodschap waar ze vurig naar verlangden. 'Nog niets gehoord?' vroegen ze elke dag. Ze hoopten dat er in een dichtbij gelegen dorp een man was doodgegaan zodat ze aan diens begrafenis deel konden nemen. Bij die gelegenheid konden ze heimelijk een stok op het veld van zijn nederzetting gooien, de stok van de weduwrouw. Pas dan konden ze na vier weken hun rouw ook echt beëindigen, anders moest er gewacht worden tot er een andere man overleed.

Dieudonné. Ik hoopte, hoopte... Ik bleef maar kijken, controleren, met ingehouden adem, hoe zijn uitslag zich ontwikkelde. Ging het verder net als eerst, werd het erger? Nee. Ik was opgelucht, dat in elk geval niet. Maar zijn lichaampje was zo zwak, het werd steeds lichter in mijn armen. Hij at weinig, moest vaak overgeven. Het beetje eten was niet voldoende om hem op krachten te houden, en al helemaal niet om hem sterker te maken. Wat moest ik nu doen, dacht ik. Ik viel Paul ermee lastig, overstelpte de ervaren moeders met vragen, nam elke raad aan.

Ondertussen werd er constant gekletst. Iedereen stelde vragen, iedereen wist antwoorden: 'Wie was die rups?' 'Een vampier, wat anders?' 'Wie heeft hem in Dieudonnés broekje gedaan?' Ze maakten zich boos, hielden uiteindelijk vol dat het de schuld was van mijn medebewoonsters, mijn vriendinnen in Yaoundé. 'Suzanne en Lucie hebben er de hand in gehad.' Ik vond dat ze op moesten houden met hun kwaadsprekerij. Maar ik had niet de kracht om ertegen in opstand te komen.

De voorouders kenden geen genade, spaarden ons niet, ondanks al onze verzoeningspogingen. Onbarmhartig namen ze onze Dieudonné, ons tweede kind, van ons af.

Ik had allang voor zijn einde gevreesd, mijn verstand had het gefluisterd, maar mijn hart had zich ertegen verzet. Ik hoopte... hoopte tot zijn laatste ademtocht. Zijn lichaam was licht als dat van een vogel, toen kwamen er ook nog koorts bij en diarree, hij verzette zich niet. Ik begreep dat ook hij een kind 'op doorreis' was, zoals wij dat noemen, niet bestemd voor deze wereld. De tranen die ik om hem vergoot, gingen onder in de algehele treurigheid, de vreugdeloosheid die er sinds het overlijden van mijn schoonvader in de nederzetting heerste.

Paul was veel bij zijn ooms, ze stonden constant bij elkaar, spraken op gedempte toon, ernstig, zwegen peinzend. Het was geen normaal, gezellig samenzijn, geen gepraat onder mannen om de tijd door te komen. Wat ging er in hen om, wat dachten ze allemaal uit? Ik kwam het te weten toen de beslissing genomen was: 'Rosaline,' zei Paul op een dag, 'ik geef mijn werk in Yaoundé op, we keren terug naar het dorp. De stad heeft ons geen geluk gebracht.' Ik reageerde zwijgend op het nieuws. Wat had ik ook moeten zeggen? Het besluit kwam zo plotseling... ik had het niet verwacht. 'De stad heeft ons geen geluk gebracht.' Inderdaad... Ik wilde Paul bijvallen, maar toen zei ik: 'Maar Emmanuel verliet Yaoundé immers als een gezond, levendig, vrolijk kind? Het noodlot achterhaalde hem in het dorp.' 'Dat klopt,' bevestigde Paul, 'omdat de voorouders ons kwalijk nemen dat we onze plicht hebben verzaakt. Hier in het dorp kunnen we alles doen om ze weer gunstig te stemmen.'

Dat was ook mijn grootste wens. Ik was tot elk offer bereid, wilde eindelijk gezonde, levensvatbare kinderen, net zoals de kinderen die om ons heen sprongen. Het bleek dat Paul al zorgvuldig over ons toekomstige leven had nagedacht, het tot in detail had geregeld, hij had het helder voor ogen.

'Ik ga in de handel,' zei hij op een dag enthousiast, met nieuwe moed, tegen mij. 'Het was een idee van mijn ooms, ze denken dat ik wel wat van de wereld heb gezien, reiservaring heb, de steden ken, de taal van de blanken spreek, kortom dat ik er geschikt voor ben.' Ik luisterde er zwijgend naar, dacht aan mijn oom, aan mama's broer in Bafoussam, die – met wat ook weer? – langs de straat gaat...

Alsof hij gedachten kon lezen, kon voelen wat ik van een handelaar dacht, haastte Paul zich mij te vertellen waarmee hij geld wilde verdienen: 'Je weet immers dat er een grote vraag naar kolanoten is, ook in Yaoundé, alleen daar groeien de bomen niet, zoals bij ons in het bergland. Ik koop hier goedkoop kolanoten in, reis naar de stad en verkoop ze daar duur, met winst. Niet stuk voor stuk, maar met zakken tegelijk,' voegde hij eraan toe om te laten zien dat hij het groot wilde aanpakken. 'In Yaoundé koop ik dan doeken die ik hier in de dorpen op de grote marktdagen kan verkopen.'

Paul maakte plannen en ik moedigde hem aan, hoe de handel ook zou lopen. Hij dacht alleen aan zakendoen en verviel niet weer in de verstijving, de onverschilligheid waarin hij na Emmanuels dood terecht was gekomen. Ik denk dat hij zichzelf dwong om sterk te zijn, hij troostte me. Voelde hij zich medeschuldig omdat hij nalatig was geweest jegens zijn voorouders? In elk geval zei hij op een dag vol optimisme: 'Als we in harmonie met de voorouders leven, zullen we nog heel veel kinderen krijgen.' Paul stortte zich op zijn nieuwe werk. Van 's ochtends vroeg tot zonsondergang zwierf hij door de omgeving, bezocht vrienden, informeerde naar kolanoten, kwam achter nog meer bezitters van kolanotenbomen, onderhandelde over de prijs, kocht kleine hoeveelheden en vulde er uiteindelijk twee zakken mee. Hij ging op reis, beproefde voor het eerst zijn geluk in de handel. Bij die gelegenheid kon hij ook zijn werk in de stad opzeggen en onze kamer in het huis van onze vrienden ontruimen, hen vaarwel zeggen. Ze zouden er vast wel begrip voor hebben en ook vinden dat het de enig juiste beslissing was. Weemoedig dacht ik aan Suzanne, aan Lucie, ik zou hen graag persoonlijk hebben bedankt.

Pauls reis duurde lang. 'Ik heb met heel wat afnemers onderhandeld. De meesten willen wel kolanoten kopen, maar ze willen er bijna niets voor betalen. Terwijl ik er een lange reis voor moet maken. Ik heb ook mijn uitgaven. Ik vond er één die genoeg betaalde,' legde hij mij na zijn terugkeer uit. 'En wat betreft de doeken: de patron bracht me in contact met verkopers. Het waren lange, moeizame onderhandelingen, maar ik zie er wel toekomst in... Je moet trouwens de groeten van de patron en van de vrouwen hebben, ze vinden het jammer, maar ze begrijpen het.' Ik was tevreden, het leek me toe dat Paul vond dat hij succesvol was geweest.

Afwisseling, verstrooiing en vergetelheid zocht ik in het werk op het land. Pauls moeder had me een eigen stuk grond gegeven. Met al mijn kracht hakte ik op de aarde in, ik wilde 's avonds doodmoe in een diepe slaap wegzakken. Ik werkte ook voor anderen, hielp waar ik kon, vooral de oudere vrouwen en het liefst mijn moeder. Ik bezocht haar vaak, bleef soms bij haar slapen. 's Avonds zaten we om het zacht gloeiende vuur in de keuken, kletsten, vertelden elkaar de verhalen die rondgingen, interpreteerden ze, legden ze uit naar onze eigen inzichten, net als vroeger.

Ik werd zwijgzaam. Verdrietig ontmoette ik andere vrouwen die net als ik jong waren: ze waren zwanger of droegen een zuigeling op hun rug, velen van hen hadden ook nog een peuter aan de hand. Mijn buik was leeg, op mijn rug had ik niets en in mijn hand hield ik alleen mijn hak.

En toen wist ik het zeker. Ik verheugde me erg, maar niet uitbundig, ik was niet uitgelaten zoals vroeger. Verging het Paul net zo? Het verlies van onze kinderen had ons veranderd, ons serieuzer gemaakt. En toch knipoogde hij ondeugend naar me en zei: 'Rosaline, ditmaal doen we alles beter, binnenkort, al snel zullen we de voorouders met een bezoek vereren, hun ditmaal vroegtijdig rituele offers brengen, niet wachten tot ze heel boos zijn en ons hun woede laten voelen. Ik heb al plannen gemaakt.' Hij keek me verwachtingsvol aan alsof hij wilde zien hoe groot mijn interesse was. 'Vertel!' Ik was geboeid.

'Dat traditionele huis daarginds heeft mijn vader voor de schedels van onze invloedrijkste voorouders laten bouwen. Hij vond dat ze een eervolle plek verdiend hadden en ze niet het gevoel moesten hebben dat ze vergeten waren als ze zo voortdurend blootgesteld waren aan de regen. Ik herinner me de verschillende plechtige handelingen nog goed: na twee, drie regentijden worden de schedels uit de graven gehaald en in de vloer van dit huis begraven. Niet diep, net met wat aarde bedekt. Nog niet zo lang geleden werden ze in het huis van het familiehoofd begraven, naast diens bed. Veel families houden dat gebruik nog steeds in ere. Bij een overval of bij brand kunnen ze dan snel opgegraven en meegenomen worden. Het zou ondenkbaar zijn om de nederzetting te verlaten en het waardevolste aan de indringers of de vlammen prijs te geven. De voorouders zouden een dergelijk gebrek aan respect nooit vergeven.

Ik probeer genoeg geld bij elkaar te krijgen om geiten te kopen en ga dan een oom vragen met onze voorouders in contact te treden. Mijn ooms beheersen het ritueel. Heb jij zo'n plechtigheid al eens bijgewoond?'

'Nog nooit!'

'Mijn oom weet waar de schedels begraven liggen. Op die plekken giet hij wat water, vervolgens pakt hij iets van de vochtig gemaakte aarde en smeert er zijn borst mee in. Pas dan legt hij contact met de voorouders en vraagt hen ons kind onder hun bijzondere bescherming te nemen, het in het moederlichaam, tijdens en na de geboorte tegen boze invloeden te beschermen, het gezond en levensvatbaar te maken.

Als bewijs dat onze wens oprecht is, en dat we met hen zijn verbonden, zal mijn oom de aarde om de schedels heen ook nog met palmolie drenken. Intussen wordt er een geit klaargemaakt: kleine hapjes dienen eveneens als offergave, de rest wordt door de familie gegeten. Dan komen de mieren, die zich te goed doen, het vlees uit elkaar halen en meenemen... het zijn de helpers van de goden.'

Een noodlottige dag

Die ceremonie zou nooit plaatsvinden, want korte tijd later kwam die noodlottige dag... Mijn marâtre, dat beste mens, was nog steeds degene in de nederzetting met wie ik het best bevriend was. Met haar had ik een hechtere band dan met Pauls moeder. Ik hield van haar en zij van mij, we gaven om elkaar. 'Mijn knie,' jammerde ze, 'daar zit de Satan in. Rosaline, vandaag is het grote marktdag, wil je olie, gerookte vis en nog wat spullen voor me kopen?' Dat wilde ik maar al te graag.

Op weg naar huis slenterde ik in gedachten over het smalle pad, dat aan beide kanten door struiken werd omzoomd. Er was niemand te zien. Maar daar lette ik niet op, waarom zou ik? Voor mij kwam er een eindje verderop een man uit de struiken de weg op. Hij bleef staan en maakte geen aanstalten opzij te gaan toen ik dichterbij kwam. Een korte, onderzoekende blik op zijn gezicht bevestigde dat het een onbekende was. Ik hield in. Wat wil hij? Mij mijn inkopen afpakken? Dat zijn verhalen uit de stad! Wil hij mij iets aandoen?

Verried mijn gezicht mijn opkomende angst, het bonzen van mijn hart? Lachend kwam hij dichterbij. 'Wees niet bang, mijn dochter, ik doe je niets, ik ben geen boef,' zei hij. 'Bovendien zijn schurken eerder geïnteresseerd in contant geld dan in gedroogde vis. En wat heb je voor mij gekocht?' Een man die zo vriendelijk is, dacht ik, kan alleen een kennis, een familielid zijn, van Paul misschien, van mijn schoonvader...? Het moet wel iemand zijn die me kent, want eigenlijk mag een getrouwde vrouw niet alleen met een vreemde man praten. Maar waarom heb ik zijn gezicht niet onthouden? Was het misschien een vluchtige ontmoeting? Welwillender, meer tegemoetkomend beantwoordde ik zijn vraag: 'Ik heb niets voor je gekocht, papa, ik wist niet dat ik je tegen zou komen.' 'Nee, hoe kon je ook? Ik zag je op de markt... je lieflijke verschijning... en realiseerde me, wist meteen dat jouw schoonheid van zo grote waarde is, dat ze kostbaarder is dan het duurste wat je op de markt, zelfs in Yaoundé kunt kopen.'

Geïrriteerd keek ik naar de grond, ik was uit het lood geslagen door zijn opmerking, de hitte steeg me naar het hoofd. Ik vermoedde... maar aarzelde, wilde zijn woorden niet begrijpen. Nog nooit eerder had een man, en ook nog een vreemde, me op zo'n manier aangesproken. Wat moest ik terugzeggen? Hoe moest ik me gedragen? Doe alsof je een nietsvermoedende, naïeve dorpsvrouw bent, besloot ik. Verlegen zei ik: 'Ik begrijp je niet, papa! Er is niets, niet het geringste wat ik je zou kunnen aanbieden.' Hij lachte geamuseerd, vermaakte zich zichtbaar over mijn onnozelheid. 'O, je bent geweldig! Wat zijn die jonge vrouwen uit het dorp toch lieftallig, nog echt onbedorven. Je vergist je, mijn kind. Schenk me, maak me blij met je *beauté*.' 'Hè?' zei ik, ik begreep er niets van. 'Het woord van de blanken voor schoonheid klinkt mooi, vind je niet?'

Mijn schoonheid... wie had het daar nu over, wie had haar ooit opgemerkt? Niemand. En daarom, ik moet het toegeven, kan het niet ontkennen, klonk zijn opmerking mij als muziek in de oren. Maar de zachte innerlijke stem die fluisterde: Rosaline, denk na, dit is geen familielid en ook niet een van Pauls vrienden, ontging me niet.

Ik moest iets duidelijk maken. 'Mijnheer, ik ben een getrouwde vrouw,' liet ik hem weten, en ik verwacht een kind, voegde ik er in gedachten aan toe.

'Ja, met Tagne, Paul, zoon van Tagne.' 'Hoe weet u dat?' viel ik hem nors in de rede. Hij keek me stralend aan. 'Ik heb er op de markt naar geïnformeerd bij de vrouwen die daar zitten te kletsen.

Trouwens... Paul...' Hij zweeg even, er kwamen kennelijk herinneringen van langgeleden boven. 'We zijn samen opgegroeid. Paul was zo'n spichtig ventje, altijd vies, en' – hij lachte – 'onder zijn vingernagels zaten ik weet niet hoeveel zandvlooien. En die heeft zo'n knappe vrouw? Die verdient hij niet! Je vader heeft zich door zijn bruidsprijs kennelijk flink laten imponeren.'

Onbeheerst, mijn schuchterheid vergetend, barstte ik briesend van woede uit: 'Hoe durf je, wat denk je wel? Om zo minachtend, gemeen, schandelijk over mijn man te praten! Ik raad je aan, meneer, om op je woorden te letten, je boze tong in toom te houden, want anders... anders...' Ik snakte naar adem, het ontbrak me aan woorden – en hij? Hij stond daar maar, keek me vol welgevallen aan, vond mijn woede-uitbarsting leuk, ja, amuseerde zich erover. Nog grimmiger, nog woedender, riep ik: 'Paul is een elegante, schone, verzorgde man... hij is succesvol... verdient geld... heeft lange tijd in Yaoundé gewoond. Wat doen zijn ongewassen voeten van toen er dan nog toe? En jij, had jij soms geen moddervoeten? Je moeder heeft je waarschijnlijk op haar rug gedragen tot je een man was, of niet?'

Op die vraag kreeg ik nooit antwoord. Er waren stemmen te horen, er kwamen mensen aan. Met één stap in het hogere gras maakten we het platgetreden pad voor de voorbijgangers vrij. Het waren onbekenden – maar als laatste zag ik Pauls oom. Hij zag me, knikte me gedag. Plotseling verstarde zijn vriendelijke gezicht tot een masker, zijn ogen gingen van de man naar mij en weer terug. Hij wierp me een vernietigende blik toe, liep zonder iets te zeggen verder. Ik staarde hem na, begreep meteen zijn dreiging, dat hij me de oorlog had verklaard. 'Wie was dat?' vroeg de vreemdeling, wie het gedrag van de man en mijn daaropvolgende verwarring niet waren ontgaan. 'De oom van Paul,' zei ik zachtjes, eerder tegen mezelf dan tegen hem.

Allemachtig! Ik zat in een lastig parket! Pas nu werd ik me ervan bewust. Wat zou oom in zijn fantasie van deze ontmoeting maken? Ik werd door paniek overvallen. Wat moest ik doen? Ik moest hem achternagaan. Er was geen tijd te verliezen. Ik moest het uitleggen, hem overtuigen van de onschuld van het gesprek met 'die man'. Ik wilde ervandoor, zonder om te kijken, maar de vreemdeling pakte mijn arm vast, praatte kalmerend op me in: 'Wind je niet op. Dat soort dorpsmannen voelt zich groot en machtig tegenover hun vrouwen en kinderen. Ze spelen de baas over hen, laten hen ploeteren, wat hebben ze anders te doen? Als ze je bedreigen, vertel je het me op de volgende marktdag maar.' Ik rukte me los, wilde alleen nog maar weg, wilde niet meer naar hem luisteren. 'Ik zal je altijd ontvangen, met open armen,' riep hij me na.

Plotseling wist ik het: de Satan zat erachter. Hij wilde me verleiden, hij liet deze man me de weg versperren, legde hem verheven woorden over mijn schoonheid, kleinerende opmerkingen over Paul in de mond. Er was geen andere verklaring waarom ik was blijven staan, een tijdlang zelfs, en daarbij alle algemene waarschuwingen was vergeten: wees waakzaam als getrouwde vrouw, vermijd situaties waarin je alleen bent met een vreemde man. Wie je ziet, je betrapt, zal je in de problemen brengen. Een onfeilbaar gevoel zei me dat ik me vast alleen maar ellende op de hals had gehaald.

Zwetend, trillend, bereikte ik de nederzetting. Van verre zag ik al dat oom behoorlijk wat luisteraars om zich heen had verzameld, tot wie ook Paul behoorde. Zijn gezicht stond hard, het leek uit steen gehouwen. Woedende familieleden luisterden aandachtig, met ingehouden adem, naar ooms beschuldigingen: 'Ze stond daar in het halfhoge gras, met naast haar een wildvreemde man. Ze wachtten er met z'n tweeën op tot de voorbijgangers uit het gezicht waren. Ze had er niet op gerekend dat ze mij zou zien, ik verraste haar. Wat een schande, wat een blamage voor onze familie!'

Ik stond er met gebogen hoofd bij, iedereen kon zien dat ik zondig was. Mijn blik viel op een plantje op de grond, het had maar een paar blaadjes en een onopvallend bloempje. In het droge stof vecht het om te overleven. En hoe het ook vecht, het loopt het gevaar dat de verzengende zon, onoplettende voeten, een hongerige geit het wegrukken, nog voordat zijn zaadjes zijn gerijpt en zijn gevallen en ervoor kunnen zorgen dat er weer nieuwe plantjes zullen komen. Ik voelde een innige verbondenheid met het kleine bloempje, en vroeg me af: wie van ons tweeën...?

Ooms stem drong mijn oor weer binnen. Was hij nog niet klaar? 'Sinds een tijdje had ik mijn verdenkingen, dacht ik al dat ze losbandig was... Want hebben we niet "de aarde gegraven", de "tshop" voor de kleine, zieke Dieudonné uitgevoerd?' Instemmend gebrom. 'Dat hij overleed... heeft me verbaasd. Wat hebben we de voorouders een onrecht aangedaan door ze toe te dichten dat ze ontstemd waren, ontevreden over ons, hun nakomelingen. Nee, deze kinderen zijn niet overleden door de woede van onze voorouders. Ze hebben ons als vreemden verlaten, hadden niet het recht om hier te leven, want onze nederzetting was niet hun echte thuis.' Hij zweeg. Waar wacht hij nog op, waarom aarzelt hij? Zeg het, zeg het, schreeuw het uit, hard, zodat het tot in de wijde omtrek te horen is en iedereen hoort wat je bij elkaar hebt gefantaseerd. 'Want de naam van hun vader was niet Paul, hij heette... zij heetten... hoe dan ook. Laten we deze vrouw wegsturen, laat ze maar naar die mannen toe gaan.'

Beklemmend zwijgen. Wat zal er gebeuren? Zullen ze zich op me storten, me slaan, me uitschelden? Eerst gebeurde er niets. Ik keek niet omhoog, stond daar maar, berustend in mijn lot, met mijn boodschappenmand nog in mijn hand, ik durfde hem niet neer te zetten, was het toonbeeld van een betrapte zondares. Welke keus had ik? Niemand zou míj vragen hoe het gegaan was. Ik was een vrouw, en nog jong ook, ze zouden me er allemaal van beschuldigen dat ik loog. En bovendien: Pauls oom tegenspreken, zijn verklaring, zijn vermoeden in twijfel trekken – nee, dan zou ik opnieuw met vuur spelen. Rosaline, geef het op! Laat het maar gebeuren.

Plotseling klonk er gemompel, werd er opgewonden door elkaar gepraat. Een vrouwenstem, hard, schel, resoluut: 'Nee, dat duld ik niet, nooit. Nee, dat mag niet, laat haar met rust, raak haar niet aan.' Mijn marâtre, ging het door mijn hoofd. Wat doen ze met haar, wat gebeurt er met haar? Geschrokken, bezorgd om haar, keek ik op. Mijn lichaam rilde, trilde onbeheerst. Wat zag ik? Pauls gezicht, verwrongen, vertrokken van haat en afschuw, verdwenen was de vriendelijke, jongensachtige lach. Zijn hand had een liaan vast, hij had hem gesneden om mij een pak slaag te geven. Twee moedige vrouwen hielden hem tegen, pakten zijn armen vast, praatten kalmerend op hem in: mijn marâtre, dat beste mens, en zijn moeder. Als hij mij dan geen slaag kon geven, dan wilde hij me in elk geval iets naar mijn hoofd slingeren: 'Dat jong in je lichaam, waar heb je dat opgedaan?'

De menigte ging uiteen. Met z'n tweeën, z'n drieën keerden ze terug naar hun huizen, naar hun bezigheden, ze waren radeloos: wat moesten ze ervan zeggen? Ooms vernietigende oordeel, de beschimping was een te grote verrassing voor hen. Rosaline, Pauls behulpzame vrouw, die altijd vriendelijk was en door het lot zo ernstig op de proef gesteld, zij...? De oom beschuldigde haar van echtbreuk – dat hadden ze nooit gedacht.

Als een kind pakte mijn marâtre mij bij de hand, nam me zonder iets te zeggen mee haar huis in. Daar gooide ik me snikkend op het bed, tot ik alle spanning van het laatste uur had uitgehuild en volkomen uitgeput was. De marâtre gaf me de tijd. Ze was buiten op een krukje voor de deur gaan zitten, net als de wachtpost voor de chefferie.

Ik was van mijn stuk gebracht, verdoofd. Wat was er allemaal gebeurd sinds de vroege ochtend die zo onschuldig was begonnen met een verzoek van mijn marâtre! Ik had naar een vreemde man geluisterd, het waren maar een paar onbelangrijke zinnen geweest, gebazel over mijn schoonheid, en vervolgens had ik vurig Pauls eer verdedigd. Dat was mijn vergrijp geweest. Had ik me ergens aan bezondigd? Was het voldoende om me te betichten van jarenlange echtbreuk? Was het reden genoeg voor Paul om me grenzeloos te haten, me met een liaan te willen geselen, me te verstoten, me waarschijnlijk weg te jagen? En waar naartoe? Ik heb alleen mama nog. Maar mijn vader...?

Hij zal mij vast ook niet geloven, mij als schande van de familie beschouwen. Ik zuchtte diep, legde mijn hand op mijn buik. Jij piepklein wezentje, nog niet in staat je te bewegen... waar ze ons ook heen sturen, ik verzeker je, al mijn liefde is helemaal voor jou.

Het huis van mijn marâtre bood me bescherming. 's Avonds glipte Pauls moeder naar binnen. 'Vertel, Rosaline, maar wel de waarheid, begrijp je? De goden luisteren mee.' Wat zou ik voor haar verbergen? Goed, ik was blijven staan, had naar de vreemde man geluisterd – dat hoorde een getrouwde vrouw niet te doen, dat gaf ik toe. Maar ook zij schudde afkeurend haar hoofd. 'Oom zegt dat de voorbijgangers jullie stoorden, dat jullie alleen maar wachtten, om...'

'Mama, geloof me. De vreemde man had de brutaliteit om beledigende opmerkingen over mijn man te maken. Zijn lasterpraatjes maakten me boos, woedend, begrijpen jullie dat niet? Ik wilde hem nog venijnige, verachtelijke woorden naar zijn hoofd slingeren, wat voor een weerzinwekkende, slechte vent hij wel niet was.'

'Verder niets, Rosaline?' Pauls moeder vroeg het nadrukkelijk, haar ogen keken me scherp aan.

'Verder niets, mama, ik zweer het je op het leven van mijn moeder, niets, verder helemaal niets.'

'En je kinderen? Wie is hun vader? Paul? Oom twijfelt daaraan.'

'Mama, wat moet ik daar nou op zeggen? Wie had ik in Yaoundé moeten ontvangen? In ons huis wemelt het van de mensen, van vroeg tot laat, de vrouwen, de kinderen, hun vriendjes en vriendinnetjes... En bovendien ging ik nooit alleen het huis uit, ik ging altijd samen met een van de vrouwen water halen, boodschappen doen. Begrijp me toch, ik ben een vrouw uit het dorp, in de stad voel ik me niet op m'n gemak, ben ik onhandig, angstig.'

'Wat zeg jij ervan,' mijn marâtre vroeg het enigszins aarzelend aan haar medevrouw, 'zullen we Paul vragen of hij ons aan wil horen, zullen we hem het verhaal van Rosaline vertellen?'

'Laten we het maar proberen. Maar zelfs als hij zich laat overtuigen, als hij bereid is bij te draaien, dan zitten we nog altijd met... oom!'

'Ja!' De bevestiging van mijn marâtre klonk als een zucht. 'Sinds onze zachtaardige, verstandige echtgenoot dood is, is hij de baas in de nederzetting.' Met voorzichtige woorden stipten ze aan wat iedereen allang wist. Haar ogen waren treurig. Dacht ze met weemoed terug aan de goede oude tijd?

De marâtre nam de draad van het gesprek weer op: 'Vooral omdat hij meent, of zichzelf aanpraat, dat hij de voorouders onterecht van woede heeft beticht. Het is mogelijk – o Rosaline, het doet me zeer bij het idee – dat hij nu meent hard te moeten zijn tegenover jou om de woedende voorouders te kalmeren.'

Dat was geen vrolijke boodschap en ik verborg mijn gezicht in mijn over elkaar geslagen armen. Niets dan hopeloosheid doemde voor me op. Toen voelde ik twee armen, die zacht, teder, liefdevol aan beide kanten over mijn rug aaiden, de ene was van mijn marâtre, de andere van mijn schoonmoeder. Wat was dit begripvolle, meelevende gebaar een weldaad, een troost voor me. Deze twee vrouwen schonken me in elk geval hun vertrouwen, beschouwden mijn verhaal als waar en juist. Ik had al gedacht dat iedereen me in de steek had gelaten. Ik hief mijn hoofd op, glimlachte dankbaar naar hen tweeën.

Ik wilde mama zien, wilde haar per se over het onaangename voorval vertellen, haar de werkelijke toedracht uitleggen, vóór ze het van iemand anders zou horen. En ook vader... De mensen smachten naar verhalen, vooral naar oneerbare, aanstootgevende verhalen, zoals dat van mij lijkt te zijn. Ze gaan als een lopend vuurtje rond. Ik wendde me tot de twee vrouwen, vroeg hun wat ik moest doen. 'We gaan met je mee.'

Meteen de volgende dag, in alle vroegte, gingen wij drieën onopgemerkt op weg. Mijn moeder was blij verrast om behalve mij ook mijn marâtre en Pauls moeder te zien. 'Bijzonder bezoek,' riep ze ons vrolijk gestemd, in een opperbest humeur toe. Maar plotseling haperde ze, haar gezicht werd somber en bijna fluisterend vroeg ze: 'Wat, alweer...?' 'Het is in elk geval geen sterfgeval,' troostte Pauls moeder haar. 'Maar wat dan? Ik heb zo'n vermoeden dat het iets akeligs is.'

Zwijgend gebaarde ze ons binnen te komen, ging zichtbaar verontrust tegenover ons zitten. Mijn schoonmoeder begon te vertellen, gebruikte mijn woorden van gisteren. Toen volgde de beschrijving van de beschuldigingen van oom, van Pauls woedende, onverzoenlijke gedrag. Stilte. De vrouwen gaven moeder de tijd het gehoorde tot zich door te laten dringen, te verwerken. Haar gezicht drukte radeloosheid uit. 'Wat moeten we doen, jullie kennen die oom immers! Alleen hij kan Paul op andere gedachten brengen, hem ertoe brengen te geloven wat Rosaline zegt.'

'Dat wel, zuster... maar hij heeft beweerd dat Rosaline een echtbreekster is, dat kan hij toch niet terugnemen zonder zijn waardigheid als man te verliezen? En zelfs als Paul het weer goed zou maken met Rosaline, zou oom dan kunnen dulden dat zij tweeën verder in zijn nederzetting zouden blijven samenleven? Dat zou onwaarschijnlijk zijn. Een gecompliceerd geval.'

'Dit moeten we vader vertellen,' zei mama, ze wendde zich tot mij en tot de vrouwen: 'Dit is eigenlijk een kwestie voor de mannen, die moeten er maar over onderhandelen en een acceptabele oplossing zien te vinden.' 'Hoe zal hij het opnemen, hoe zal hij zich gedragen?' jammerde ik alsof hij al zwaaiend met een stok voor me stond.

'Kom, zusters, laten we naar hem toe gaan. En Rosaline, jij blijft hier.' Vastberaden stond mijn moeder op en liep weg met de twee vrouwen achter zich aan. Het bed van mijn moeder zag er wel heel aantrekkelijk uit. O, kon ik me maar even uitstrekken en uitrusten! Nu ik alleen was, merkte ik hoe verzwakt, uitgeput, hoe doodmoe ik me voelde. Bij de opwinding, de spanning – sinds wanneer, pas sinds gisteren? – kwamen nog misselijkheid, hoofdpijn, sterke transpiratie, klachten, bijverschijnselen die bij de zwangerschap hoorden. Maar ontspanning, een beetje rust vinden – dat was ondenkbaar. Het was een chaos in mijn hoofd. Onbeschrijflijke woede, verbittering brachten mijn gemoed in beweging, de innerlijke beroering dwong me te protesteren, me te verzetten. Ik wilde het uitschreeuwen, zodat het tot in de verre omtrek te horen was: oom is een gemene, gewetenloze lasteraar en Paul zijn knecht, een meeloper, een naprater. Maar de handen zijn me gebonden, ik ben gevangen in mijn machteloosheid, ik moet verstandig zijn, ik mag het leven van mijn kind niet op het spel zetten.

En papa dan! Ik dacht aan het verhaal dat de vrouwen hem zouden vertellen, aan het overleg dat waarschijnlijk op dit moment plaatsvond. Hoe vader het bekijkt, hoe híj de gebeurtenissen ziet is van doorslaggevend belang. Zijn vertrouwen in mijn geloofwaardigheid is beslissend: gaat hij met de oom onderhandelen? Geeft hij in elk geval toestemming dat mijn kind en ik in geval van nood bij mama onderdak krijgen?

'Pauls oom is eigenzinnig, autoritair, ik ken hem van de chefferie, hij lijkt in niets op zijn broer, mijn overleden vriend. Hij zal niet bijdraaien, geen concessies doen, hij niet! Voor hem geldt: gezegd is gezegd – hij is niet bijster verdraagzaam!' Dat was vaders antwoord geweest, vertelden de twee vrouwen nadat hij aandachtig naar hen had geluisterd en even zwijgend had nagedacht. 'En Rosaline, in tegenstelling tot wat we dachten, twijfelde hij geen moment aan je verhaal. Je weet immers hoe overhaast, vaak onbezonnen mannen ons vrouwen van ontrouw betichten. Nee, hij schenkt je zijn geloof, onderstreepte zelfs zijn vertrouwen in je: "Rosaline is een dapper meisje. Zou ze na deze zware beproevingen nog verlangen naar minnaars met alle risico's van dien, de geheimzinnigdoenerij, het verstoppertje spelen?" Hij schudde ongelovig zijn hoofd en beloofde dat hij erover na zou denken.'

'Gelukkig voor jou, voor ons!' Mama nam me in haar armen. Ik mocht mijn handen dichtknijpen. Dat ik vader aan mijn kant had, betekende dat de weg terug naar moeder altijd voor me openlag. Hij had me ook kunnen vervloeken, me uit kunnen stoten, me voor altijd van de familie kunnen vervreemden.

Nog steeds geloofde ik hardnekkig in een verzoening, ondanks de uitzichtloosheid, de ontmoediging die ik in alle woorden hoorde, in die van mijn moeder, mijn schoonmoeder en mijn marâtre en zelfs in die van mijn vader. Dat kan ik niet geloven, zei ik tegen mezelf, het kan niet echt zo zijn dat Paul ons kleine gezin wil opgeven, nu we een kind verwachten dat gezegend is door de voorouders van zijn nederzetting. Dit kind zal leven, Paul! Maar oom, oefent hij soms een vernietigende invloed op hem uit? Ik koesterde een verdenking die me niet meer losliet: oom was er ook vroeger al van overtuigd geweest dat ik schuldig was aan het overlijden van de kinderen. En dus bewerkte hij Paul, zette hem onder druk, misschien al sinds Dieudonnés dood. Ze hadden de gelegenheid afgewacht – en nu was het bewijs kennelijk geleverd dat ik niet deugde.

'Waar moet ik de nacht doorbrengen, hoe moet ik me gedragen?' vroeg ik de twee vrouwen onderweg naar huis. 'Op de slaapplaats in je keuken, je moet maar gewoon afwachten,' stelden ze eendrachtig voor. Een goed idee, dacht ik. Geen echte vlucht. Daar, naast de warmende gloed, had ik al heel wat nachten doorgebracht als ik me niet lekker voelde. Ik kookte, werd slaperig en strekte me uit op het bamboebed. Paul kwam laat, at niets, alsof hij bang was dat ik een gifmengster was, ging liggen, stond vroeg op, verliet zonder iets te zeggen, zonder groeten het huis. Dat gedrag werd een gewoonte van hem, zo ging het voortaan, dag in dag uit. Soms kwam ik in de verleiding hem om genade te smeken, maar ik deed het niet.

'Heeft Paul al met je gepraat?' vroeg mijn marâtre me op een ochtend. Net als elke dag, was ik naar haar toe gevlucht nadat ik mijn huishoudelijke werk af had. Het duizelde me, was er iets nieuws? 'Waarom zou hij dat doen?'

'We hebben met hem gesproken, zijn moeder en ik om hem te vertellen wat er echt gebeurd is.'

'En toen, en toen? Zeg het nou alsjeblieft... Was hij verbaasd? Riep hij niet uit: wat, was het zoiets onnozels en meer niet?'

'Nee, mijn lieve Rosaline.'

O, die toon! Ik wist het al... het had niets uitgehaald, was tevergeefs geweest.

'Hoe moet ik het uitleggen? Hij luisterde wel, dat wel. Maar aan zijn gezichtsuitdrukking kon je zien dat hij niet toegankelijk was, dat hij een muur om zich heen had gebouwd waarop al onze verklaringen, rechtvaardigingen, al onze verzoeningspogingen afketsten.' Ze klakte met haar tong, uitte haar ergernis. 'Hij stond op en verliet het huis, zonder dat hij zei wat hij ervan vond, zonder er iets tegen in te brengen.'

Ik zat erbij en staarde naar de grond. Een kuikentje pikte bedrijvig om mijn voeten heen. Welke kruimeltjes kon het nou vinden op deze vastgestampte, harde aarde?

'Marâtre, ik ga. Mijn moeder neemt me in huis. Zoals het nu is, is het ondraaglijk. Ik wil weg, heb rust, harmonie nodig, ik moet aan mijn kind denken. Ik heb geen hoop meer. Ik zal niet verder samenleven met Paul, ik geloof er niet meer in. Het is uit.'

'Nee, nee,' riep mijn marâtre geschrokken.

Ik viel haar in de rede: 'Mijn vader heeft zijn woord gehouden, moeite gedaan met oom in gesprek te komen. Dit heeft hij mijn moeder toevertrouwd: "Hij is koppig als een geitenbok die je naar de markt wilt brengen." Je ziet het zelf – er is geen enkele toeschietelijkheid, noch van oom, noch van Paul.'

'Maar, Rosaline, als je vertrekt staat dat gelijk aan een schuldbekentenis. Misschien zitten ze daar wel op te wachten...'

Ach, Rosaline, had je maar... Had je je innerlijke stem maar serieus genomen, er maar naar geluisterd. Had je het besluit maar uitgevoerd, dat je genomen had in de keuken van je marâtre, was je maar meteen vertrokken en teruggegaan naar je familie. Een verwijt dat me vergezelt tot op de dag van vandaag, dat me trouw blijft tot aan het eind van mijn leven. De marâtre, de goede ziel, hield me uit genegenheid, uit liefde tegen.

Ik bezocht mijn moeder, ging vaak naar haar toe in die eenzame, ongelukkige tijd. Ik verlangde steeds vaker naar de zuivere lucht daar, die vrij was, zodat ik weer terug kon gaan, het vol kon houden, uit kon houden in de vergiftigde atmosfeer.

De voettocht was moeizaam die ochtend, elke stap een krachtsinspanning. Mijn ledematen loodzwaar, een humeur om op te schieten, bovendien een licht drukken, steken, trekken hier en daar over mijn hele lichaam. Een dag als deze blijft niet uit tijdens de zwangerschap zei ik tegen mezelf en de vrouwen die me met zoete bananen en sappige mango's verwenden bevestigden het. Vroeger dan gewoonlijk ging ik terug. Mijn moeder en Catherine, de 'jongste', naast me tijdens de hele lange weg. Dankbaar nam ik hun aanbod om me te vergezellen aan. Hun onderhoudende geklets maakte mijn sombere stemming die gewoonlijk toenam met elke stap die ik dichter bij mijn huis kwam beter te dragen.

Ik moest gaan liggen. Doezelde maar wat, hoorde half sluimerend het piepen van de deur, geritsel, het kraken van ons bed dat nu alleen van Paul was. De tranen drupten op mijn kussen. Op een gegeven moment verloste de slaap me van mijn zwaarmoedige gedachten.

Zachtjes sloop een droom deze vergetelheid binnen, een nare, boze droom. Voor me staat Paul. Zijn rechterhand heeft een liaan vast, net als op die rampzalige dag. Hij tilt zijn arm op. Ik smeek hem, kniel voor hem neer: 'Denk aan je kind, Paul!' Het valt verkeerd, is olie op het vuur, daagt hem uit. 'Mijn kind?' sist hij boosaardig, bukt zich snel, staat in de aanvalshouding als een wild geworden dier... en slaat toe, raakt mijn buik, precies daar waar het kind zich al meermalen heeft bewogen. Ik gil het uit, kreunend van de pijn, word wakker en richt me op. Paul? Ach, een droom, een nachtmerrie. Ik slaakte een zucht van opluchting. Maar nee! Weer ging er een pijnlijke steek door mijn lichaam, telkens en telkens weer, waardoor ik terugviel in mijn kussen. Wat moest ik nu doen, in mijn eentje? Paul wekken? Nee. Ik dacht koortsachtig na en besloot dat de marâtre moest komen. Vastberaden krabbelde ik overeind, liep op de tast naar Pauls kamerdeur, rukte hem open en beval met krachtige stem: 'Haal de marâtre, snel!'

'Hm, wat is er?' klonk het slaperig.

Opnieuw zei ik dwingend: 'Haal de marâtre, direct.'

Kort daarop hoorde ik de huisdeur dichtslaan.

Daar lag ik, uitgestrekt op mijn bed. Mijn handen omklemden mijn buik, daar lag mijn kind in, drukkend, alsof het dubbel zo zwaar was geworden in de paar uren sinds gisteren. In de korte momenten dat de pijn verminderde, bezwoer ik het met smekende stem: jij klein mensje, doe geen domme dingen, speel geen spelletje met me. De andere twee zijn weggegaan, hebben me doodongelukkig achtergelaten. Hoe vaak heb ik niet gedacht: ik maak er een eind aan, maar ik heb die gedachte altijd weer afgewezen. Nee, Rosaline, leef! Het is de moeite waard om te leven, beval ik mezelf: vanwege jou, mijn kind, enkel en alleen vanwege jou.

Almachtige God, verhoor mij! Laat het niet gebeuren, niet weer. Ik wíl dit kind. Verlang ik te veel, nee onmogelijk. Andere vrouwen krijgen jongetjes en meisjes, het ene na het andere, meer dan ze lief is – en ik, ik vraag u alleen om dit kind. En toen was er niets anders meer dan mijn pijnen, ze scheurden mij vanbinnen uit elkaar.

Heel langzaam, nog steeds versuft, ontdaan, kwam ik dichter bij de werkelijkheid. Vaag, als door een sluier, van veraf, als uit de kruin van een boom, zag ik de marâtre en mijn schoonmoeder in het schijnsel van de petroleumlamp bezig. Reusachtige schaduwen joegen beangstigend over de muren. Waar ben ik? Wat is er gebeurd? Ach ja – de martelende pijn. Onbewust, als vanzelf, legde ik mijn hand op mijn buik, liet hem liggen, drukkend, een loodzwaar gewicht. Mijn ogen gingen zoekend door de kamer, bleven op een bundeltje rusten. Mijn schoonmoeder volgde mijn blik: 'Het zou een meisje geweest zijn.' 'Je hebt het godzijdank overleefd.' De marâtre streelde me liefdevol over mijn gezicht, ging op de rand van het bed zitten.

Dus toch. Ik sloot mijn ogen, was boos op iedereen, de goden, de voorouders, de almachtige God: wat voor een wreed spel spelen jullie met mij? Vooruit dan maar – ik heb ook niet de macht jullie dat te beletten. Maar onbarmhartig als jullie zijn, laten jullie mij hier achter, op dit stukje aarde, waar een lasterlijke oom en zijn onderdanige neef het bevel voeren over een nederzetting. Waarom mag ik dan niet in een of andere hemel in het veelgeprezen eeuwige leven samen zijn met mijn kinderen?

'Rosaline' – de stem van mijn schoonmoeder onderbrak mijn aanklacht, mijn bestraffende woorden, 'we zullen de dageraad afwachten en pas dan de familie de treurige boodschap vertellen.

Probeer te slapen, verzamel je krachten, voor de mensen binnenstromen.'

'Dok dok dok,' klonk het voor het huis. Het roepen van een mannenstem, een verzoek om binnengelaten te worden. 'Oom!' Geschrokken keken wij naar de deur. 'Hij? Nu al? Hij kan het zeker niet afwachten,' siste de marâtre zachtjes tussen haar op elkaar gebeten tanden door. En ik? Ik had hem graag in zijn gezicht geschreeuwd: verdwijn kerel, ik haat je, ik wil je niet zien.

Mijn schoonmoeder deed open.

Oom kwam, gevolgd door Paul, uit de nacht de lichtkring van de lamp binnen. Ze lieten hun blikken door de kamer glijden. Daar, op het krukje, lag wat ze zochten: het kleine bundeltje. 'Aha, aha!' Wat een geringschattende, hatelijke toon. Ik sloot mijn ogen, deed mijn hoofd opzij, alsof ik daardoor kon verhinderen dat zijn honende woorden tot mijn oor doordrongen. 'Aha, slim bedacht van jullie tweeën, van je minnaar en jou... geraffineerde griet!' Zijn stem trilde van woede. Zo iemand als ik leek hij nog nooit te zijn tegengekomen. 'Je denkt zeker dat je je situatie door een abortus kunt redden, hè? En dat je daardoor onder de beschuldiging uit komt dat je echtbreuk hebt gepleegd, hè? – en weer terug kunt naar hem.' Vaderlijk beschermend legde hij zijn arm op Pauls schouder. 'Paul verdient veel geld... dat wil je niet missen, je wilt een mooi leventje, of niet? Maar hij heeft je allang door.'

Rosaline, laat je niet ophitsen. Hou vol, verdraag het, zwijg... alleen morgen nog, beval ik mezelf streng. Mijn ledematen waren nog verlamd van zwakte, maar met alle kracht die ik kon opbrengen, drukte ik mijn vingernagels in mijn dijbeen. Mijn zintuigen concentreerden zich op de pijn, maar toch kon ik niet langer zwijgen.

Ik richtte me op, dacht: wacht maar af, beste vent! Mijn plan gaf me genoegdoening. 'Paul!' Ik probeerde mijn stem zo krachtig mogelijk te laten klinken. Ik keek hem strak aan. 'Je beschuldigt me van abortus! Wil dat zeggen dat je beweert dat ik dit kind gedood heb? Er zijn allerlei traditionele methoden om iemands schuld of onschuld vast te stellen. Een ervan is algemeen bekend: als het lijk wordt gewassen drinkt de verdachte het waswater. Iemand die onschuldig is overleeft, iemand die schuldig is sterft. Dat klopt toch?' vroeg ik de kring rond. 'Dat klopt!' Er werd bevestigend geknikt. 'Ik ben bereid,' riep ik uit, 'het waswater van dit dode kind te drinken hier voor ieders ogen. Ja, en dan zullen we af moeten wachten... Marâtre, wil je me de schaal geven?' 'O, Rosaline,' jammerde ze en ze mompelde beschaamd: 'Ik heb het weggegooid.'

Pauls gezicht bleef uitdrukkingloos, oom glimlachte vol leedvermaak naar mij. 'Wees haar maar dankbaar, anders was je nu ten dode opgeschreven. Trouwens... dit jong wordt niet aan de aarde van onze nederzetting toevertrouwd. Zulke misstappen worden gewoonlijk in het oerwoud begraven.' Aan zijn gezicht kon je zien dat het hem voldoening schonk dit vonnis te vellen. Hij keerde zich om en verliet de kamer. Paul volgde hem op de hielen.

Ochtendschemering. Het vale licht van de nieuwe dag schemerde al door de takken van de bomen. 'Geen klaagzang dus,' stelde Pauls moeder vast. 'Zij zullen het nieuws zelf wel aan iedereen vertellen, ongetwijfeld.' 'Hun eigen verhaal, hun eigen uitleg,' voegde de marâtre eraan toe.

'Mama, marâtre, jullie twee goede zielen! Zonder jullie steun konden jullie nu mijn dood beklagen, onloochenbaar. Deze nacht had ik de keuze, dat is zeker, en toen zou ik mijn kind maar al te graag gevolgd zijn, maar nu – ik wil jullie bedanken. Toch wil ik weg en snel. Begrijpen jullie me?' Ze knikten verdrietig. 'We sturen een bode naar je vader, brengen hem op de hoogte. Hij zal vrouwen sturen. Slaap, rust uit, je bent nog zwak. We zullen bezoek bij je weghouden.'

Stemmen drongen mijn slaap binnen, vaag nog, ah, voor het huis. Toen een zacht gekraak, iemand deed voorzichtig de deur open, op een kiertje, en toch herkende ik het lieve gezicht van mijn moeder. Ik stak mijn armen naar haar uit. Zonder iets te zeggen wees ik naar het bundeltje. Ze omhelsde me, hield me lang vast, zei alleen:

'Mijn arme dochter.' 'Ik wil hier weg, naar huis, meteen.' 'Je bent nog te uitgeput voor de lange tocht. 'Het gaat wel, het gaat wel,' verzekerde ik haar. Toen stond ik op mijn benen. Waar kon ik steun vinden? Ik zakte bijna in elkaar. Slechts één gedachte hamerde constant in mijn hoofd: weg, weg, alleen maar weg van hier. Een ijzeren wil gaf me kracht, hield me overeind: ik red het wel. Uiteindelijk liet iedereen zich daarvan overtuigen: mijn schoonmoeder, mijn marâtre, mijn moeder, de 'eerste' en de 'jongste'.

We zijn aangekomen! Het is gelukt! Onderweg was ik soms bang geweest dat mijn krachten het zouden begeven. De vrouwen droegen mijn spullen. Ze drukten niet zwaar op hun schouders. Ik bezat niet veel, maar een paar jurken, een paar doeken en dat dode, ingewikkelde wezentje: mijn dochter die geweigerd had aan mijn zijde op te groeien. Mijn moeder droeg haar in een mand. Denk maar niet na, Rosaline, over het noodlot dat zich vandaag in je leven voltrekt.

Stella

Mama, mijn broers en zussen en ik vormden weer een gezin. Dat had ik me ook nooit voor kunnen stellen, indertijd, toen ik op mijn huwelijksdag, vergezeld door de 'eerste' en de 'jongste' Catherine, de nederzetting verliet, voor altijd, zoals wij allemaal dachten. Ik betrok een kamer van het ruime huis – mijn bruidsprijs, het enige wat ik nog van Paul had. 'Hij zou hem terug kunnen eisen,' zei vader.

Ik leefde. Mijn benen droegen me overal heen, mijn armen waren druk bezig, hielden de hak vast, deden de was, hakten brandhout, kookten, mijn ogen keken naar de wereld om me heen, mijn gezicht lachte vriendelijk. Maar mijn gedachten gingen hun eigen gang. De doorstane vernederingen, krenkingen kon ik niet vergeten, ze grepen me aan. Pijn en verdriet knaagden aan mijn ziel. Verbitterd vroeg ik me af waaraan ik deze lijdensweg had verdiend.

De seizoenen gingen voorbij, droogtetijd, regen, oogst, elke dag leek op de vorige, en dat bleef lange tijd zo. Alleen de zondagen brachten afleiding: dan ging ik naar de kerk. Niet dat ik me met de hemelse Vader verzoend had, nog niet... Het zingen trok me aan. Bij het gezamenlijke zingen, begeleid door handgeklap, gefluit, geratel en getik kon ik even mijn harde lot vergeten. Het ritmische wiegen op de maat schonk me momenten van geluk.

De tijd verging. Mijn jongere zus bracht haar derde kind ter wereld. Zij woonde met haar man, een natuurgenezer, in hetzelfde dorp, maar wel een flinke voettocht bij ons vandaan. Mama moest hoesten en had pijnlijke knieën. 'Ga alleen, sta haar de eerste dagen bij.' Natuurlijk! Een zacht gevoel van weemoed overviel me, maar ik was verrukt toen ik het kleine wezentje in mijn armen wiegde. Het wilde nog niet kennismaken en kneep haar oogjes stevig dicht.

Het was grote marktdag. Zonder haast slenterde ik erheen, een vreemde onder de mensen uit de streek. De mama's schepten er plezier in me vriendelijk over te halen hun kookbananen, zoete aardappels, ignam, avocado's en kruiden te kopen. Plotseling spitste ik de oren, draaide me om. Riep daar iemand mijn naam? – dat kon toch niet! Hier was ik een onbekende. 'Mama!' Een klein jongetje raakte mijn arm aan: 'Daar, die man,' verrast volg ik met mijn blik de richting waar zijn uitgestrekte vinger heen wijst, 'wil met je praten.' Ah, het was mijn zwager, de man van mijn zus.

Hij was niet alleen, praatte met 'mijn vaderlijke vriend Jean, een natuurgenezer, net als ik' zoals hij hem mij voorstelde. Hm, een imposante verschijning. 'Mijn schoonzus, de oudste zus van mijn vrouw. Ze woont in het andere deel van het dorp, in de nederzetting van haar ouders.' 'Zonder echtgenoot?' vroeg deze Jean ronduit. Ik knikte verlegen. Een dergelijke vraag, zo direct gesteld, verbaasde me. 'Mijn beste vriend,' hij hief zijn wijsvinger berispend, trok een somber gezicht en verweet mijn zwager: 'Je stelt me teleur, bent geen echte vriend. Je houdt je knappe schoonzus jarenlang voor me verborgen. En dat terwijl je weet, en dat is nog onvergeeflijker, dat ik een zwak heb, dat ik uitgesproken dol ben op lieftallige wezens, en ik heb een uitgestrekt erf, ik kan nog heel wat huisjes voor schoonheden bouwen.' Hij amuseerde zich, ik genoot van het moment, had ineens een luchtigheid over me die ik al lang niet meer had gekend, maar ik liet me niet het hoofd op hol brengen. Holle frasen. Een ontmoeting die niet veel om het lijf had, die ik maar snel moest vergeten.

De avond voordat ik mijn oude leven zou hervatten, stond me een onverhoopte vreugde te wachten. 'Ga zitten, Rosaline, we moeten iets bespreken.' Mijn zus en haar man waren serieus, deden geheimzinnig.

Vol verwachting, maar ook enigszins verontrust, voldeed ik aan hun wens, hoopte dat het geen onderhoud zou zijn met ernstige gevolgen.

Mijn zwager zei: 'Rosaline, bedankt voor je hulp. Je bent hier helemaal thuis geraakt. Maar goed, je kent je zus ook sinds haar geboorte. Maar ik... ik heb je deze dagen leren waarderen en de kinderen houden ongelooflijk veel van je.'

'Vooral Stella,' onderbrak mijn zus hem.

'Ja, vooral Stella,' bevestigde mijn zwager. 'Welnu, er is een gedachte die ons bezighoudt, want morgen ga je ons immers verlaten... Het meisje zou eronder kunnen lijden dat ze je niet meer ziet, om je kunnen treuren, kinderzieltjes zijn gevoelig. We zouden je willen vragen, Rosaline, zou Stella bij jou kunnen wonen?' Hij keek me onderzoekend aan, wilde zich geen enkele emotie laten ontgaan. Niet in staat mijn geluk onder woorden te brengen, stond ik op, omhelsde mijn zwager, sloeg mijn arm om de hals van mijn zus, drukte ze dicht tegen me aan. Een kind van haar is als mijn eigen vlees en bloed. Ze zeiden dat het kleintje naar mij verlangde, naar mijn genegenheid en liefde. Ik wist dat het niet helemaal waar was, ze zagen mijn innerlijke eenzaamheid, mijn vernederde hart. Het kleine meisje moest me troosten, me opbeuren, me helpen het plezier in het leven terug te vinden.

En inderdaad, ze hadden het juiste medicijn gevonden: Stella als balsem voor mijn gewonde ziel. Ik leefde voor haar, zij voor mij, we waren onafscheidelijk. Behalve mij sloot ze nog iemand helemaal in haar hart: oma. En mijn moeder vond het prachtig, had plezier in de aanhankelijkheid van het meisje, want haar kinderen, mijn broers en zussen, waren de knuffelleeftijd allang ontgroeid. Alleen door haar kleine broertje verlangde Stella soms naar huis terug. Een wens waaraan ik tegemoetkwam: we bezochten hem vaak.

Had ik sinds die amusante ontmoeting op de markt nog weleens stilgestaan bij Jean, 'de vaderlijke vriend' van mijn zwager? Niet echt serieus in elk geval. Maar op een dag verscheen er een jongeman, een neef, zoals hij zich voorstelde, die me vertelde dat Jean me wilde zien. Morgen, als de zon op zijn hoogst stond, in het huis van mijn zus.

'Wat heeft hij verder nog gezegd?' vroeg ik, en ik deed mijn best mijn stem kalm en rustig te laten klinken.

'Alleen dat ik met een stellige toezegging terug moet komen.'

'Dan vraagt hij te veel,' luidde mijn antwoord en ik liet de jongeman gaan.

Ik pakte mijn hak, liep het land op en ging daar in de schaduw van een boom zitten. Ik wilde alleen zijn, nadenken. Wat wil hij? Daar is geen twijfel aan: dat ik zijn vrouw word. En wat vind ik van die 'blijde boodschap'? Hoe sta ik ertegenover? Een nieuwe kans om een gezin te stichten, met kinderen? Ben ik daartoe wel bereid, na alles wat ik heb meegemaakt? Aan de andere kant: wil ik eeuwig blijven leven als vrouw zonder man, zonder nakomelingen, niet gewaardeerd, iemand wier leven is mislukt?

En nog iets... Een imposante verschijning als hij, 'uitgesproken dol op lieftallige wezens' – dat waren zijn woorden, herinner ik ze me goed? – zo'n man heeft ongetwijfeld een erf vol vrouwen. Hoeveel zijn het er? En zijn ze achtenswaardig of kijfziek, twistziek? Heb ik de wilskracht wel om mezelf aanzien, een respectabele positie onder hen te bevechten? De vragen tuimelden in mijn hoofd over elkaar heen.

's Avonds wilde ik rustig bij mijn moeder zijn. We zaten om de stookplaats heen, ik vertelde welke beslissing ik de volgende dag moest nemen. Ze luisterde naar me, zweeg. Toen, na een hele tijd, vroeg ze: 'Rosaline, wil je voor eeuwig onder je moeders dak wonen, op je moeders land werken, op je moeders stookplaats koken?'

'Nee, mama, dat zou raar zijn.'

'Maar mijn dochter, wat is er dan?'

'Nou... een eigen huishouden, een gezin...'

'Als je er morgen op ingaat, zouden daarmee heel wat van je wensen in vervulling gaan.'

'Hm,' bromde ik alleen.

'Wat schrikt je dan af?'

'Mama, de angst... voor nieuwe vernederingen.' Ik verborg mijn gezicht in mijn handen. Akelige ruzies kwamen me weer voor de geest.

'Ja, mijn dochter, dat waren verdrietige ervaringen, maar die liggen achter je. Misschien, wie weet, heeft het lot besloten je van nu af aan de mooie kant van het leven te laten zien.'

'Dus jij vindt dat ik erop in moet gaan?'

'Praat met je zus, vraag je zwager om raad. Als zij er goede verwachtingen van hebben, zou ik het erop wagen.'

Een doorwaakte nacht. Angsten doemden op, werden verdrongen door vertrouwen en geloof in de toekomst, die op hun beurt weer moesten wijken voor ongerustheid. Nog suf, slap stond ik op, ging met Stella aan de hand op weg. Het meisje kletste aan één stuk door. Ik luisterde niet naar haar. Voor het eerst waren mijn eigen gedachten belangrijker.

'Ga maar spelen, Stella!'

We zaten bij elkaar, mijn zwager had het woord. 'Jean heeft mijn vader nog gekend. Mijn vader was ook een natuurgenezer en een vaderlijke vriend voor Jean, net als Jean op zijn beurt weer voor mij is. Onze vriendschap begon toen mijn papa overleed, onverwachts, te vroeg. Hij liet mij achter, jong, nog onervaren. Het was hem niet vergund mij al zijn kennis over de geneeskunst toe te vertrouwen. Jean heeft mij toen geholpen, mij veel kleine dingetjes uitgelegd. De grote wijsheden hield hij natuurlijk voor zich. Die zal hij op een dag jammer genoeg wel in het graf meenemen...

Jean heeft tot in de wijde omtrek een goede naam, zijn patiënten hebben er dagen lopen voor over en blijven vaak voor langdurige behandelingen. Daar heeft hij een speciaal huis met bedden voor. O, die verdient zijn geld wel, hij heeft drie vrouwen, jij zou de vierde zijn.'

'En hoe behandelt hij die drie?'

'Hoe zou ik dat moeten weten? Goedmoedig en aardig als hij is, kan ik me niet voorstellen dat hij tegenover hen erg bazig en nors is.'

'En die drie onderling?'

'Het gebruikelijke gekibbel onder vrouwen waarschijnlijk.'

De zon staat op het hoogst. Precies op tijd verscheen Jean op de drempel van het huis. Zijn elegante verschijning verraste me opnieuw. Hij lachte, knipte met zijn vingers, riep met luide, bulderende stem, de hele buurt kon het horen: 'Ze is gekomen!' Hij hield mijn hand vast, streelde hem zacht. 'Je bent er, daar ben ik blij om.' Ach, wie was er ooit zo blij geweest met mijn komst?

'Laten we gaan zitten.' Mijn zwager en zus hadden de kamer ongemerkt verlaten. 'Vertel me eens iets over jezelf.'

'Ik?' vroeg ik aarzelend, hield mijn adem in. Ik schrok van die vraag, hij kwam onverwachts. Was de verwarring van mijn gezicht te lezen?

Bezorgd vroeg hij: 'Wat is er?'

'Nou... weet je... er is...' Nee, niet nu, dompel je nu niet weer onder in die donkere tijd! Ik voelde dat alles in me tegenstribbelde. Maar hoe moest ik het uitleggen? Toen besloot ik: Rosaline, blijf kalm, zeg gewoon: 'Eis alsjeblieft niet dat ik over mijn leven vertel, niet vandaag. Ik vind het nog steeds moeilijk om over bepaalde aangrijpende ervaringen te praten.'

Als bij toverslag verdween zijn glimlach en bezorgd zei hij: 'Neem me niet kwalijk,' mijn hand in de zijne nemend, 'we hebben de tijd...'

'De rij bomen hier is de grens van mijn erf. De hoge maïs beneemt ons het zicht anders kon je de woonhuizen zien.' Jean liep voorop, ging kalm het smalle hellende pad op. Nog één bocht en toen konden we de gebouwen zien: onmiskenbaar het rijk van de heer des huizes, op een behoorlijke afstand van de onderkomens van de vrouwen en hun kinderen. Er leek niemand thuis te zijn. 'Ze zijn allemaal op het veld, de vrouwen en de kinderen. Ze zijn de maïs aan het oogsten,' legde Jean uit.

'Het patiëntenhuis. Drie kamers, zeven bedden. Op dit moment heb ik geen zieken die ik langdurig behandel, en dat komt niet vaak voor,' zei Jean. Buiten klonken vrouwenstemmen, kindergeschreeuw, gelach. 'Ze komen terug, ik zal je voorstellen.' Ze legden hun lasten af, zakken en manden, volgepropt met maïskolven. Ook de kleinsten wilden niet achterblijven en hadden bosjes brandhout op hun hoofd geladen.

'Mag ik jullie voorstellen: Rosaline,' meer zei hij niet. Toen noemde hij mij hun namen: Thérèse, Nkenge, Bekou. We schudden elkaar voorkomend de hand. Ze lachen me vriendelijk toe. Ze zijn op de hoogte, concludeer ik, ik ben allang als hun medevrouw aangekondigd. We zullen goed met elkaar overweg kunnen, de vrouwen en ik, net als in Yaoundé. Vol vertrouwen zag ik de toekomst tegemoet.

Machtsstrijd

'Stella, we gaan verhuizen.' Voorzichtig begon ik het kind op de veranderingen voor te bereiden.

'Weer naar mama?'

'Nee.'

'Gaat oma ook mee?'

'Nee.'

'Dan wil ik het niet!'

'We gaan wel dicht bij je moeder wonen, dan kunnen we je broertje vaak gaan bezoeken.'

'Maar oma minder vaak.'

'Nee, Stella, ik beloof je: vaak, vaak. Ze is mijn moeder, ik moet haar van tijd tot tijd gewoon zien.'

'Ja,' ze knikte meelevend. Dat ik dat wilde vond ze vanzelfsprekend, het was een geruststelling voor haar.

'Rosaline, daar ben ik nou blij om!' Mama's ogen straalden. Aandachtig luisterde ze naar mijn verhaal.

'Een uitgestrekt terrein,' met een breed gebaar liet ik zien hoe groot het wel niet was, 'daar zullen de vrouwen vast geen ruzie over maken. Ik stel me zo voor dat ze gewoon zoveel land bewerken als ze nodig hebben. En mama, je had moeten zien hoe hartelijk en vriendelijk ze me begroetten.'

Ik ging van huis tot huis, nam afscheid van mijn vader, de vrouwen, de kinderen, van moeder. Iedereen wenste ons het beste en verder werd er weinig ophef over onze verhuizing gemaakt. Jean had zijn neef gestuurd. Mijn broer en de 'jongste', Catherine, vergezelden ons. Stella stapte dapper door. Maar op een gegeven moment konden haar korte beentjes mijn stappen niet meer bijhouden en kwam ze achter ons aan drentelen. Met een zwaai nam mijn broer haar op zijn schouders.

We waren er. De neef ging ons vooruit, liep rechtstreeks op het huis van het hoofd van de familie af. Een hartelijke ontvangst. Oprechte vreugde op Jeans gezicht. Heb ik hier, in deze nederzetting, eindelijk een goed thuis gevonden?

Kinderen kwamen met pannen aanslepen. Kookbananen en pinda's. De heer des huizes schonk palmwijn: zoet, koel en verfrissend. Of er een engeltje op je tong pist. Gesterkt en nog nagenietend, wilden Catherine en mijn broer weer naar huis gaan. 'Maar niet zonder mijn medevrouwen begroet te hebben. En de smakelijke maaltijd? Daarvoor moeten jullie hen ook nog bedanken.'

'Laten we bij de "eerste" beginnen, bij Bekou.' Er was niemand te zien. 'Dok, dok, dok,' riepen we, klopten een paar keer op de deur. Eindelijk kwam ze naar buiten. Had ze geslapen? Was ze soms ziek? Haar gezicht was leeg, uitdrukkingloos, ontoegankelijk. Geschrokken van haar veranderde uiterlijk, vroeg ik: 'Mama, wat is er met je? Ben je ziek? Heb je slecht nieuws gehad?'

'Nee,' was haar antwoord, kortaf, bars, onvriendelijk.

Ik was sprakeloos. Wat moest ik nu zeggen, wat moest ik doen? 'Ik wil je de medevrouw van mijn moeder en mijn broer voorstellen. En... nog bedankt voor het heerlijke eten.'

'Hm.' Meer liet ze niet horen. Zonder iets te zeggen verdween ze weer het huis in.

Ik werd getroffen door Catherines geërgerde blik, hoofdschuddend vroeg ze me: 'Zei je nou dat ze zo hartelijk en vriendelijk waren?'

'Ja, gisteren,' gaf ik teleurgesteld toe, 'maar daar is niet veel van over. Gaan we nog naar Nkenge, de "tweede"?' vroeg ik voorzichtig.

‘Ja, waarom niet?’

Ook daar klopten we een paar keer en ook zij had een koel, afwijzend, ongenaakbaar gezicht.

Aha! Ik begreep het. ‘Catherine, heb jij het ook door?’ riep ik boos. ‘Zie jij ook dat het doorgestoken kaart is? Het is gericht tegen mij, Jeans vierde echtgenote, ze moeten me niet! Zij kunnen goed samen opschieten, kunnen goed met elkaar overweg en willen geen indringer, geen rustverstoorder. Als ik dat had geweten... Waarom heeft hij mij verzwegen dat ze het afkeurden?’ siste ik verontwaardigd. ‘Die schijnheilige, valse wijven, gisteren waren ze vriendelijk en nu... ach.’ Ik was verbitterd, teleurgesteld, moedeloos, voelde me zwak en ellendig.

Ik bestookte Jean met vragen: ‘Hoe leg je me het gedrag van je vrouwen uit? Wisten ze niet dat ik hier zou komen wonen?’ Mijn hele lichaam trilde, ik was geïrriteerd, het had me aangegrepen.

‘Maar natuurlijk...!’

‘En? Waren ze het ermee eens?’

‘Tja, ik moet toegeven dat ze geen vreugdedansje hebben gemaakt.’ Toen was hij de zelfbewuste heer des huizes: ‘Moet ik ze soms voor elke beslissing raadplegen?’ Op zachte toon voegde hij er liefdevol troostend aan toe: ‘Mijn liefje, breek je mooie hoofdje nou niet, de vrouwen draaien vast snel weer bij.’

‘O Jean,’ zuchtte ik, ‘dat hoop ik! Je weet niet half hoe ik verlang naar harmonie.’

Eén ding wilde ik nog van hem weten: ‘Wanneer heb je tegen de vrouwen gezegd dat ik kwam?’

‘Vanochtend.’

‘En gisteren? Wie dachten ze dat ze gisteren begroetten?’ Ik wilde het dolgraag horen. Met een nauwelijks onderdrukt, schalks lachje, liet hij me weten: ‘Een patiënte!’

‘Ach, die stakkers,’ zei ik en ik had echt medelijden met hen.

In mijn nieuwe leven scheen de zon, elke dag opnieuw, hoewel er in de verte constant een dreigend onweer rommelde. Ik woonde met Stella bij Jean, ‘tot het huis daarginds voor jullie is ingericht,’ zei hij en wees naar een half vervallen gebouw. De tijd verging, ik drong niet aan, hij moest het zelf maar weten... Sinds mijn aankomst was Jean boos op zijn vrouwen. 'Ze laten zich van hun meest onbeschofte kant zien,' voer hij uit. 'Als ze geen vrede willen, best, maar dan krijgen ze ook geen liefde...'

Zijn aanhankelijkheid, zijn genegenheid vleiden me. Maar ik proefde ook de bitterheid in dit genot: elke dag vol genot die God me schonk, zorgde ervoor dat de jaloezie van mijn medevrouwen toenam, dat hun haat jegens mij groeide. Hun boosheid, hoe kon het ook anders, richtte zich enkel en alleen op de wellustige verleidster, dat doortrapte, uitgekookte loeder, dat om hun weerloze man heen trippelde en hem het hoofd op hol bracht. Waar moest dat heen? vroeg ik me soms af. Ik was immers op hun vriendschap aangewezen.

Mijn lieve zusters, jullie hebben een beeld van mij dat niet bij me past, me eigenschappen toegeschreven die ik niet heb: ik ben niet autoritair, hard en hoogmoedig, maar bescheiden, hulpvaardig en verdraagzaam – ik ben van goede wil. Maar het is natuurlijk aan mij om dat te bewijzen. Met dat voornemen stond ik op een ochtend op en ging direct naar mijn keuken. Vandaag de eerste, morgen de tweede en overmorgen de derde vrouw, had ik bedacht. Een heerlijke maaltijd zal ze gunstig stemmen, de een na de ander. Temeer omdat ze op hun akkers hebben gewerkt en moe naar huis komen. Dat zal een aangename verrassing zijn: een dampende maaltijd.

Wat naïef en kinderlijk van me! Dacht ik echt dat de vrouwen zich met een bord couscous met saus zouden laten lokken? Hoe kwam ik op het idee dat ze door één maaltijd zouden vergeten wat ik hen aandeed door hun man 'in beslag te nemen'? Mijn toenaderingspoging was mislukt: ze wezen mijn aanbod stuurs af: allemaal, de eerste, de tweede en de derde vrouw.

Jean mocht zijn andere vrouwen niet blijven verwaarlozen, niet onverschillig blijven jegens hen, vond ik. Anders zou het op een dag weleens rampzalig kunnen aflopen. 'Ik word bang,' biechtte ik hem op, 'knap mijn huis op. Als ik verhuis, ontspant de sfeer wel.' Hij zei: 'Ja, ja...' maar er gebeurde niets.

Stella merkte er niets van, haar leventje zag er leuk uit. Het bestond uit licht huishoudelijk werk, veel vriendjes en vriendinnetjes, spelen en rondrennen. Af en toe vroeg ik de hele groep bij me: 'Haal je bord maar, het eten is klaar.' De kinderen tastten toe, blij en gretig. Naar het scheen hadden hun moeders hun nog niet verboden om een uitnodiging van mij aan te nemen. Ook Stella at altijd waar maar iets te eten was.

Een bode bereikte me met het bericht dat moeders oudste medevrouw in het kleine ziekenhuisje lag. Natuurlijk werd van me verwacht dat ik op bezoek kwam – het was een dag lopen. Uitgeput, moe, met maar één wens – uitrusten, slapen – keerde ik 's avonds terug, net voor het invallen van de duisternis. Stella wachtte al ongeduldig op me, ze snapte er niets meer van. 'Mama, Thérèse heeft mijn bord weggepakt, ze zei dat het van haar was,' riep ze me al van verre toe. Haar stem beefde van verontwaardiging. 'Rustig maar, meisje, onze borden hebben een merkje, dat van jou vissen we er zo tussenuit.' Nadat ik dat gezegd had, ging ik naar Thérèse toe.

Ik trof haar in haar keuken aan. Met mijn vriendelijkste stem begroette ik haar en legde uit waarom ik kwam: 'Aardig van je om Stella voor het middageten uit te nodig. Nog hartelijk bedankt. Het was heerlijk, vertelde ze me. Maar ze was zo aan het spelen dat ze haar bord bij jou heeft laten staan. Ik kom het even halen.'

'Je vergist je, liefje,' zei Thérèse eerst zacht, en vervolgens scherp: 'In dit huis bevinden zich alleen borden die van mij zijn.'

'Ach daar... ik zie dat je hetzelfde dessin hebt gekozen als ik, je kunt op onze markt ook maar uit drie kiezen. Ik heb die van mij gemerkt, Stella's bord hebben we zo gevonden.'

'Ben je doof of zo? Al deze borden zijn van mij,' schreeuwde ze zo hard dat het overal in de nederzetting en in de wijde omtrek te horen was.

Was het een afgesproken teken? Daar stonden ze al: Bekou, de eerste en Nkenge, de tweede vrouw, ze keken me vernietigend aan. Weg, dacht ik, weg uit deze gevarenzone, geen ruzie alsjeblieft. Maar ze versperden me de weg. Opnieuw zei ik tegen mezelf: Rosaline, ga er niet over kibbelen. Laat je niet op de kast jagen, ze zijn met z'n drieën, ze koken van woede, blijf rustig.

'Wat heb je met hem gedaan?' schreeuwde Bekou en keek me van heel dichtbij aan. Haar ogen fonkelden. 'We weten wat je met hem hebt gedaan! Je hebt hem een rad voor ogen gedraaid. Hij is verzot op je en vergeet z'n vrouwen en kinderen...' Ze richtte zich tot Nkenge en Thérèse, vroeg hun op uitdagende toon: 'Woonden we hier in deze nederzetting soms niet in vrede, in goede verstandhouding met hem?' Zonder aarzelen bevestigden haar twee medevrouwen de verdraagzaamheid, de eendracht die er ooit geheerst had in de grote familie, 'tot jij ineens kwam onrust stoken en tweedracht zaaien'.

Ik stond daar, onbewogen, hoopte dat het vanzelf wel een keer op zou houden, dat ze door hun verwijten heen zouden zijn. Maar het tegendeel gebeurde, ze kwamen steeds meer op dreef en plotseling pakte Nkenge mijn rechteroorlelletje vast en trok er hardhandig aan. 'Moet je horen, koket vrouwtje, wat ik in je schattige oortje wil fluisteren: Je kunt er zelf voor kiezen om te verdwijnen of...' Ze zocht naar een effectief dreigement. Haar goedgebekte medevrouw kwam haar meteen te hulp: 'Of je zult je schoonheid op een dag betreuren.'

Nu was het genoeg! Ik vergat de discipline, de terughoudendheid die ik mezelf had opgelegd. Mijn twee tikken op de wang kwamen onverwachts: recht, links. 'Wat denk je wel?' schreeuwde ik, alles om me heen vergetend van boosheid. 'Ben ik een kind dat door haar moeder bij haar oor wordt gepakt en op die manier tot de orde wordt geroepen? Ik ben een volwassen vrouw en ik maak Jean in mijn eentje gelukkiger dan jullie met z'n drieën bij elkaar.' Toen had ik een pijnlijke trap tegen mijn scheenbeen te pakken en er ontstond een handgemeen. Briesend van woede trokken en rukten ze aan alles wat ze van me te pakken konden krijgen: mijn jurk, mijn heupdoek, mijn haar, mijn hoofddoek. Ik sloeg en verweerde me, trok en rukte even hard terug.

Plotseling klonk er een schreeuw. Een barse mannenstem drong de kamer binnen, beval bruusk, doordringend: 'Ophouden!' Onze echtgenoot stond in de deuropening. Direct lieten de drie me los, keerden Jean hun koppige, vastberaden gezicht toe. Mijn adem ging hortend en stotend. Het was nog net goed gegaan! Ze hadden me lelijk toegetakeld. O, Jean, redder in de nood. Ik deed een stap achteruit, leunde steun zoekend tegen de muur. Sloeg hetzelfde strijdtoneel gade, maar nu na een spelerswissel.

Het vuur werd geopend: een hagel van verwijten regende op Jean neer. Hun schelle vrouwenstemmen schalden door de avondstilte, lokten nieuwsgierige buren van alle leeftijden aan die aan de deur luisterden. 'Ben je niet de vader van een indrukwekkend aantal kinderen? Zeg op, wier lichaam werd ermee bevrucht? In wier buik hebben ze zich ontwikkeld, menselijke gestalte aangenomen? En wie heeft de pijn gehad toen de kleintjes zich een weg naar buiten baanden, naar het licht van de wereld? Wij, Nkenge, Thérèse en ik, Bekou, je vrouwen.

Hier, deze borsten,' ze aaide de hare liefkozend, 'waren altijd stevig, vol voedzame moedermelk om de zuigelingen te stillen, ze gezond, levensvatbaar te maken. Er hebben er ons weliswaar twee weer verlaten, maar vijf van mijn kinderen leven, net zoveel als ik vingers aan mijn rechterhand heb. En vijf van Nkenges kinderen leven, net zoveel als ik vingers aan mijn linkerhand heb.' Ze tilde beide handen omhoog, strekte ze met gespreide vingers naar Jean uit, deed vervolgens de linker achter haar rug, presenteerde de rechter met ingetrokken duim: '... en Thérèse heeft er vier. Een kinderzegen, een hele schare... Was je niet een trotse vader, tevreden over zichzelf, tot die dag, dat uur, toen deze vrouw,' ze keek me niet aan, wees alleen met haar vinger naar me, 'haar voet op ons erf zette? Sindsdien zien jouw ogen alleen haar nog, horen jouw oren alleen nog wat zij zegt, gaan al je zorgen alleen naar haar en haar enige kind uit. En je eigen zonen en dochters? Het interesseert je niet meer of ze gezond zijn, of ze verzadigd zijn.'

'Genoeg, genoeg... Wat staan jullie daar schijnheilig bij elkaar in de deuropening. Als de zon zou schijnen zouden jullie hem tegenhouden. Maar vertel eens, mijn vrienden,' Jean richtte zich tot de zwijgend luisterende buren, 'als we in de zon staan, op welk uur van de dag kunnen we verhinderen dat ons lichaam een schaduw werpt?' Ze schudden hun hoofd, maakten ontkennende handgebaren.

'Zelfs niet als de koperen ploert op z'n hoogst staat?'

'Nee, nee, nee...'

Jean leek tevreden over zijn medespelers.

'Lieve vrouwen, jullie hebben toch de gewoonte om 's ochtends in de eerste stralen van de zon te gaan staan, om jullie op te warmen...'

'... en dan werpt hij een lange schaduw,' maakte iemand van buiten de zin af.

Jean wierp een dankbare blik in diens richting. 'Juist, een schaduw die veel langer is dan jullie zelf. Jullie hebben jezelf afgeschilderd als voortreffelijke vrouwen: onberispelijk, zonder fouten, opofferingsgezind. Maar in jullie ijver zijn jullie die lange schaduw vergeten. Ik zie hem echter elke ochtend opnieuw: voor mij symboliseert hij jullie onbehoorlijke gedrag. Ik heb Rosaline in onze familie opgenomen. En wat dan nog? Verwachten jullie dat ik jullie om toestemming zal smeken, wat jullie vervolgens hooghartig zullen weigeren?' Jean lachte geamuseerd. 'Zeg nou zelf, wat zou ik dan voor man zijn? Zou ik mezelf dan niet voor schut zetten, mezelf dan niet tot mikpunt van spot van het dorp maken? Rosaline ís hier, en blíjft hier. Als haar aanwezigheid jullie niet bevalt, kunnen jullie je schaduw ergens anders werpen.' Dat was het laatste wat hij zei en toen vertrok hij.

Ik had maar één wens, hem volgen. De schrik zat me nog steeds in de benen. Toen voelde ik hoe iemand me bij mijn arm greep, ik dook geschrokken in elkaar. Ah, een buurvrouw. Ze trok me drie stappen de duisternis in, fluisterde me in mijn oor: 'Giftige wijven zijn het... Je bent de eerste niet met wie ze dit uithalen. Er zijn er zelfs al een paar vandoor gegaan. Jean heeft ze er niet toe kunnen overhalen om terug te komen. Ditmaal is hij gedecideerder. Vecht ervoor, mijn dochter, het is een goede man.'

Wat een openbaring: Jean had dus al andere vrouwen in de familie geïntroduceerd, vóór mij? En die drie furies hadden steeds een uitputtingsoorlog tegen hen gevoerd en hen uiteindelijk op de vlucht gejaagd? Maar ook Jean zaaide tweedracht, haat. Waarom bond hij me aan zich, hield hij mij zo lang in zijn huis? En had hij nauwelijks aandacht voor zijn andere echtgenotes en kinderen?

Heeft hij zich altijd zo gedragen, ook bij mijn voorgangsters? Dat zou wel heel provocerend zijn... Of was zijn gedrag van nu een straf? Maar hij deed het over mijn rug – want ik zou het moeten bezuren. En toch... Mijn handen balden zich tot vuisten, ik sloeg ze tegen elkaar, zei zachtjes maar vastberaden: ik neem mijn intrek hier in Jeans nederzetting – en ik zal blijven ook. Ik wijk niet, ik ben geen hond die zich laat wegjagen. Maar, lieve Jean, laat het huis dat je op het oog hebt opknappen. Ik heb de behoefte jouw huis te verlaten en mijn eigen huishouden op te zetten en zo de vrede te bevorderen. Doe het snel, vanaf morgen blijf ik erover zeuren.

Een paar dagen later... De zonnestralen vielen nog schuin door het loof van de bomen. Met een bundel wasgoed onder mijn arm en een stuk zeep in mijn hand verliet ik het huis, ging naar de beek. Ik hield mijn pas in, keek vol nieuwsgierigheid naar vier vreemden op het smalle pad naar onze nederzetting. Het viel op dat drie van hen bewakers waren van de chefferie. Gingen ze naar ons toe? De vierde man. Lieve hemel! Ik herkende hem, voelde walging, ja, afschuw toen ik hem zag. Direct kwamen alle onaangename, droevige herinneringen weer boven. Er was geen twijfel aan, dat was Paul. Ik had hem jarenlang niet gezien, wat bracht hem hier? Ik had een slecht voorgevoel.

De groep bleef staan, keek rond, nam alles in ogenschouw. Paul wees naar Jeans huis, waar duidelijk het hoofd van de familie domicilie hield. Toen zag hij mij. Doordat hij naar mij wees, door zijn gebaren, zag ik dat hij de bewakers duidelijk maakte: daar staat degene die...

Paul groette niet, zei geen woord, keek me aan met een gezicht waarop geen enkele emotie te zien was. Aan mijn gezicht kon je tenminste nog de vraag: wat moet dat hier? aflezen.

'Waar is je man?' vroeg een bewaker aan mij, niet stuurs, niet toeschietelijk, maar gewoon ambtelijk.

Jean, die kennelijk iets gehoord had, verscheen in de deuropening van zijn huis.

'Woont deze vrouw hier in jouw nederzetting?' snauwde Paul tegen hem.

'Ja, mijnheer, mag ik haar aan u voorstellen: Rosaline, mijn charmante vrouw.'

Wist hij wie er voor hem stond?

'Wat willen de heren?'

O, Jean, je verbaast me. Dit is geen beleefdheidsbezoekje, er hangt iets onheilspellends in de lucht. Ik beef van angst en jij... je bent de rust zelve.

'Wij hebben orders om jullie naar de chefferie te brengen, jullie allebei,' zei een bewaker.

'En de reden graag?'

Wat was hij voorkomend...

Aan Pauls gezicht kon je zien hoe hij zich ergerde, net als aan de toon waarop hij blafte: 'Dat hoor je ter plekke wel.' 'Best!'

De opstelling: een bewaker, Jean, een bewaker, ik, een bewaker, Paul. In die volgorde gingen we op weg, de een na de ander begaven we ons op het smalle voetpad naar de chefferie. Ondanks mijn angst en vrees moest ik nog even naar de nederzetting kijken, een korte blik op de huizen van de vrouwen werpen. Ja – daar stonden ze bij elkaar, keken ons sprakeloos na, pijnigden hun hersens om een overtuigende verklaring voor dit weinig alledaagse tafereel te vinden. Maar zelfs als ik hen graag had gemogen, had ik hen mijn situatie nog niet kunnen uitleggen. Wat voor onrecht had ik begaan? Welke onrechtmatige daad rechtvaardigde dat Jean en ik werden gearresteerd? En helemaal tegenover Paul, die ik al in geen tijden had gezien?

Als je voor het traditionele gerecht van de chefferie moet verschijnen betreft het meestal vampirisme, hekserij, diefstal of ruzie over land, maar hij kan mij geen van die vergrijpen in de schoenen schuiven. Toch weet ik droevig genoeg uit bittere ervaring maar al te goed hoe onberekenbaar hij is. Voor mij is Paul verleden tijd, waarom komt hij dan opnieuw in mijn leven?

Voor de chefferie stonden mannen in groepjes bij elkaar, ze keerden zich nieuwsgierig om toen onze ongewone optocht er aankwam. Ik stelde vast dat het bekenden waren, Pauls vrienden en buren. Zijn getrouwen, ik weet maar al te goed dat hij door hun aanwezigheid sympathie voor zichzelf wil wekken.

De notabelen, de negen adviseurs met wie de chef zich omringt, ontvingen ons, begroetten Jean zonder uitzondering vriendelijk, als oude bekenden die elkaar na lange tijd weer eens zagen. Ze brachten ons naar een kamer waar waarschijnlijk al sinds tijden traditioneel recht werd gesproken. Paul mocht twee vrienden, jongemannen bij hem uit de buurt, mee naar binnen nemen. De anderen wachtten op de moyo'h.

Mijn knieën trilden, het rommelde in mijn buik. Ik heb me nergens schuldig aan gemaakt, maar Paul heeft kennelijk iets bedacht. Plotseling gefluister bij mijn oor, Jeans stem: 'Wees maar niet bang... Ze hebben allemaal mijn vader nog gekend, hij werd als notabele zeer gerespecteerd.' 'Maar Pauls vader had ook een positie binnen de chefferie,' fluisterde ik. 'Zo onbeduidend,' met duim en wijsvinger maakte hij duidelijk hoe onbelangrijk diens positie, diens invloed was geweest. 'Die zijn ze allang vergeten.' Ik slaakte een zucht van verlichting. 'Tja, als de zaken er zo voor staan.' Er viel een last van me af, mij zou niets gebeuren.

Paul werd verzocht zijn aanklacht naar voren te brengen. 'Ze is mijn vrouw, maar ze vermengt haar bloed met dat van een ander.' Aha, dat was het dus... 'Dat is niet mogelijk,' hoorde ik Jean naast me mompelen, van nu af aan was hij mede-aangeklaagde. Ik schudde ongelovig mijn hoofd. Een echtpaar vermengt zijn bloed, het stroomt in de aderen van hun kinderen. 'Ze vermengt het met dat van een andere man,' betekent dat hij me beschuldigt van echtbreuk.

O Paul... dat pijnlijke verhaal! Waarom rakel je die nare ervaringen weer op, haal je slecht geheelde wonden opnieuw open? Voor jou is dat immers allang verleden tijd, afgedaan. Hou je bezig met andere vrouwen. Ik ben nog altijd in de rouw, herinner me aan die tijd: Emmanuel, Dieudonné, het kleine bundeltje... Ja, wij hebben ons bloed vermengd, het paste niet bij elkaar, verdroeg elkaar niet, reageerde als water en vuur. En nu, na zo lange tijd... wat heeft je tot deze aanklacht gedreven?

Mij werd gevraagd me te verweren. Nee, nee, ik zal me met geen woord verdedigen. Ik weiger mezelf opnieuw te kwellen. 'Dat is allemaal allang voorbij, vergeten,' zei ik zo onbewogen mogelijk terwijl ik behoorlijk van slag was. Toen vroeg Jean het woord. In korte zinnen legde hij uit dat ik Paul al jaren geleden had verlaten, daarna lange tijd in de ouderlijke nederzetting had gewoond, tot hij mij tot vrouw had genomen.

De notabelen keken vragend naar Paul. 'Tja, ik begrijp je niet,' begon een van hen en keek de anderen aan. Ook zij schudden het hoofd, haalden hun schouders op. 'Vertel ons, waarom val je deze vrouw na jaren van scheiding nog lastig?'

Op Pauls gezicht was ontstemming, misnoegen te lezen, je kon zien dat het niet volgens plan liep, tegen zijn verwachting was. Had hij op dat moment spijt van het geld dat hij verschillende notabelen had toegestopt om zijn kant te kiezen?

Knorrig antwoordde hij: 'Zij is mijn eerste vrouw. Jullie weten dat de "eerste" volgens onze traditie de baas is. Zij heeft de leiding over de medevrouwen, regelt het reilen en zeilen binnen de familie. Als zij doortastend en wilskrachtig is, heerst er vrede in een familie.'

Iedereen moest lachen. Jean gaf me een zacht duwtje tegen mijn arm. Tegen mijn wil moest ik ook lachen, Paul dwong me ertoe. Ongewild had hij laten doorschemeren dat er in zijn nederzetting tweedracht heerste, dat hij machteloos stond tegenover zijn vrouwvolk. Er moest een beheerste, daadkrachtige vrouw komen, dacht hij kennelijk: Rosaline.

De notabelen trokken zich terug om met elkaar tot een beslissing te komen en daarna met de chef te overleggen, die onwel was en daarom niet aan de bespreking deelnam. Wij stonden te wachten, het duurde eindeloos. Paul stond tussen zijn getrouwen, discussieerde, gebaarde opgewonden met armen en benen. Jean straalde vertrouwen uit: 'Je vroegere echtgenoot heeft zich niet van zijn beste kant laten zien.'

De notabelen verschenen, een van hen begon te spreken: 'Het dorp en de chef hebben besloten dat Pauls aanklacht van echtbreuk ongegrond is. We hebben de aanklacht zorgvuldig onderzocht. Het staat vast dat Rosaline haar toenmalige echtgenoot al vele jaren geleden heeft verlaten. En de reden daarvoor was overduidelijk niet een andere man, want ze trok zich terug in de ouderlijke nederzetting, waar ze lange tijd gewoond heeft – tot Jean haar tot vrouw nam. Bij hem heeft ze een nieuw thuis gevonden. Heeft Paul van tijd tot tijd weleens gevraagd hoe het met Rosaline ging? Niet één keer. Nu verrast hij haar ineens met de beschuldiging echtbreuk gepleegd te hebben, en geeft tegelijkertijd te kennen dat hij haar graag terug wil hebben. Beste Paul, hebben je beste vrienden je deze stap aangeraden? Soms is het goed je eigen verstand te gebruiken, dat zou een aantal mensen en jezelf veel ongemak bespaard hebben. Je moet je natuurlijk erkentelijk betonen jegens de chef, hij heeft zich voor je ingespannen. Een paar huizen van zijn vrouwen zijn bouwvallig, ga met je vrienden maar bamboe snijden voor nieuwe huizen. Laat zien dat je iets voor een ander overhebt.'

Jean en ik gingen er haastig vandoor, we liepen snel. Ik werd als een magneet naar huis getrokken, naar Stella. Ons goede humeur gaf ons vleugels en ik had wel willen dansen. O Paul, wat wilde je ermee bereiken toen je de hulp van het traditionele gerecht inriep? Welke ongeschikte adviseurs hebben je tot die stap aangezet? Dacht je serieus dat ik ooit weer een voet in je huis zou zetten, ooit weer met jou samen zou leven?

We naderden de nederzetting en bleven verrast staan. Wat was dat? Gelach, geklets, uitgelaten vrolijkheid galmden ons tegemoet. 'Klinkt als een vreugdefeest.' 'Bij ons?' vroeg Jean verbaasd. 'Ah...!' Ik sloeg me voor het hoofd, begreep het, snapte hoe het in elkaar zat. 'Ja, Jean, bij ons. En ze hadden er alle reden toe, maar als ze ons zien, zullen ze wel weer ontnuchteren.' 'Wat bedoel je...?'

Onopgemerkt stonden we te kijken, behoorlijk lang, we sloegen het tafereel gade: er waren ook buren bij – waren ze op het gejuich afgekomen? En te midden van hen, in feestelijke stemming, extatisch van geluk, mijn drie medevrouwen. Ze dachten dat ik in de gevangenis zat, veilig achter de tralies. Dit schouwspel riep tegenstrijdige gevoelens bij me op, waardoor ik niet wist of ik boos moest zijn of erom moest lachen. Maar toen keek ik in hun sprakeloze gezichten. Het leedvermaak was weg, hun goede humeur, hun vrolijkheid waren verdwenen. Hun bliksemsnelle verandering wekte mijn lachlust op. Het was beslist: ik nam hun spel luchtig op.

Stella was één hoopje ellende. In elkaar gedoken zat ze in het donkerste, verste hoekje van het huis. 'Mama, jij...?' vroeg ze aarzelend met een zacht stemmetje uit de schemerige hoek, alsof ze een hersenschim zag. 'Ja, meisje, ik ben het.' Toen vloog ze me in de armen, drukte haar hoofd tegen mijn hals en huilde. Alles wat ze die dag had doorstaan kwam eruit. Snikkend zei ze: 'De andere mama's zongen en dansten en waren zo gelukkig. Ze zeiden aldoor maar dat je nooit meer terug zou komen omdat je man je mee had genomen. Ik begreep er helemaal niets van: niet dat je wegging, maar ook niet dat ze vrolijk waren.' Het kostte me moeite haar te kalmeren, haar tranen te drogen en haar te bevrijden van de angst dat ik weg zou gaan en haar alleen achter zou laten.

'Rosaline, denk je dat Paul zich erbij neer zal leggen dat hij bakzeil heeft gehaald?' vroeg Jean nog laat die nacht. 'Hm, wat zit er anders voor hem op, wat kan hij anders doen?' 'Nou ja, je ziet immers wel vaker dat er mensen zijn die moeilijk doen... die anderen kwaad willen doen als hun iets mislukt, zelfs als het hun eigen schuld is. Weten we wel waarom Paul plotseling weer aanspraak op je maakt? Misschien alleen omdat je nu hier woont, bij een andere man, dat feit is misschien al genoeg om zijn jaloezie te wekken.' Ik twijfelde. 'Maar toch niet na zo'n lange tijd?' 'Wie weet? Heeft hij je soms niet van jarenlange echtbreuk beschuldigd? Zei hij niet dat hij van al je kinderen niet de vader was? Zulke beweringen, Rosaline, zonder bewijs, ontspruiten alleen aan een ziekelijk jaloerse fantasie.'

'O Jean, je maakt me ongerust, je gedachten jagen me angst aan, vooral... vooral omdat ik me een verhaal herinner dat in het dorp een tijdje geleden van mond tot mond ging. Een echtgenoot sloeg zijn vrouw geregeld, maar niet dagelijks. Dat leven was ze spoedig beu, wie kon het haar ook kwalijk nemen. Haar ouders haalden haar terug. Knap en jong als ze was, begeerd door mannen van alle leeftijden, trok ze algauw bij een andere man in. En haar eerste man, die rare snuiter, kookte van woede, niemand begreep hem, de mensen maakten hem belachelijk en hadden leedvermaak. Dat hadden ze misschien beter niet kunnen doen, want op een nacht, zeggen ze, ging hij erheen en strooide giftig poeder voor haar deur. Ongemerkt ging ze er jammer genoeg op staan... Ze werd ziek en stierf veel te jong.' Dat soort gruwelijke verhalen deed telkens weer de ronde. Ook Paul zou zoiets kunnen verzinnen.

'Moet je horen, Rosaline. Ik heb een voorstel: jij gaat met Stella een tijdje bij je tante logeren.' 'Heb je dat al bekokstoofd? Wil je mijn medevrouwen opnieuw een plezier doen waardoor ze een vreugdedansje kunnen maken?' 'Nee, nee, echt niet!' Hij hief afwerend zijn handen op. 'Ik zorg er wel voor dat ze daar niet vrolijk van worden. Morgen begin ik er meteen mee om het huis daar op te knappen.' Die gedachte beviel me, dus stemde ik ermee in.

'Je huis is klaar, kom terug!' 'Dolgraag...' Ik stemde er blij en van harte mee in. Ik genoot van het leven met Jean en Stella. Ondanks het onaangename gedrag van de vrouwen peinsde ik er niet over vrijwillig het veld te ruimen. 'Ik blijf, en ik wijk niet,' bezwoer ik mezelf, 'ik ga de strijd gewoon aan.'

Er was iets waar ik me echter zorgen over maakte, en wat me soms bedrukte: ik werd niet zwanger. Jean liet zich als genezer niet onbetuigd: 'Rosaline, ik laat je een reinigingsritueel ondergaan,' troostte hij me op een dag toen ik weer eens 'de maan zag', een moment waarop mijn hoop voor de zoveelste keer verdween. 'Misschien heeft iemand een vloek over je uitgesproken. Die Paul...' Hij stak waarschuwend zijn vinger omhoog, wilde daarmee zeggen dat we nog steeds voorzichtig moesten zijn.

Jean en ik gingen de steile helling af, namen echter niet, zoals ik anders deed, de weg naar de gezamenlijke wasplaats. We volgden juist het smalle pad dat ons meer bovenlangs naar het dal bracht. Daar, omzoomd door hoge raffiapalmen en weerbarstige struiken, zoekt de beek zich meerarmig zijn weg. Op een plek die door struiken aan het zicht wordt onttrokken, had Jean in een smal waterstroompje een stuw van stenen gemaakt zodat er een poel was ontstaan.

Ik zette mijn mand neer, waarin ik de benodigde zeven eieren had gedaan, afgedekt met een doek. Jean legde er een kalebas naast en zei: 'Kijk, het water komt tot boven mijn knieën, zo diep wilde ik het precies hebben. En waarom?' Schalks keek hij me aan. Natuurlijk moest ik het antwoord schuldig blijven. 'Je zult het wel zien. Kom, doe je kleren maar uit. Voorzichtig, het is hier glibberig.' Hij legde zijn vinger op zijn mond: 'Van nu af aan moet je zwijgen, ik moet nadenken, me op de ceremonie concentreren.'

Hij stond voor me, met gesloten ogen, zijn handen rustten op mijn schouders. Ook ik voelde de behoefte na te denken, me in mezelf terug te trekken, me te verdiepen in mijn hartenwens. Onbewust, zonder na te denken, vouwde ik mijn handen, richtte na lange tijd een verzoek aan de hemelse Vader, exact op de manier waarop het de kleine Rosaline door de strenge evangelisten was geleerd, vroeger in de pas gebouwde dorpskerk.

Tijdens die innerlijke dialoog met 'Hem' drong Jeans mompelende stem tot mijn oor door: 'Goden, wij zijn gekomen om jullie een offer te brengen: zeven eieren, zeven kiemcellen van nieuw leven. We vragen jullie, neem deze gave aan en laat jullie daardoor gunstig stemmen, want wij hebben jullie hulp nodig. Een onbekende, kwaadwillende persoon oefent macht uit over Rosaline, verlamt het heiligste van haar vrouwelijkheid: haar vruchtbaarheid. Doe die invloed teniet en laat gauw nieuw leven in haar groeien.'

Hij brak de eieren op mijn hoofd, het ene na het andere, wreef dooier en eiwit over mijn hele lichaam heen. 'Dat zal diep intrekken en je door en door reinigen.'

Ik hield mijn ogen nog steeds dicht, wilde dit reinigingsproces dat me geluk beloofde niet door onnadenkendheid of onbezonnenheid verstoren. Op een gegeven moment nam hij me bij de hand en leidde me voorzichtig de poel in. 'Ga zitten, het water zal de kwaadaardigheid van de ander afwassen en wegnemen.' Zitten? In dit meer dan kniehoge water? Het komt tot mijn mond, liet ik hem door een verwijtende blik en een beklemtonende handbeweging weten. 'Echt niet! Ik heb het precies uitgekiend, geloof me. Het komt maar tot je hals.' Angstvallig, met bonzend hart ging ik zitten. Hij had gelijk. Maar toch, het hoge water bezorgde me ademnood.

Jean schepte met zijn handen water en liet het voorzichtig door zijn vingers over mijn haar, mijn gezicht stromen. Ik wreef mijn lichaam, waste me schoon tot het laatste beetje kleverigheid weg was. 'Kom, Rosaline, we moeten nog voorzorgsmaatregelen nemen, je beschermen tegen jaloerse mensen.' Hij hielp me omhoog, anders zou ik op de lemige, glibberige bodem zijn uitgegleden.

Jean pakte de kalebas en schudde hem. 'Een aftreksel van gemalen gugubrepitten en zeldzame kruiden. Ik heb er ver voor moeten lopen en heb geluk gehad dat ik ze vond – maar ik heb het graag voor je gedaan. Met die vloeistof wrijf ik je in en dan zullen we wel zien.'

'O Jean, dank je.' Plotseling ontwaakten er een vitaliteit, een behaaglijk gevoel, een wilskracht in me die ik lang niet gevoeld had. Twistzieke wijven, verzekerde ik hun opnieuw met alle trots die ik kon opbrengen, mijn plaats is aan de zijde van deze man.

Ik vond het huis mooi, was trots dat ik er de eigenaresse van was, het was van mij. Mijn verhuizing moest een signaal zijn, een vredeteken, zodat mijn medevrouwen konden zien dat ik niet meer bij hem woonde en onder dezelfde omstandigheden leefde als zij. Ik hoopte dat de verhitte gemoederen zo tot bedaren konden worden gebracht en we de strijdbijl konden begraven. Rosaline, kalm aan, denk eens aan hen! Daar kun je echt nog geen aanspraak op maken, dan vraag je te veel van ze, want één gewoonte blijft voortduren: Jean vraagt me nog elke avond om de nacht met hem door te brengen. Dolgelukkig stem ik daar weliswaar steeds mee in, maar elke keer neem ik me voor om er morgen, eerlijk waar, serieus met Jean over te praten. Maar zoals vaak, om onverklaarbare redenen, wordt 'morgen' weer 'morgen' en 'overmorgen'...

En toen zei ik het oprecht tegen hem: 'Jean, je moet weer contact met je vrouwen opnemen. Moeten we voor altijd in ruzie en in onmin leven?' Zijn vriendelijk glimlachende gezicht vertrok tot een knorrige grijns. Ik was niet onder de indruk en vertelde hem wat ik van tevoren had bedacht: 'Natuurlijk geniet ik van de wapenstilstand, maar hoe lang zal die nog duren? Hun agressie wordt misschien alleen maar groter. Het beangstigt me als ik daaraan denk.'

Hij wilde me al tegenspreken, me geruststellen, mijn angst wegnemen. Ik permitteerde me heel wat die dag, had de brutaliteit hem, een man, een halt toe te roepen, want ik, een vrouw, had nog meer te zeggen: 'Je vrouwen hebben voor de buren al eens een onderhoudend toneelspelletje opgevoerd: een woordenwisseling met handgemeen. Die houden een dergelijke openlijk tentoongespreide onverzoenlijkheid natuurlijk niet voor zich, daar vertellen ze smakelijk over, aan iedereen die het horen wil. Overal is natuurlijk weleens onenigheid, in de beste families. Maar als er nog een keer slaande ruzie is en men er lucht van krijgt, zullen de roddelverhalen je reputatie schaden, de mensen zullen kwaadspreken over je, zich afvragen waarom jij als hoofd van de familie niet optreedt tegen je vrouwvolk, hun laat zien waar de grenzen liggen of ze hun congé geeft en wegjaagt.

En dan nu de laatste reden, Jean: ik verlang naar rust, ik wil dat het bijgelegd wordt. Zet de eerste stap, bezoek je vrouwen, eet met hen, zet ze onder druk...' Hij zat erbij als een geslagen kind, zweeg, staarde naar een vast punt op de grond. Welke gedachten tolden er door zijn hoofd, buitelden er misschien over elkaar heen? Ik wachtte, gaf hem de tijd. 'Waarschijnlijk heb je gelijk... Maar dat kost wel zelfoverwinning...' Met die woorden stond hij op en ging.

Er was een nog veel belangrijker reden die me had aangezet tot dit gesprek. Die hield ik echter voor me. Ik wilde dat een van zijn vrouwen zwanger werd. In de ouderlijke nederzetting had ik dat onverklaarbare verschijnsel ook al meegemaakt: soms kwam het voor dat er gedurende een langere periode geen kinderen ter wereld kwamen, tot er één vrouw begon en de anderen volgden. Plotseling ging de vreugde van de blijde verwachting haast op het rijtje af. Ik droomde ervan dat ik vroeg of laat in het kielzog van de zwangerschappen van de anderen zelf moeder zou worden.

Daar lag ik nu in mijn bed – niet alleen, Stella nestelde zich tegen me aan – en wist dat Jean bij een van hen was, hij moest waarschijnlijk bij de 'eerste' beginnen. Hij deed het met tegenzin, in zekere zin plichtsbewust, maar hij zou er toch geen genoegen aan beleven? Ik werd duizelig, kreeg last van mijn hart bij het idee. Waarom heb ik er zo bij hem op aangedrongen? klaagde ik tegen mezelf, wat had ik er immers mee te maken?

'/s Avonds werd ik al overvallen door een gevoel van weemoed, dat misschien werd opgeroepen door Stella's verbaasde vraag: 'Slaap je vandaag niet bij papa?' 'Nee, kind.' Zei ik het te nors? Stella sperde haar ogen open, ze werden groot en rond. Geschrokken hield ze haar hand voor haar mond. 'Mama, jullie hebben zeker ruzie gehad, of niet?' Boos op mezelf, voer ik uit tegen mezelf: moet ik haar kinderziel nu ook nog verwarren met mijn onbeheerste kleingeestige jaloezie? 'Nee, nee, meisje. Heb je soms boze, harde woorden gehoord?' Ze schudde haar hoofd. 'Nou dan!' Ik tilde haar op, draaide haar rond, lachte, wilde haar laten zien dat ik in opperbeste stemming was. Het lukte. Ze stelde verder geen vragen, zoals: met welke vrouw slaapt hij dan?

Ik kwam in opstand tegen mijn lot, zag het leven als vreselijk onrechtvaardig. Bij het opgaan van de zon was ik al woedend en boos en jammer genoeg werd dat niet minder als die onderging. Vooral in de stille uren van de nacht kon ik mijn kwaadheid nauwelijks bedwingen, tot ik eindelijk in de slaap vergetelheid vond.

Maar wie had die situatie veroorzaakt? Ikzelf en niemand anders. Ik was dus een grote domoor. Wie was er nou zo'n sukkel dat hij zogenaamd omwille van de lieve vrede talloze liefdesnachten weggaf, ze afstond aan drie onbehouwen wijven en vrijwillig nog maar een op de vier nachten het bed met haar aanbeden echtgenoot deelde? Ik werd de slavin van mijn eigen jaloezie. Tegen mijn wil werd ik op het desbetreffende uur door een onzichtbare hand naar het raam toe getrokken. Daar bleef ik staan, niemand zag me doordat de kamer donker was. Wie bracht hem het eten, wie stak zijn lamp aan? Wie was vandaag de gelukkige die zijn liefdeshonger mocht stillen?

En het ergste was nog wel dat er door mijn offer, mijn zelf opgelegde helse pijn geen vrede was gekomen. Integendeel zelfs. De geachte dames liepen met de borst vooruit, keken nog hooghartiger op me neer.

Ik ging naar de beek, met een mand met vuile was op mijn hoofd balancerend. Zoals altijd de afgelopen tijd liep ik te piekeren, was ik in gedachten, schonk weinig aandacht aan mijn omgeving. Aangekomen bij de wasplaats, kromp ik geschrokken ineen. Voor me waren Bekou en Thérèse overdreven bezig met hun was, zonder op te kijken. Ze hadden me vast zien komen. Het was te laat, ik kon niet meer teruggaan. Ik bleef, of het nu goedschiks ging of kwaadschiks. Nee, ik nam niet de benen voor hen. Mijn groet beantwoordden ze niet. Ik ging aan het werk.

Er heerste zwijgen. Na een tijdje begonnen ze zo hard te praten dat ik gedwongen werd mee te luisteren: 'Jean is de nieuwe al zat, hij heeft er al genoeg van, eerder dan we hadden gedacht. Hij heeft zich laten inpalmen, onze wellusteling, maar het was hem zeker ontgaan dat het vogeltje dat hij gevangen heeft haar mooiste veertjes al ergens anders heeft gelaten.' 'Geen wonder, die gaat van de ene man naar de andere,' wist de ander eraan toe te voegen. 'Ik ben niet op zijn verzoek ingegaan en ik heb hem overduidelijk te verstaan gegeven: niet met mij zolang je ook met die... Hoe heb jij trouwens op zijn verzoek gereageerd?' 'Zeg, je kent me toch? Denk je nou echt dat ik met een man slaap die de dag daarvoor nog tussen de benen van dat verdorven mens heeft gelegen?'

Ze zijn uit op ruzie, Rosaline, sluit je oren ervoor, ze willen je opjutten. Reageer niet, laat ze maar kletsen, sta erboven. Met alle geweld probeerde ik de woede te onderdrukken die in me opkwam, wilde de situatie tot elke prijs de baas blijven. Maar toen...

Hun brutaliteiten gingen verder dan ik kon verdragen, hun laatdunkende opmerkingen beroofden me van m'n verstand... Ik pakte de emmer en met ongekende kracht gooide ik Thérèse die het dichtst bij me stond het water in haar gezicht. Ze keek me met wijd opengesperde, vragende ogen aan, alsof ze niet begreep wat haar was overkomen. Ik moest lachen om haar onnozele mimiek. Natuurlijk had ik nauwelijks de tijd om ervan te genieten, want ze stortten zich als panters op me, met z'n tweeën. We trokken, duwden, stompten elkaar, ik verzette me. Mijn woede maakte me moedig. Maar hoe het gebeurde? Ik weet het nog steeds niet. Plotseling lagen we op de grond, vochten met elkaar, wentelden ons door de doordrenkte modderige bodem, net als de varkens van mijn vader.

We werden hard vastgegrepen. Resolute mannenhanden trokken ons bezetenen uit elkaar. Hijgend en puffend stonden we daar en staarden elkaar aan. Als het dan niet met de kracht van onze vuisten was, dan wilden we elkaar in elk geval met blikken doden. De mannen voeren tegen ons uit, woedende scheldwoorden regenden op ons neer. We moesten ons schamen! Of we geen enkel eergevoel meer hadden, wilden ze weten. Of we ergens zo'n ruzie over moesten maken dat we ons als moeders van zonen en dochters als dieren door de modder moesten wentelen, en voor iedereen een roemloze vertoning ten beste moesten geven.

Ik keek op, zag pas nu de kring van kijkgrage mensen die om ons heen stond. Een paar vrouwen en heel wat kinderen. Waar waren die allemaal zo snel vandaan gekomen? Ah, van de in de buurt gelegen school. Beschaamd keek ik rond, in de nieuwsgierige, verbaasde, geamuseerde en spottende ogen. Wat zou ik graag onzichtbaar zijn geworden. Maar waarom sta ik hier eigenlijk nog? Haastig verzamel ik mijn was bij elkaar, gooi de ingeweekte, half gewassen en schone was allemaal door elkaar in mijn mand, pak mijn stuk zeep en de emmer en verlaat zonder om te kijken het strijdperk.

Waar is Jean? Hopelijk niet op de markt of bij vrienden of ergens anders waardoor hij lang weg is. Ik moet hem alles vertellen, direct, dit duldt geen uitstel. Ik tref hem aan in het patiëntenhuis, bezig met de behandeling van een zieke. Hij knikt me door de openstaande deur toe. Wat moet ik doen? Geduldig wachten? Het kan lang duren. Ik blijf voor het huis staan, loop rusteloos heen en weer. Voelt hij niet, kan hij niet aan mijn gezicht zien dat er iets afschuwelijks, iets verschrikkelijks is gebeurd? Kennelijk wel, want hij komt naar buiten. Nog voor hij bij me is, laat ik mijn woede de vrije loop, wil alles tegelijk vertellen, de woorden buitelen over elkaar heen, zonder samenhang of betekenis. Jean begrijpt er niets van, alleen dat er iets gebeurd is wat alle conflicten tot dusverre heeft overtroffen. 'Rosaline, kalmeer een beetje, probeer je te ontspannen, ik kom zo, ik zit midden in een behandeling.'

Thuis ging ik op mijn bed liggen, in de hoop dat ik me zou kunnen ontspannen. Het trillen werd minder, mijn hartslag normaliseerde zich, maar in mijn hoofd was het één chaos. Met name één ding was me onduidelijk, ik beet me erin vast: waarom heeft Jean niet gezegd, ja, niet één keer laten doorschemeren, dat er bij hem drie wilde katten rondlopen? Hij heeft mij nietsvermoedend aan dat gevaar blootgesteld. Indertijd zou ik geaarzeld hebben, de voors en tegens hebben afgewogen. Nu is het te laat – ik wil niet meer zonder Jean leven.

Ik hoorde stemmen van vrouwen dichterbij komen, onder mijn raam stoppen. 'Hier, mevrouw, dat is haar huis,' hoorde ik duidelijk verstaanbaar zeggen. Ik sprong op van mijn bed. Dat was Bekou, die inlichtingen gaf. Maar wat klonk haar stem aardig, wat overdreven beleefd. Dat betekende gevaar, fluisterde een stemmetje in mij. Wat hadden ze nu weer bedacht?

Mijn tante kwam binnen en Bekou ging weg. 'Rosaline,' we vlogen elkaar in de armen. Ze streelde mijn hoofd en rug als bij een klein meisje. 'Heb je het gehoord...?' vroeg ik snikkend. 'Ja, mijn buurman was bij de mannen die jullie uit elkaar haalden. Die wijven,' siste ze, 'wat een bazige huichelaarsters. Dat mens dat mij hierheen gebracht heeft – de vriendelijkheid zelve – dat was toch een van die twee?' Ik knikte. 'Rosaline,' ik spitste mijn oren, ik wist dat er nu een opdracht aankwam die ik moest opvolgen, of ik het wilde of niet. 'Ik neem jullie mee, jou en Stella, je slaapt hier geen nacht meer, begrepen?'

Jean kwam eraan, benieuwd naar mijn verhaal. Toen ik klaar was met vertellen, gaf tante hem niet eens de tijd er commentaar op te leveren en zei ook tegen hem resoluut: 'Ze gaan met mij mee, of je het nou goedvindt of niet.' Hij knikte instemmend. Kon hij tegen die vastberaden vrouw op? 'En bovendien,' haar stem werd nog strenger, 'ik spreek nu voor Rosalines moeder: ik zal niet dulden dat ze terugkeert zolang men zich in deze familie zo onbeschoft en onmenselijk gedraagt.'

'Goed gezegd, tante,' juichte het in mij. Ja, de mama's in het dorp weten zich staande te houden, tonen wilskracht. Dat is hun op grond van hun leeftijd ook toegestaan. Ze heeft gezien dat Jean weinig besluitvaardig is, dat hij strenge dingen zegt maar niets doet, dat hij alles maar laat begaan. Hoe vaak heeft hij de vrouwen al niet gedreigd dat hij ze weg zal sturen als ze niet... Maar wat hebben ze te vrezen? Niets! De ervaring heeft het hun geleerd. Ze voelen zich zekerder dan ooit, gaan hartstochtelijk verder met hun spel, worden steeds vrijpostiger – er gebeurt toch niets.

Voordat we vertrokken, plukte ik nog twee trossen kookbananen, er stonden een paar bananenplanten vlak bij mijn huis. Onze bijdrage aan de dagelijkse maaltijden, als we voor langere tijd bleven konden we niet met lege handen komen. Ondertussen bewaakte Stella onze tassen met kleren, ze was ernaast gaan zitten. Was ze bang dat ik ze zou vergeten? O, meisje, weet je wel hoe dierbaar je me bent, hoe onmisbaar? Bij het afscheid keek ik Jean verwachtingsvol aan. Wanneer zien we elkaar weer? vroeg mijn blik. 'Ik kom langs,' beloofde hij, een uitspraak die te vaag, te onduidelijk was om me gelukkig te stemmen. 'En, Rosaline, tijdens je afwezigheid slaap ik niet in mijn huis.'

Nadat ze naar de stand van de zon had gekeken, drong tante erop aan dat we zouden vertrekken. 'Het wordt donker...' waarschuwde ze. Onderweg was ze constant aan het woord. Onvermoeibaar vertelde ze verhalen – wat buren, vrienden, onbekenden was overkomen, wat deze en gene had doorstaan. Ik deed alsof ik luisterde, maar in werkelijkheid was ik in gedachten verzonken, brak me het hoofd over Jeans uitspraak. Als hij niet thuis sliep, waar wilde hij dan zijn nachten doorbrengen? Bij vrienden? Dan zou het lijken alsof hij bang was dat zijn wilde katten hem zouden overvallen. Maar dat kon ik me niet voorstellen. Dus vroeg ik me verbitterd af of hij soms omgang had met andere vrouwen. Hadden die drie hem niet genoeg te bieden als het ging om ontspanning, verstrooiing en seks?

Het was tijd voor het werk op het land, binnen afzienbare tijd zou er regen vallen. Tante was blij met mijn onverwachte hulp. Als het donker was vertrokken we al, om direct bij het eerste ochtendgloren, als het nog aangenaam koel was, met het vermoeiende, inspannende gehak in de harde, uitgedroogde aarde te beginnen.

Tante en ik waren niet alleen, haar medevrouwen vergezelden ons. 'We kunnen goed samenwerken, eerst werken we samen op het veld van de een, dan allemaal op de velden van de anderen,' legde ze me uit. 'Op die manier schieten we goed op!' 'En zonder ruzie of gekibbel,' zei de oudste van hen vol trots. 'Nou,' zei ik, 'jullie mogen wel tevreden met elkaar zijn. Veel families hebben het al zo geprobeerd, maar het lukte niet! Er hoeft er maar één te zijn die zich gebruikt voelt en dan is de harmonie, de prikkel om het samen te doen verstoord.'

Tante genoot ervan mijn lot uitgebreid uit de doeken te doen tegenover haar medevrouwen, in alle details die haar bekend waren. Ze bleken goed te kunnen luisteren, ze wilden dat er nog meer werd uitgeweid, maar nu door mijzelf en ze bestookten me met vragen. Onze vechtpartij bij de beek amuseerde hen, maar choqueerde hen ook. Ze sloten vriendschap met me en Jeans drie vrouwen werden tot ons aller vijandinnen uitgeroepen. Ze maakten hatelijke opmerkingen over hen, roddelden, lieten geen spaan van hen heel.

Ik voelde me goed, had allang niet meer deel uitgemaakt van een harmonieuze vrouwengemeenschap. Dat ze partij voor me kozen, deed mijn gewonde ziel goed. Jammer genoeg wisten ook zij niet wat je moest doen om die roofkatten te temmen. Toen kwam Jean aan de beurt. Ze schoven hem een flink deel van de schuld in de schoenen omdat hij toegaf aan hun heerszucht en hen niet manmoedig een halt toeriep. De kritiek was terecht, maar toch zocht ik naar woorden, begon hem te verdedigen, hakkelde erop los. 'O laat maar,' onderbraken ze me bijna unaniem, 'waarom zou je hem verdedigen?' Wist ik waarom? Och ja, daar was Jeans opmerking van gisteren, die me hoofdbrekens bezorgde, die was ik tijdens deze drukke dag helemaal vergeten.

Stella en twee van haar vriendinnen huppelden ons vrolijk tegemoet. 'Wist je,' vroeg ik, 'dat we zo'n honger hebben dat we nu maar naar huis gaan?' 'Ja... en, mama,' ze deed geheimzinnig dus boog ik me naar haar toe. 'Papa verwacht je,' fluisterde ze in mijn oor. 'Goed nieuws, Stella,' fluisterde ik even vertrouwelijk terug. Wat een blijde verrassing! Maar meteen werd ik overvallen door de pijnlijke gedachte dat hij misschien op weg was naar de plek waar hij de nacht door zou brengen, en alleen maar even bij mij langswipte.

Toen zag ik hem op een krukje zitten. Hij stond op, kwam me stralend van geluk tegemoet. Ik had mezelf pijn gedaan met ongegronde, uit de lucht gegrepen twijfels, want mijn lieve Jean zocht zijn slaapplek aan mijn zijde.

Ik had een aangename tijd bij mijn tante en kwam weer helemaal op verhaal. Overdag werkte ik in het vrolijke gezelschap van de vrouwen, Jean kwam elke avond, bracht de nacht bij ons door. Toen hij zag hoe ik in die gemeenschap opfleurde, beloofde hij: 'Rosaline, echt, bij de eerstvolgende gelegenheid zal ik laten zien wie de baas is, dan zullen mijn vrouwen merken hoe streng ik ben. Ik stel ze definitief voor de keus, dat zul je zien.' Was er nog hoop?

De volgende avond wachtte ik tevergeefs op Jean. Ongerust ging ik laat alleen in mijn bed liggen, deed ook toen geen oog dicht en dacht na. Wat betekende het dat hij wegbleef? Ik maakte me zorgen, en terecht, vond ik. Maar toen gaf ik mezelf op mijn kop: Rosaline, je overdrijft, moet je man echt elke dag op komen draven, volgzaam als een kind? Dan verwacht je te veel. Maar tot nu toe is hij immers ook elke dag verschenen, voegde ik er halsstarrig aan toe. En er was nog een licht gevoel van ongerustheid dat me bekroop. Jean wilde zijn vrouwen laten zien dat hij de baas was. Zou hij wel zien hoe sluw, hoe doortrapt ze waren in hun pogingen hem in te laten zien dat ik niet in deze familie thuishoorde? Eigenlijk zou hij... Maar wie weet? Ik had al heel wat meegemaakt in mijn leven.

De volgende avond kwam hij vroeger, ik was nog niet met het zenuwslopende wachten begonnen. Ik was opgelucht hem in opperbeste stemming te zien en dacht: betekent zijn vrolijke gezicht dat hij me niets vervelends, niets akeligs heeft mee te delen?' 'Allemaal in goede gezondheid?' Ik knikte. 'Gisteravond heb ik met de vrouwen gepraat, het is laat geworden,' begon hij. 'Laten we ergens gaan zitten.' Hij keek zoekend om zich heen. Ik brandde van ongeduld. 'Daar, onder die grote boom,' hij wees naar de grote wortels die boven de aarde een plek hadden gevormd waar je kon zitten, comfortabel als een bankje.

'Ja, Rosaline, ik had je mijn woord gegeven. Het is me opgevallen hoe je van het leven hier geniet. Ik was al bang dat je bij me weg zou lopen. Die angst heeft me tot haast aangezet. Gisteren heb ik ze dus bij me geroepen. Ze kwamen met opgeheven hoofd, koppige gezichten. Ze hadden een masker opgezet, het was schijn, want ik weet zeker dat ze trilden van angst, dat ze bang waren dat de scène bij de beek een staartje zou hebben, dat ze zich zorgen maakten om hun toekomst.

"Wat is er bij de wasplaats gebeurd?" vroeg ik hun, ik wilde met het ergste voorval beginnen. Zoals verwacht hadden Bekou en Thérèse een verhaal bedacht waarin ze er zelf het beste afkwamen: ze hadden allebei rustig de was gedaan. Toen was jij opgedoken, en je sprak ze meteen op hatelijke toon aan en lachte er vol leedvermaak bij: "Zo, jullie echtgenoot heeft zich dus weer over jullie ontfermd. Wil hij jullie soms niet laten uitdrogen?"' Ik sprong woedend op. 'O Jean, dat zijn allemaal leugens!'

Hij trok me bij mijn arm weer op mijn plek terug. 'Rosaline, dat weet ik toch. Luister nou maar. Ik ergerde me er net zo aan als jij en zei dat hun onwaarheden me tegen de borst stuitten, me niet bevielen, dat het tijdverspilling was, en dat ik er geen zin in had om beetje bij beetje achter de waarheid te komen.

"Waar beschuldigen jullie Rosaline eigenlijk van?" vroeg ik zonder er doekjes om te winden. "Wat heeft ze gedaan?" Ze zwegen. Ik gaf ze de tijd, maar eigenlijk was mijn geduld allang op. Er kwam geen woord over hun lippen. Toen nam ik een beslissing en gaf de "eerste" het woord, deed een beroep op haar eergevoel: "Bekou, als eerste vrouw van deze nederzetting draag jij de verantwoordelijkheid, jij hebt volgens de traditie het privilege om het woord te doen, dus wil ik jouw commentaar op mijn vraag." Ze keek van de een naar de ander, alsof ze de instemming van de andere samenzweersters probeerde te krijgen. Ze knikten aanmoedigend, allebei opgelucht dat zij geen rekenschap hoefden af te leggen. Bekou maakte haar lippen vochtig, streek haar doek glad, alsof ze voor een groot publiek stond. Ze begon te praten, nee, ze zei het fluisterend. Stel je toch voor Rosaline, Bekou, die je van vroeg tot laat op elk hoekje van het erf kunt horen praten en lachen, fluisterde. Ik kon haar bijna niet verstaan.

"Ze heeft je het hoofd op hol gebracht zoals nog nooit iemand voor haar, je hebt ons en onze kinderen nog nooit zo verwaarloosd." "Dat is een onterecht verwijt," bracht ik er kwaad tegen in. "Hebben jullie niet zelf met jullie koppigheid en verzet deze situatie veroorzaakt? En dit is niet de eerste keer! Maar ditmaal gaat het anders: Rosaline is een trotse vrouw, ze weet wat ze wil, ze biedt jullie standvastig het hoofd. En als jullie eerlijk zijn, gaat het niet om Rosaline persoonlijk. Jullie hebben jezelf verraden door hartelijk te zijn tegen iemand van wie jullie dachten dat het een patiënte was en bits toen het jullie toekomstige medevrouw bleek te zijn. Er zat maar één nacht tussen, niet veel om elkaar te leren kennen, geen gelegenheid om zusterlijk met elkaar te praten, om erachter te komen in welke opzichten je elkaar mag en niet mag, jullie hadden maar één geheime afspraak: die pesten we wel weg. Nee, wat jullie willen is de lakens uitdelen, de dienst uitmaken, de baas spelen. Toevallig kunnen jullie drieën goed met elkaar opschieten, waarschijnlijk omdat jullie allemaal even hebzuchtig, berekenend en onverzadigbaar zijn. Jullie willen nog geen akkerrand afstaan, jullie willen alles voor jezelf houden. Maar als jullie niet tot inkeer komen, duurt het niet lang of jullie bezitten geen hoofddoekbreed land meer."

"O Jean," jammerden ze, met z'n drieën tegelijk, "oordeel niet zo onbarmhartig over ons, we zijn liefdevolle moeders, we denken aan onze kinderen met hun hongerige magen die gevoed moeten worden." "Hoeveel vrouwen wilde je al niet opnemen? Als die allemaal gebleven waren, was er voor niemand meer voldoende ruimte." "Zwijg," snauwde ik. Het was Thérèse die na mijn strenge beschuldigingen nog de brutaliteit had zoiets te zeggen. "Eén ding moet ik nog kwijt: Rosaline is zeker niet de laatste vrouw die ik mee naar huis neem. Er zijn jonge, knappe, gehoorzame vrouwen bij de vleet. Als jullie je koppigheid niet laten varen, zal ik me zonder al te veel gejammer en tranen van jullie laten scheiden." Ik stopte even en had nog één laatste vraag: "Ben ik duidelijk geweest?" "Hmm," bromden ze, en ze stonden op en gingen. Nou, Rosaline?' Jean keek me uitdagend aan. Kennelijk was hij tevreden over zichzelf en hoopte hij op lof van mijn kant. Maar mijn gedachten waren met andere dingen bezig. Zal de verstandhouding tussen ons vrouwen echt veranderen? En als dat niet zo is, zal hij dan ooit de vastberadenheid kunnen opbrengen om zijn dreigement uit te voeren? Ik zei tegen Jean: 'Denk je dat ze je boodschap ditmaal hebben begrepen?' 'Dat weet ik wel zeker – wanneer kom je terug?' 'Ik koester hoop en ik ben benieuwd en zou graag naar huis gaan, maar ik wil hier toch nog een paar dagen blijven en meewerken tot de akkers van alle vrouwen klaar zijn om ingezaaid te worden. Bij wijze van dank aan mijn tante. Zo vanzelfsprekend was het niet dat je hier altijd kon blijven slapen, Jean.'

De dag dat Stella en ik zouden vertrekken. Tante en haar medevrouwen verrasten ons: ze wilden ons allemaal vergezellen, niemand uitgezonderd. 'Ah, dochter,' zeiden ze, 'heb je niet elke dag van de ochtendschemering tot na de middaghitte samen met ons op de velden gewerkt? En dacht je dat we je nu alleen lieten gaan? Dat zou egoïstisch van ons zijn en ondankbaar.' Bovendien kwamen ze allemaal nog met een flink geschenk aanzetten: een mandje pinda's, een tros kookbananen, een zak maïs, makabo... 'Zodat je nog even aan ons denkt.' Ik stelde die geschenken erg op prijs, ze waren heel wat waard, zeker in dit jaargetijde. Met de opgeslagen voorraden moest de familie het zien uit te houden tot de volgende oogst. Er viel nog geen regen, er was nog niets ingezaaid. Elke dag dat de regen uitbleef verlengde de sobere tijd voor de nieuwe oogst.

De vijfde vrouw

Aangekomen in onze nederzetting, liet ik mijn blik onderzoekend rondgaan. Nee, er was niemand van hen te zien. Werkten ze op de velden, deden ze inkopen op de markt, waren ze op ziekenbezoek? Of hadden ze zich verstopt, zich aan het zicht onttrokken, toen ze ons, een vrolijk kletsend groepje, hoorden aankomen?

Na het afscheid van de vrouwen, het gemeenschappelijke 'oho-ho', ging ik in mijn keuken zitten, met mijn hoofd in mijn handen, dacht aan de huidige situatie. Wie van ons zet de eerste stap? Ga ik hier geduldig zitten wachten, in mijn huis, tot de een na de ander mij door haar bezoek bewijst dat de stemming is veranderd? Waarom niet, ze leven sinds lang samen met Jean, zijn thuis in deze nederzetting. Was het dan niet aan hen om mij te begroeten, mij in hun midden op te nemen? Aan de andere kant ben ik de jongste, is het daarom niet mijn plicht...? Maar als ik naar hen toe ga, kunnen ze me natuurlijk vriendelijk welkom heten maar ze kunnen ook kattig zijn, als vanouds. Ik vertrouw nog niet dat er vrede zal zijn, nog niet. Ten slotte gaf mijn ongeduld de doorslag. De nieuwsgierigheid, de hoop dreef me het huis uit en ik nam het risico.

Ik klopte aan bij Bekou, de 'eerste'. 'Moeder is op bezoek bij haar zus, die heeft namelijk een kind gekregen, een meisje,' legde haar jongste dochter me uit. Haar ogen glansden van trots dat ze zo'n belangrijke boodschap door kon geven.

Misschien zijn ze alle drie wel weg, hoopte ik stiekem. Dan zouden ze horen dat ik op bezoek was geweest en bereid was om vrede te sluiten. Zouden zij dan niet aan de beurt zijn? Ik kon geduldig thuis wachten, maar... daarmee verlengde ik de tijd dat ik in het ongewisse bleef – dan werden mijn zenuwen weer op de proef gesteld. Nee, alsjeblieft niet. Ik wilde eindelijk zekerheid, dus klopte ik kordaat bij Nkenge aan. Haar gezicht laat zien dat ze verrast is, even maar, dan schenkt ze me een schuchter, verlegen lachje, doet de deur wijdopen, maakt een uitnodigend handgebaar. O, alleen dat prachtige gebaar maakt me al gelukkig, dat teken is genoeg om te begrijpen dat haar verzet is gebroken, dat ze bereidwillig is, tegemoetkomend. Het leed is geleden, het is voorbij, het is gelukt, juicht het in mij.

Ze roosterde bananen boven de gloed van het vuur. Haar jongste kind keek verlangend naar de kostelijke lekkernij, wachtte ongeduldig tot ze iets kreeg. Ik ging bij haar zitten. Er werd gezwegen. En nu? Waar zullen we het over hebben? Ik moet een gesprek beginnen. Ik ben gekomen, moet uitleggen waarom. 'Gaat het goed met de kinderen?' 'Ja, op 't ogenblik wel,' luidde haar korte antwoord. 'Ik ben bij Bekou langsgegaan, maar ze was er niet, ze is op bezoek bij haar zus.' 'Ja, die heeft een kind gekregen.' Onthutst stel ik vast dat ze gesloten is, ongenaakbaar – is ze nu toch weer afwijzend? Heb ik haar glimlach, haar uitnodigende gebaar verkeerd uitgelegd? Wijst ze me nog steeds af? Nee, ik gaf de hoop nog niet op en vroeg geïnteresseerd: 'Hoe gaat het met Thérèse?' 'Ach, die stakker, die heeft het te pakken, ze ligt ziek in bed. Koorts, pijn in haar gewrichten, duidelijk malaria. Jean heeft haar onderzocht, haar een medicijn gegeven, ze voelt zich al wat beter... Zullen we samen naar haar toe gaan?' vroeg ze ineens opgewekt, ze was als een blad aan een boom omgeslagen. 'De bananen zijn klaar, misschien heeft ze honger.' 'O Nkenge...' opgelucht haalde ik adem, hopelijk niet hoorbaar. Ik voelde hoe de spanning afnam. Nee, het was niet uit afwijzendheid maar uit verlegenheid dat ze geen woord uit kon brengen, uit onzekerheid over de nieuwe situatie.

Thérèse hield nog steeds het bed, het was haar aan te zien dat ze ziek was. Haar gezicht glansde van de koorts. 'Jij?' fluisterde ze verrast toen ze me zag. 'Aardig van je.' Ze leek te moe om te glimlachen. Ik ging naast haar bed zitten, hield een tijdje haar warme hand vast, zij liet het toe. Ze wilde niets eten, ook geen geroosterde bananen, 'alleen slapen'. We lieten haar achter onder de hoede van haar oudste dochter.

Opgewekt, in feestelijke stemming ging ik naar huis, alsof ik vleugels had gekregen, met een zorgeloos plezier in het leven, een vreedzame toekomst voor me. Dat de beslissende ontmoeting nog op zich liet wachten, met Bekou, de 'eerste', die overheersende, vastberaden vrouw, deed totaal geen afbreuk aan mijn vertrouwen. Nee, van dit aangename moment wilde ik ten volle genieten en ik wilde er niet aan denken dat Bekou de bereidwilligheid van de anderen elk moment teniet zou kunnen doen.

Ik was achter het huis brandhout aan het hakken. Plotseling stond Bekou naast me en zei: 'Aha, daar ben je!' Het verraste me haar stem te horen. Ik dook in elkaar, want ik had niemand horen komen. Toen ze zag dat ik schrok, pakte ze mijn arm en zei: 'Het spijt me.' Ze aarzelde maar even, toen begon ze het gesprek: 'Mijn meisje stormde op me af en riep al van verre dat Stella's mama er was... en dat ze je meteen verteld had dat mijn zus een dochter had gekregen.' De kinderlijke geestdrift amuseerde ons, we lachten alsof er nooit een lelijk woord tussen ons gevallen was. 'Thérèse is ziek. Ik heb gehoord dat je haar al hebt opgezocht. Ditmaal heeft ze het lelijk te pakken. Ze moet nog lang het bed houden, ze moet echt uitzieken. Ze is iemand die altijd te vroeg weer aan de gang gaat. Ja, wie zal het haar kwalijk nemen, ze heeft kleine kinderen, ze houdt het niet uit in bed.'

Bekou gunde zichzelf geen pauze, sprak haastig, ononderbroken. Dat was waarschijnlijk haar manier om met de nieuwe situatie om te gaan, om over haar verlegenheid heen te komen. 'Ik ben met Nkenge en Thérèse over het terrein gelopen, we hebben besproken waar jij je akker kunt bebouwen. Jean was het met ons voorstel eens. Morgenvroeg beginnen we met de voorbereidingen voor het zaaien, we helpen je, want het kan elke dag beginnen met regenen.'

Ik wist niet wat ik hoorde. Nee, dit voorstel kon niet serieus, niet oprecht zijn. Ze stak de draak met me, hield me vast voor de gek. Ik keek haar aan, kon geen woord uitbrengen. Mijn moedeloosheid maakte me sprakeloos, verlamde me. De teleurstelling was kennelijk van mijn gezicht te lezen. Ze fronste haar voorhoofd, keek me verbouwereerd aan. 'Wat is er? Ah, je twijfelt aan mijn oprechtheid?' Ik bleef zwijgen. 'Rosaline, we beginnen opnieuw, laat het verleden rusten... en nu moet ik koken, mijn kinderen hebben honger.' En weg was ze.

Peinzend keek ik haar na, tot ze in haar huis verdwenen was. Hm, niet te geloven... maar het zou wel heel prettig zijn, dacht ik. Toch hield ik een gezonde portie wantrouwen. En die kwelde me de hele lange nacht, beroofde me van mijn slaap. Wat doe ik als ze hun belofte niet houden, me in de steek laten? vroeg ik mezelf telkens en telkens maar weer. Ze komen vast, Bekou zei het zo serieus dat ze toch niet... Nee, dat konden ze niet maken.

Ik had gewoon kunnen slapen en er geen slapeloze nacht van hoeven hebben, want ze verschenen al vroeg. We werkten samen, ploeterden drie dagen lang. En de laatste middag rommelde er plotseling een dreigende donder, verscheen er na lange tijd een zwarte, donkere wolkenhemel. De wind stak op, wervelde, hulde ons in dichte wolken fijn stof. Met een doek als bescherming om ons hoofd wachtten we af. We hoorden een ruisen dichterbij komen: de regen. We stonden te wachten tot de dikke druppels eindelijk op ons neer spetterden. Wat prachtig, wat een belevenis! Wat was de koelte, de nattigheid die de onweerswolken op ons mensen, op de uitgedroogde natuur in overvloed naar beneden stortten, stimulerend. Ah, wat een zuivere, frisse lucht! We zogen hem gretig in, voelden ons gelukkig als kinderen. 'Morgen gaan we zaaien, iedereen helpt mee, jong en oud!' luidde Bekou's bevel.

Kon ik een oprechter bewijs van haar goede wil verwachten dan deze hulp, deze helpende hand bij het werk op het land? Ik had geen enkele twijfel meer aan haar oprechtheid. De tijd zal leren hoe duurzaam de onderlinge verdraagzaamheid is... Mijn voornemen staat vast: als jongste en als degene die er het laatst bij is gekomen, zal ik bescheiden de laagste plaats in de rangorde innemen, volgzaam en hulpvaardig zijn.

Dus bood ik Thérèse, die nog steeds ziekelijk was, mijn hulp aan: ik hielp bij het koken, deed de was, verrichtte hand- en spandiensten. Nadat het werk gedaan was, bleef ik nog even zitten, we praatten, vertelden elkaar steeds meer over ons leven. Ook ik raakte de schroom om haar deelgenoot te maken van mijn treurige verleden steeds meer kwijt. We kregen een steeds hechtere band, en op een dag vertrouwde ze me toe dat ze zwanger was. Ik danste van vreugde, was nog blijer dan Thérèse, vanwege mijn geheime hoop die ik haar nog niet had toevertrouwd: dat de ene zwangerschap de andere zou uitlokken en dat ook ik dan misschien moeder zou worden.

Mijn jaloezie is minder geworden, hoewel ze soms nog aan mij knaagt. Ik moet leren mijn jaloezie te bedwingen, heb als 'vierde' ja gezegd – of ik moet vertrekken, het veld ruimen. Sinds ik dat inzie, dwing ik mezelf 's avonds bij het raam weg te blijven, ik wil niet meer weten wie vannacht het voorrecht heeft.

Thérèse was hoogzwanger en de kleinste karweitjes waren al te inspannend, uitputtend voor haar. 'Rosaline, als het zover is, help je me dan?' 'Ik?' Haar voorstel bracht me van m'n stuk. Het is een eer om een aanstaande moeder naar het ziekenhuisje te brengen, een kwestie van vertrouwen – en ik was de uitverkorene? Wat een eer! Dat bewees dat we echte vriendinnen waren! Maar ineens begon ik te twijfelen, te aarzelen. 'Hm – heb je er wel zorgvuldig over nagedacht?' 'Ja, hoezo? Wat is het probleem?' 'Het zou voor onrust kunnen zorgen. Heb je niet aan Bekou of aan Nkenge gedacht?' 'Maak je geen zorgen, ze zijn het er allebei mee eens.'

Tijdens de volgende nacht die mij toekwam, vertelde ik Jean over Thérèses voorstel. 'Nou zie je maar,' lachte hij. 'Herinner je je nog dat je ze drie wilde katten noemde? Ha, en ik,' riep hij, 'ik heb ze voor altijd getemd, ze spinnen.' 'Wie heeft Thérèse bij de geboorte van haar andere kinderen geholpen, Bekou of Nkenge?'

'Tja, daar werd een verhaal over verteld...' zei Jean aarzelend. 'Wat voor verhaal?' Ik spitste mijn oren. 'Op verzoek van Thérèse heeft Bekou haar bij haar eerste kind geholpen. De geboorte verliep zonder problemen, maar het kindje, een stevig jongetje, stierf jammer genoeg na een paar dagen, zonder dat hij ziek leek. Toen kwamen ze allemaal aangesneld: de moeder, de tante, de zussen, en ze scholden Bekou uit dat ze een heks was. Ik moest voor haar gaan staan om haar te beschermen. De schrik zat er diep in bij haar, en het duurde lang voor ze eroverheen was... Voor de latere geboorten kwamen Thérèses zussen altijd.'

'O Jean, haar zussen moeten ook nu komen, waarom heeft ze mij gevraagd? Nee, ik wil Thérèse niet helpen,' riep ik. 'Ik heb drie kinderen begraven!' Plotseling speelde mijn eigen onvergetelijke drama zich weer voor mijn ogen af. Nee! Ik had de moed niet voor een dergelijke gewaagde onderneming.

Maar uiteindelijk beloofde ik het toch te zullen doen. Wat had ik Thérèse voor reden moeten geven, welke woorden had ik moeten kiezen zonder onze voor mij zo waardevolle vriendschap in gevaar te brengen?

Mijn angst was ongegrond, ik had me voor niets zorgen gemaakt. Thérèse bracht een stevige jongen ter wereld. Op de dag na de geboorte kwam haar moeder. 'Welke mama zou de kans niet aangrijpen voor haar dochter de nkui klaar te maken?' zei ze. 'Mijn moeder hield die gewoonte al in ere, toen Thérèse, mijn oudste kind, geboren werd.'

Is Nkenge ook zwanger? vroeg ik me op een ochtend af toen ik haar zag. Ze kwam van de beek en droeg een emmer vol water op haar hoofd. Door die rechte houding werd haar jurk strak getrokken en tekenden de contouren van haar lichaam zich duidelijk af. Mijn vermoeden werd bewaarheid en dat maakte me heel neerslachtig. Jaloers dacht ik bij mezelf: ze heeft er immers al vijf. Kon ik niet geduldig wachten? Wanneer zou het medicijn van Jean nou eindelijk eens werken? De reidans ging om de beurt, moest ik ook nog wachten tot Bekou in 'blijde verwachting' was?

Ik wiedde het onkruid op mijn veld, het woekerde en dreigde de nog tere maïsplanten te verstikken. Voor dit soort werk gaf ik de voorkeur aan de vroege ochtenduren. 'Mama!' Was dat Stella's stem? 'Papa, wil je spreken.' 'Nu meteen?' 'Ja, ze hebben een zieke gebracht.' 'Dan is het dringend!' 'Ik liet de hak vallen en haastte me naar het patiëntenhuis.

Daar lag ze op het bed, gekromd, hield steunend van de pijn haar buik vast. Een meisje – of was het een jonge vrouw? Drie mensen, kennelijk haar vader, haar broer en zus, stonden er radeloos omheen, keken bezorgd naar haar. 'Zoek de plant met het gekartelde blad, met die bittere smaak. Hij groeit achter Bekou's huis, naast de mangoboom.' Ik wist welke het was. 'Breng een flinke handvol, vermaal het met een steen, we hebben het sap nodig,' riep hij mij nog na. Ik volgde zijn aanwijzingen snel op, want ik schrok van de toestand van de zieke. Het kruid dat ik zocht, zorgt ervoor dat je moet overgeven. Jean dacht dus kennelijk dat er iets in haar lichaam zat wat eruit moest.

De behandeling had effect, de pijn nam af. Uitgeput, zichtbaar ziek, lag ze op haar bed. 'Ze is nog niet buiten gevaar, ik moet haar nog gedurende lange tijd controleren,' zei Jean tegen de vader. Nu kreeg de man nog diepere rimpels in zijn gezicht, hij dacht even na, nam vervolgens Jean apart, praatte op hem in. Ik wist dat er werd onderhandeld over het geld.

De jonge vrouw heette Flora. Uit eigen beweging hielp ik Jean bij de behandeling en verzorging, zoals ik ook bij andere patiënten al had gedaan. Het was een belangstelling die mijn moeder bij me had gewekt. Zij kent de werkzaamheid van heel wat kruiden, weet hoe ze moeten worden aangewend, heeft haar kennis met mij gedeeld. Ook van Jeans kennis wil ik profiteren, dus ik let goed op.

Het duurde lang voor Flora genezen was, ze kwam maar langzaam op krachten. Ze was geduldig en tot ieders verbazing altijd vol goede moed. 'Ik dacht dat God me al zo vroeg tot zich riep,' vertrouwde ze me toe. 'Nu geniet ik van het leven dat me gegeven is.' Dat liet ze merken bij haar eerste wandelingen. In het begin kon ze maar een paar pasjes op en neer lopen voor het huis. Ze genoot van de warme zonnestralen, de kruidige lucht, het felle groen van de maïsplanten. Later kwam ze om beurten bij ons vrouwen op bezoek, sloot vriendschap met ons allemaal en met alle kinderen.

'Flora is weer op krachten, gezond,' zei ik op een dag tegen Jean. 'Ja,' bevestigde hij, 'ze is genezen.' 'En nu?' vroeg ik, in de hoop te horen waarom ze langer bleef. 'Het zijn arme mensen! Haar vader probeert nog geld bij familie op te scharrelen. Ik kan haar niet ontslaan voor de rekening is voldaan. Mijn vrouwen stellen hun eisen en daar moet ik aan kunnen voldoen, is het niet?' vroeg hij mij knipogend.

Dagen later kwam Flora's vader opnieuw langs. Jean trok zich met hem terug en het duurde uren voor ze weer het huis uit kwamen. De vader riep zijn dochter, legde zijn arm om haar schouder, begon op haar in te praten, onafgebroken, terwijl ze met langzame passen over het terrein wandelden, bleven staan en weer verder liepen. Toen verliet hij haar. Roerloos stond ze daar, met hangende schouders, star naar de grond te kijken tot Jean haar bij zich in het huis riep. Wat was er onderhandeld, besloten? Er was iets aan de hand. Mijn nieuwsgierigheid was gewekt.

Ik veegde het erf, verwijderde spinnenwebben, trok grasprietjes weg. Ongeduldig wachtte ik, wanneer zou ze eindelijk...? Toen ze naar buiten kwam, keek ik zogenaamd toevallig op en riep haar toe: 'Kom even hier. Ik zit net versgeroosterde maïskorrels te eten.' 'Nee, dank je,' weerde ze af. 'Later, ik moet naar Bekou.' Naar Bekou, de 'eerste'? Dus toch – er stond een gebeurtenis, een verandering voor de deur.

Bekou riep ons bij elkaar, sommeerde ons het huis van het hoofd van de familie binnen te gaan. Jean schraapte zijn keel voor hij begon te praten. Aha, onze man is een beetje zenuwachtig, stelde ik vast. 'Ik zal jullie snel zeggen waarom ik jullie hier naartoe heb geroepen. Flora, die ernstig ziek bij ons werd gebracht, kan ontslagen worden omdat ze genezen is.' We applaudisseerden, waarschijnlijk voor hen allebei, de gezonde vrouw en de grote genezer, hoewel het woord 'kan' ons niet prettig in de oren klonk.

'Sinds ze haar bed kon verlaten, heeft ze haar tijd met jullie en de kinderen doorgebracht. Overdrijf ik als ik zeg dat ze hier helemaal thuis is?' We schudden onze hoofden, zwegen. De anderen hadden het vast ook door, net als ik... 'Het bevalt Flora bij ons, ze heeft besloten te blijven. Om kort te gaan: jullie kunnen haar als medevrouw welkom heten.'

Uitgestreken gezichten. Niemand wilde opvallen, zich blootgeven; niet door enthousiast te zijn maar ook niet door zijn misnoegen te tonen. Deze mededeling kwam te onverwachts. Als iemand het vermoed had, zou hij het de anderen niet onthouden hebben. Bekou wist wat haar plicht was en nam het woord, ze zei dat ze blij was dat Flora Jeans nieuwe vrouw werd. Toen mochten we gaan van Jean.

Iedereen ging voorlopig naar huis. 's Avonds zouden we elkaar vast bij deze of gene ontmoeten om erachter te komen wat het fijne van de zaak was. Maar eigenlijk wist ik al hoe het tot deze transactie was gekomen. Ik had immers wel gezien hoe het in elkaar zat, hoe het was verlopen: het gezicht van de vader dat bij elk bezoek zorgelijker werd en Jeans opmerking over de voorwaarde waaraan voldaan moest worden. Het bedelen bij de familieleden had kennelijk geen succes gehad. Want wie heeft er geld? Hier in het dorp leven de families van de oogst van hun akkers en verkopen er een beetje van dat net voldoende is om zout, olie, zeep en lucifers te kopen. Ja, Flora, nu is de rekening voldaan.

Ze paste zich gemakkelijk aan onze familie aan, klaagde nooit, verried met geen woord of haar wensdroom voor het 'leven dat haar gegeven was' ook overeenkwam met de werkelijkheid: de vijfde echtgenote van een oudere man zijn. 'Wees eerlijk, was het je eigen beslissing om hier te blijven?' vroeg ik haar op een keer. 'Nee.' De harde toon in haar stem waarschuwde me dat ik niet verder moest vragen. Niet nodig, Flora, dat wist ik wel.

Flora verhuisde van het patiëntenhuis naar Jean. Bekou, Nkenge en Thérèse verzetten zich niet tegen de 'nieuwe', lieten hun klauwen niet zien. Flora was er en ons leven ging gewoon verder. Jean, die ditmaal verstandiger was, verwaarloosde ons niet. Toch voelde ik de knagende pijn van de jaloezie. Was het de herinnering aan een voorbije, gelukkige tijd, aan het voortdurend samenzijn?

O almachtige goden, waarom zijn jullie zo onverbiddelijk? Hoe vaak heb ik hun die vraag al niet gesteld. Zal ik ooit ophouden hem te stellen, over mijn platte buik te strelen waarin niets wil ontstaan? Sinds ik hier ben mochten Nkenge en Thérèse opnieuw moeder worden. Met Bekou, die al wat ouder is, kan ik me niet vereenzelvigen en Flora blijft plat, net als ik.

Zonder kinderen zijn we rechteloos. Nu beschermt Jean ons nog. Maar hij kan doodgaan. Wie zorgt er dan voor mij? Als ik op leeftijd ben en niet meer de kracht kan opbrengen om met mijn hak mijn akker te bewerken?

Ik bracht de saus nog een keer aan de kook, nam toen de pan van het vuur. De couscous van maïsmeel was al klaar, dampte nog, hij bleef lang warm. Jean zat op een krukje tegenover me, had al geruime tijd geleden gezegd dat hij honger had. Samen eten, het bed delen. Jean is deze nacht van mij, dacht ik.

De 'godin'

Er werd aan de voordeur geklopt. Niet iemand van de familie, dacht ik, die zou direct naar de keuken zijn gekomen. Wie dan? Nu, op dit late uur? Ik pakte de petroleumlamp en ging kijken. Er stond een vrouw in het schijnsel van Mathieus lamp. Bekou's zoon had haar bijgelicht. 'Is Jean hier?' Ik knikte, wilde juist roepen: 'Jean, een patiënte,' maar voor ik mijn mond open kon doen glipte hij langs me heen en viel de vreemde vrouw als een intieme vriendin om de hals. Hij was duidelijk blij haar te zien. 'Hartelijk welkom, mijn dochter,' riep hij. 'Eindelijk ben je gekomen. Maar zo laat in de nacht? Dat is gevaarlijk voor vrouwen.' Schalks hief hij waarschuwend zijn vinger. 'Mag ik je mijn huis laten zien?' Met die woorden liep hij met haar de duisternis in, zonder mij nog een blik waardig te gunnen.

Sprakeloos keek ik hen beiden na. Langzaam liep ik naar mijn keuken, liet me op een krukje vallen en staarde naar de couscous en de saus die nog steeds stonden te dampen. 'Die zie ik vannacht niet meer terug,' mompelde ik tegen mezelf. Bij haar aanblik had hij zich onbezonnen, dwaas gedragen. Waar had hij die opgescharreld? Een vrouw uit de stad, te oordelen naar de manier waarop ze opgedoft was. Wil hij haar opnemen als vrouw, haar hier in het dorp laten wonen? Díe vrouw? Of is ze een vlinder, die snoept en dan weer verder vliegt? Moest ik de anderen wekken? Dit bezoek ging ook hen aan, zou hen verontrusten, en vast niet onverschillig laten. Maar nu, in de nacht? Wat voor zin had het?

De hanen kondigden de ochtend aan en de vrouwen staken hun neus meteen om de deur, barstend van nieuwsgierigheid. 'Rosaline, ben je al op?' 'Geen oog dichtgedaan.' Bekou, bij wie gisteravond de vreemde vrouw het eerst had aangeklopt, had iedereen al op de hoogte gebracht. Ik vertelde mijn verhaal – maar veel viel er niet te zeggen: 'Hij keek haar stralend aan of ze een goddelijke verschijning was.'

Ze lieten zich niet zien, allebei niet. De hele ochtend wachtten we geduldig af, gluurden naar Jeans voordeur, wilden met alle geweld de 'godin' zien, haar verleidelijke aantrekkingskracht beoordelen, die onze grijzende Jean van zijn verstand beroofde, een jonge minnaar van hem maakte.

Eindelijk ging de deur open, ze kwamen naar buiten. 'Ah, díé, die ken ik,' liet Nkenge zich ontvallen, 'die komt bij mij uit het dorp.' 'En nog zwanger ook,' stelde ik vast. 'Waarschijnlijk van Jean. Weten wij veel hoe lang die twee al met elkaar tortelen!' 'Nee, nee,' zei Nkenge afwerend, 'zo zit het niet...' We staarden hen na tot ze op het pad naar de markt verdwenen.

We bestookten Nkenge met vragen. 'Hoe zit het dan?' 'Wat is dat eigenlijk voor mens?' 'Die buik, die heeft ze al lang, ze loopt er al mee sinds de laatste regentijd. Dus duidelijk veel langer dan de normale tijd die een zwangerschap duurt.' Er werd instemmend gebromd. 'De mensen in het dorp zeggen dat ze die gekregen heeft van een man op wie een vloek rustte.' '*Tchiè*?' vroegen we als uit één mond. Nkenge knikte. 'Wee, wee, wee...' klaagden we en we wisten heel goed dat zij die verwensing nu op zich had geladen. In haar buik groeide geen kind. Op een dag zal ze sterven, zwaarlijvig, vormeloos, opgeblazen. Twee mannen zullen haar begraven, ergens, maar in elk geval niet op het ouderlijk erf.

'Haar gedrag is eigenaardig, moeilijk te begrijpen. Ze had die vervloeking ook gewoon door kunnen geven.' 'Misschien wil ze dat ook wel en zit ze daarom achter Jean aan,' zei Thérèse. Haar vermoeden is overtuigend. Maar voordat we het beter kunnen onderzoeken, neemt Flora het woord: 'Tchiè, tchiè? Ik weet niet waar jullie het over hebben.' 'Ah, Bekou, leg het onze jongste eens even uit!'

'Tja,' zei Bekou, 'als een vrouw tijdens de zwangerschap sterft, rust er een vloek, de tchiè, op de echtgenoot. Hij wil zich daarvan natuurlijk zo snel mogelijk ontdoen door met een vrouw naar bed te gaan. Op die nietsvermoedende vrouw wordt de tchiè overgedragen. De man slaat op de vlucht en laat zijn kleren achter. Buiten wacht een vriend op hem met een broek, een hemd – en weg zijn ze. Zij – nog verbaasd over het plotselinge verdwijnen van haar minnaar – ziet de bundel kleren en begrijpt hoe het in elkaar zit. Nu moet zíj de vloek doorgeven, op dezelfde manier, ook zij laat haar kleren achter. Zo gaat het telkens maar door, begrijp je?' 'Ja, maar... waarom heeft die "godin" dat dan ook niet gedaan? Uit onwetendheid?' Bekou haalde haar schouders op. 'Weten wij veel?'

'Misschien heeft ze Jean wel als slachtoffer uitgekozen,' begon Thérèse opnieuw. 'Ha, dan krijgen wij ermee te maken, dan zou een van ons daarna gedupeerd kunnen worden.' Onze blikken kruisten. Ik keek in gezichten die huiverden bij dat idee. 'Eerlijk gezegd, geeft het me een onbehaaglijk gevoel als ik eraan denk dat het mij zou kunnen treffen,' fluisterde Flora. 'Mij ook,' zeiden wij bevestigend. 'Dus...' Bekou keek vragend rond. 'Hoe houden we het kwaad op afstand, hoe beschermen we onszelf?' 'Geeft het lot ons een andere keus? Voorlopig geven we ons niet aan hem.' Iedereen is het ermee eens. 'Goed, goed, maar luister nou eens, vrouwen...' door het leedvermaak in Nkenges stem spitsen we onze oren. 'Misschien hoeven we daar ook helemaal niet bang voor te zijn. Waarom zijn we er zo zeker van dat onze echtgenoot nog naar onze lichamen verlangt? Misschien heeft hij bij de "godin"wel voor altijd zijn geluk gevonden.'

Ik voelde me ellendig. Behoorden de uren die ik in vertrouwd samenzijn met Jean had doorgebracht niet tot de mooiste van mijn leven? Nu had hij ons allemaal afgedankt, ook mij. Dat deed pijn, was krenkend. Ook de gedachte dat hem een val was gezet, een gevaar dat hij in zijn naïviteit niet zag, deed zeer. Ik wilde hem waarschuwen, maar hoe? Onze wegen kruisten niet meer. Zou hij wel naar mij willen luisteren en mij geloven? Of zou hij mijn verhaal afdoen als ontsproten aan mijn jaloezie?

Op een avond, de nacht lag al zwart over Gods schepping heen, stond hij plotseling in mijn huis. Ik schrok, had hem niet horen komen. Wat brengt hem bij mij? Al weken heeft hij niet een van zijn vrouwen met een bezoek vereerd. Heeft de 'godin' de benen genomen en een bundel kleren achtergelaten? Is ze vertrokken, was het toch een vlinder? Of verlangt hij alleen naar afwisseling, een ander soort amusement, wil hij met mij de nacht doorbrengen? Maar ik zal me tegen zijn verlangen verzetten en me niet van dat voornemen af laten brengen. Ik ben banger voor die verdomde vloek dan voor zijn boosheid.

Mijn inschatting van zijn verlangen klopte niet, het was geen liefdeshonger die hem naar mij toe bracht, daarvoor kon hij kennelijk nog steeds bij de 'godin' terecht. Hij was gekomen om mij met verwijten en dreigende woorden te overladen: 'Heb je geen last van je geweten? Je bent een respectabele bondgenote geworden, je hebt hun spel overgenomen door je gevoelloos, koud, afwijzend tegenover de nieuwe op te stellen, om haar weg te pesten. Vrouwen kunnen grenzeloos jaloers zijn, dat heb je aan den lijve ervaren. Ben je vergeten, hoe ik in die tijd voor je gevochten heb? Waar zou je geweest zijn zonder mij? Nu laat je de kans voorbijgaan om je dankbaarheid te tonen. Jullie gedrag zal vervelende consequenties hebben, niet alleen voor jou maar ook voor de anderen.'

Een berisping en een poging mij, ons vrouwen, te intimideren? O Jean, waar zit je verstand? Ik werd steeds verontwaardigder. Hij had haar het erf op gelokt. Waarom? Waarvandaan? Had hij de beleefdheid gehad haar aan ons voor te stellen? Wie is ze? We weten niet eens hoe ze heet, en hij verwacht dat wij... Nee, dat is te veel gevraagd. Ondanks al onze verachting hebben we haar niet te pakken genomen, hebben we geen ruzie met haar gemaakt – we hebben haar alleen geduld. Moet ik hem laten gaan, zonder hem zijn aanmatigende gedrag betaald te zetten met een hatelijke opmerking? Nee, dit moment vraagt erom. 'Broedt je uitverkorene drie kinderen tegelijkertijd uit?' vraag ik schijnheilig, terwijl ik mijn stem zo vriendelijk mogelijk laat klinken. 'Ik bedoel, omdat haar zwangerschap drie keer zo lang duurt als normaal. De mensen zeggen dat ze tijdens de laatste regentijd al geen akker meer kon bewerken door haar dikke buik.'

Verbouwereerd keek hij me aan, fronste zijn voorhoofd en vroeg zichtbaar geschrokken: 'Wordt dat over haar verteld?' Toen dacht hij opnieuw na en speelde op z'n poot: 'Jullie misselijke wijven, ik waarschuw jullie. Als jullie duivelse plannetjes hebben, zal jullie iets ergs overkomen.' Briesend van woede verliet hij het huis, de deur vloog met een klap dicht.

'Stella, kom, breng papa zijn eten,' riep ik het erf over. Daar stond ze tussen de andere meisjes, die als jonge ganzen door elkaar heen snaterden. Vandaag had ik de vrouwenplicht voor Jean te koken en – wat kon ik ertegen beginnen? – ook voor de 'godin'. Samen voldeden wij vrouwen aan die plicht, wisselden elkaar af. Hadden we het moeten weigeren? Nee, dat zou ons alleen maar in opspraak hebben gebracht. Het is immers een gebod, ooit een keer zo vastgelegd. De bereiding van de maaltijd voor de man is een erezaak, hoe de vrouw ook door hem wordt behandeld. En hoewel het een verplichting is waarvan beide seksen zijn doordrongen, zullen vrijers bij de familie van hun bruid altijd proberen die belofte los te krijgen.

Stella bracht de volle pan met couscous en rode bonen onaangeroerd terug. 'De godin,' zei ze, buiten zichzelf van verontwaardiging, 'deed de deur open met de woorden: "Neem je eten maar weer mee, jullie willen ons alleen maar vergiftigen."' Zonder commentaar pakte ik de pan van haar hoofd. 'Ga maar naar de andere meisjes, maak samen maar plezier.' Ze moest niet zien hoe mijn gezicht vertrok van woede, hoe de tranen in mijn ogen schoten. Ik stond te trillen van kwaadheid. Ik moest naar Bekou! Nee, niet als ik zo opgewonden, zo gespannen was. Stella's vriendinnetjes zouden me nakijken, dat zou aanleiding tot kletspraatjes geven. Ik ging eerst brandhout hakken, me afreageren.

Bekou luisterde naar me, heel gelaten, liet zich niet van de wijs brengen. 'Rosaline, die verdachtmaking maakt deel uit van haar snode plan om haat tussen Jean en ons vrouwen te zaaien. Jammer genoeg is hij in haar ban geraakt... Ach,' ze maakte een geringschattend gebaar, 'laat ze zelf maar koken.'

'Ho li li, ho li li, ho li li...' Er ging een rilling over m'n rug, ik begon te trillen, verstijfde: wie, almachtige God, brengt er verschrikkelijk nieuws, een overlijdensbericht? Ik rende het erf op, net als mijn medevrouwen en Jean. Het klaaglied klonk voor zijn huis? Wie? Twee al volwassen dochters van zijn oudere broer Bernard huilden en jammerden: 'Papa Jean, onze papa is dood, onze papa is dood, een auto-ongeluk, hij is dood, hij is dood.' Overmand door verdriet, vervuld van droefheid, sloten we ons aan bij het weeklagen van de twee vrouwen, omarmden hen, huilden. Jean hield het niet lang bij ons uit en snelde ervandoor, naar de nederzetting van zijn verongelukte broer. Snel deden wij vrouwen de dringendste huishoudelijke karweitjes, en gingen vervolgens ook op weg naar de plaats van de rouw. We lieten de kinderen thuis, de grote kinderen pasten op de kleintjes.

'De gedwongen opvolging van zijn vader heeft hem geen geluk gebracht,' begon Bekou onderweg het gesprek. 'En hij was nog wel gewaarschuwd!' 'Zijn vader was een gerespecteerd adviseur van de chef,' legden ze ons uit, Flora en mij. Wij tweeën behoorden toen nog niet tot de familie. 'Als verstandig, vooruitziend man bepaalde hij voor zijn dood wie hem zou opvolgen en vertrouwde diens naam toe aan de andere adviseurs. Bernard had hen moeten consulteren, maar kennelijk had hij al een voorgevoel dat hij niet de uitverkorene was... en was het te verleidelijk voor hem om over de erfenis – land, huizen, geld – te beschikken, het naar eigen goeddunken te verdelen.' '... en de vrouwen van zijn vader te bezitten.' Ondanks het verdriet schoten we in de lach. Was soms niet algemeen bekend wat hij daar voor problemen mee had? 'Met twee van hen, niet eens met de jongsten, is hij getrouwd. Voor de anderen kreeg hij wel de zorg op zich. Dat was een last, want ze waren altijd ontevreden, wat hij hun ook gaf.'

We bleven negen dagen, beweenden de dode, troostten de achtergeblevenen en ondersteunden de weduwen bij de inachtneming van de rituelen, die stipt moesten worden nageleefd. Er was veel tijd om te praten, om te luisteren naar kletspraatjes. Niemand verbaasde zich over Bernards dood, men was het er unaniem over eens dat de geest van zijn vader in deze nederzetting heerste en dat diens wil was genegeerd, veronachtzaamd.

Mijn lieve moeder! De laatste jaren is ze zichtbaar ouder geworden. Haar haar is grijs, haar rug doet zeer, haar krachten nemen af. Nog steeds pakt ze haar hak en gaat naar het veld. Natuurlijk helpen de jongere vrouwen en ik haar, wij doen het meeste. Ik zou het liefst zien dat ze zich rust gunde, de handen in de schoot legde. Maar koppig zegt ze: 'Als op een dag de hak uit mijn krachteloze hand valt, moet de dood me maar halen.'

Ik bezocht haar vaak, verwende haar altijd met een voedzame maaltijd. Ditmaal wilde ik langer bij haar blijven, drie, vier dagen, om onkruid te wieden. Maar als je dagenlang wegblijft van de nederzetting moet je je echtgenoot daarvan op de hoogte stellen. Ik liep naar Jeans huis. Plotseling hoorde ik de 'godin' met ongebruikelijk harde, indringende stem zeggen: 'Neem toch eindelijk een beslissing, waarom aarzel je nog steeds? Als adviseur van de chef zou je immers heel gerespecteerd zijn en ik een geziene vrouw, dan konden we rijk worden...' Die slang wil Jean overhalen de opvolger van zijn vader te worden, dacht ik. Maar je mooie praatjes of dreigementen zullen tevergeefs zijn. Heeft de gekrenkte geest van zijn vader niet zijn misnoegen getoond? Jean is gewaarschuwd. De dood van zijn broer is een les voor hem geweest.

Het is opvallend hoe vaak de 'godin' en Jean het huis verlaten. Ze zijn voortdurend onderweg, met z'n tweeën of alleen en altijd op hun paasbest gekleed. Waar gaan ze toch naartoe? Wie bezoeken ze? Waarom? Onze nieuwsgierigheid is gewekt, het laat ons niet los.

Langzaam, heel langzaam drong tot ons door waarom ze het zo druk hadden, de buren wisten meer dan wij: Jean wilde niet alleen de opvolger van zijn vader worden, hij wilde ook net als zijn vader als notabele, als adviseur toetreden tot de chefferie. 'Ze heeft hem dus overgehaald, murw gemaakt, de slang,' sisten we eensgezind. Er was maar één ding waar ik me zorgen over maakte: 'Strookt dat plan wel met de wens van zijn vader?' 'Dat zal toch wel,' zeiden de anderen aarzelend. Herinnerde Bekou zich haar plichten als eerste vrouw? Ze nam het op voor Jean: 'Hij was altijd een man die nadacht voor hij iets deed. De "godin" heeft hem misschien het hoofd op hol gebracht, maar dat betekent nog niet dat hij zijn verstand is verloren.'

Waarom deed hij zo geheimzinnig tegenover zijn echtgenotes? Terwijl er over de ophanden zijnde gebeurtenis door iedereen werd gepraat. Veel dorpsbewoners lieten hun voorpret blijken als ze ons tegenkwamen: 'Dat wordt een feest', 'ze gaan de *tsoo* dansen'. Jong en oud hadden wel zin in een verzetje dat de eentonigheid van het dagelijks leven doorbrak.

Als er een notabele uit hun eigen gelederen wordt benoemd, zijn de trots en waardigheid normaal gesproken van de gezichten van de gelukkige familie te lezen. Die gebeurtenis verandert immers hun leven! Een van hen krijgt meer aanzien. De verwachtingen zijn hooggespannen, dagdromen mag. 'Dat is de vrouw van een notabele', 'de zoon van een notabele', 'zijn vader is een groot notabele...' Dat, hopen ze, zullen de dorpelingen na deze dag achter hun rug vol ontzag fluisteren.

Ook hoopt men dat er een eind is gekomen aan de armoede, de ontberingen, dat zich geen netelige situaties meer zullen voordoen, anders zou hij immers ongeschikt, onbekwaam blijken te zijn. Er zullen dorpsbewoners komen met klachten en verzoeken, bijvoorbeeld: 'Mijn buren en ik hebben ruzie. De grens tussen onze gronden is omstreden. Mijn vriend! Jij zou het toch gemakkelijk... ik bedoel, jij kunt de notabelen toch overhalen, beïnvloeden zodat de chef in mijn voordeel beslist.' 'Zeker, zeker, beste vriend, maar woorden alleen doen weinig...' 'Natuurlijk.' En daar wisselt al een buideltje van eigenaar.

Is het uitgesloten dat hij niet ook de vertegenwoordiger van de tegenpartij ontvangt? 'Kameraad, ik zit met een probleem. Mijn buurman zoekt ruzie vanwege de grens tussen onze percelen. Wat een geluk dat ik jou ken. Wil je alsjeblieft de notabelen bewerken en ze ertoe bewegen dat de chef een beslissing neemt die in mijn voordeel is.' 'Zeker, zeker, kameraad, maar woorden alleen doen weinig...' 'Dat spreekt vanzelf.' En alweer verhuist een pakje van de ene hand naar de andere.

'Wanneer praat Jean nou eens met ons, om ons te informeren?' vroeg Nkenge de kring rond. 'Als hij ons nodig heeft voor het klaarmaken van het feestmaal.' 'Ha, denk je dat echt – aan ons, de gifmengsters?' riepen Thérèse en ik als uit één mond. 'Misschien is hij wel bang dat we hem voor de hele groep feestgangers om het leven brengen.' 'Goed, laat de "godin" maar ploeteren, laat haar maar moe worden.' 'Maar hij moet ons wel uitnodigen, daar komt hij niet onderuit. Niet omdat hij die glorieuze uren met ons wil delen, maar omdat de dorpsgemeenschap hem daartoe dwingt. Anders zouden er lange tijd smakelijke kletspraatjes over worden verteld.'

Een week voor de feestelijke plechtigheid kwam Jean naar Bekou toe. Kortaf stelde hij haar op de hoogte. 'Jullie staan drukke dagen te wachten. We verwachten heel wat gasten die goed te eten moeten krijgen.' Hij gaf haar geld.

We toonden weinig animo. Koppig, recalcitrant reageerden we op Bekou's mededeling. 'We zijn alleen nog goed om te werken.' We waren er de hele nacht boos over, maar 's ochtends besloten we verstandig te zijn. 'Het zou stom zijn om hem boos, woedend te maken op die eervolle dag. Dan zou hij in razende woede nadelige beslissingen kunnen nemen en zouden we achteraf onze ongehoorzaamheid betreuren.' Het was de bedachtzame Bekou die dat zei.

We deden inkopen, sleepten zware zakken op onze hoofden, bepakten ook de kinderen, tot zelfs de allerkleinsten, met iets wat ze konden dragen en stelden onszelf telkens weer dezelfde vraag: 'Bij wie heeft hij zich hiervoor in de schulden gestoken?' We kookten, braadden, stoomden, stoofden, smoorden en laadden toen opnieuw alle hoofden van de familie vol met schotels en pannen om ze naar Jeans ouderlijke nederzetting te dragen. Daar wilde hij op de avond voor het grote feest de mensen uit de buurt gul onthalen. Wij kokkinnen konden echter geen mens meer zien, geen eten meer ruiken. We waren zo vermoeid, slaperig en slap dat we maar naar één ding verlangden: ons bed.

'Kom, haast je,' waarschuwde Stella me. 'Kom, snel nou,' spoorden de andere kinderen hun moeders tot haast aan. Wie wilde nu de tsoo, de dans van de notabelen, missen? Vooral nu hij ter ere van Jean, hun aller papa, op de moyo'h, het plein voor de chefferie, werd gedanst. De haast was niet nodig geweest. Het duurde en duurde, de benen werden zwaar, iedereen brak het zweet uit door de felle zon. Bekou en Nkenge, die kennelijk al hadden gedacht dat het lang ging duren, waren in de schaduw van een boom gaan zitten, en bevonden zich daar met andere vrouwen van hun leeftijd in prima gezelschap. 'Tam, tam, tam...' Bij de eerste trommelslag waren we onze ontevredenheid allemaal vergeten, iedereen keek om, de blik strak gericht op de toegangspoort van de chefferie. Ze kwamen naar buiten. Met korte danspassen, zich wiegend op het ritme, trokken ze langzaam naar het grote plein toe dat omzoomd was door toeschouwers. 'De chef voert de groep persoonlijk aan,' legde iemand naast me uit. 'Wie is papa, de derde?' 'Nee, papa is de grootste, de vijfde.' De kinderen schreeuwden luid door elkaar, opgewonden. 'Ja, waar loopt Jean?' vroeg ook ik me af.

Het was een prachtig gezicht, en de menigte raakte in vuur en vlam. Het ritme, het 'tam, tam, tam' van de trommels deed de rest. De chef en zijn negen adviseurs droegen enkellange gewaden, gemaakt van de traditionele stof van de chefferie met het blauw-witte patroon. Op hun hoofd hadden ze spitse mutsen gezet, die hun gezicht tot aan hun schouders bedekten. In een uitgeknipt gat op ooghoogte zat een doorzichtig, los geweven stuk stof. Zo vonden de dansers hun weg, terwijl ze hun gezicht konden verbergen. Tweemaal draaiden ze om het grote plein heen. Vlak voor ons lichtte de laatste, heel even maar, zijn masker op, en legde tegelijkertijd zijn vinger op zijn mond. Ondanks die waarschuwing brulden de kinderen het uit, ze lachten en dansten van enthousiasme.

Na de feestelijke plechtigheid gingen er dagen, ja weken, voorbij... Jean en de 'godin' bleven bij ons uit de buurt, we hoorden geen nieuws over hem, er werden ons zelfs geen geruchten in het oor gefluisterd, niets. Onbeantwoorde vragen maalden door ons hoofd, onzekerheid kwelde ons, verhitte de gemoederen. Wonen ze met z'n tweeën voortaan in de nederzetting van Jeans vader, willen ze zich daar blijvend vestigen? Of komen ze terug? We wachtten. 'Laat hem maar wegblijven,' zei Nkenge op een dag. 'Wat zal ik me nog aan hem gelegen laten liggen? Zal hij die "godin" ooit opgeven?' 'En zij hem al helemaal niet,' voegde Bekou eraan toe, 'niet nu hij haar de eerbiedwaardige positie van "vrouw van een notabele" bezorgd heeft.' 'Willen we ons leven lang dezelfde lucht inademen als zij, in één nederzetting?' Ik was het met haar eens dat dat niet zo'n prettig idee was.

Flora stormde mijn keuken binnen, ze had de weg achter de huizen langs genomen. 'Rosaline, heb je het gezien? Ze komen.' Haar gezicht was opgewonden, haar huid glansde. 'Wie? Vertel, Flora!' 'Ja, wie denk je? Jean en de "godin"'. Ze trok me naar de andere kant van het huis. Verstopt achter de takken van een struik, hurkten we neer en zagen ze aankomen. 'Hm, Jean...?' verwonderd schudde ik mijn hoofd. 'Wat is er met hem? Wat loopt hij vreemd, zo voorovergebogen en moeilijk.' 'Misschien is hij alleen oververmoeid, heeft hij behoefte aan rust.' Flora maakte zich geen zorgen om hem.

'Kom mee naar de anderen,' zei ik tegen Flora, ik pakte haar arm en trok haar ongeduldig weg. Het voorval bracht ons bij elkaar. Nkenge en Bekou zaten op krukjes, Thérèse stond voor hen tweeën en vertelde zichtbaar opgewonden wat ze had gezien. 'Ik heb hem alleen van veraf gezien, maar hij leek me erg veranderd, opvallend verouderd.' 'Dus toch.' Mijn observatie werd bevestigd.

We brandden van nieuwsgierigheid, lagen voortdurend op de loer, wilden hem zien, meer weten, maar hij vertoonde zich niet, verliet het huis nooit. De 'godin' wees zieken af die door Jean behandeld wilden worden. 'Zullen we hem opzoeken?' vroeg ik Nkenge voorzichtig, hoewel ik zelf aan mijn voorstel twijfelde. 'Nee, nee.' Ze sloeg het verontwaardigd af. 'Hij is immers teruggekomen zonder ons te groeten? En sindsdien heeft hij ons niet laten komen, zelfs Bekou niet, zijn eerste vrouw. Het is duidelijk dat hij ons niet nodig heeft.' Op die manier lieten we stug de tijd voorbijgaan.

Maar op een dag liet hij me roepen. De 'godin' kwam me de boodschap brengen: 'Hij wil je spreken.' 'Míj, weet je dat zeker?' vroeg ik ongelovig. 'Ja,' zei ze en dus ging ik op zijn uitnodiging in. Toen ik het huis binnenging werd ik overvallen door een verdrietig gevoel, door het verlangen naar een gelukkige tijd. Maar lang kon ik me niet overgeven aan dromen over het verleden. O god... er ging een schok door me heen. Daar zat hij in zijn armstoel van bamboe: vermagerd, slap, beklagenswaardig. Wat was er gebeurd, sinds hij de tsoo had gedanst? Bij dat feest had ik hem voor het laatst gezien: als trotse danser.

'Rosaline.' Zijn stem was zacht, bijna niet te verstaan. 'Zoek het heksenkruid voor me. Het is zeldzaam, maar we hadden een plekje gevonden waar het groeit, weet je nog?' 'Ja, in het bosje bij de nederzetting van mijn tante.' Hij knikte, probeerde te glimlachen. 'Jij hebt de naam bedacht. Zoek het, kook de wortels ervan en breng me elke dag het aftreksel.'

Verdoofd en van streek verliet ik zijn huis, ik kon niet bevatten dat hij er zo erg aan toe was. Mijn medevrouwen hadden niet het geringste vermoeden. Ik ging sneller lopen, en liep al in de richting van Bekou's huis. Nee, plotseling voelde ik een innerlijke strijd. Nee, niet nu, ik wil in deze gemoedstoestand met niemand praten. De tranen liepen over mijn gezicht.

Een blik op de zon. Ja, het lukt nog wel, ik kan voor het invallen van de nacht terug zijn, het is niet nodig om tot morgen te wachten. Hij wil het heksenkruid en is er dus van overtuigd dat iemand hem kwaad wil doen en hem deze ziekte heeft bezorgd. 'Het is een plant die heel goed werkt tegen hekserij,' zei hij indertijd tegen mij toen hij hem half verstopt onder de struiken ontdekte. 'Een genezer heeft mij hem laten zien, maar me niet verklapt waar ik hem kon vinden. En nu heb ik hem zelf ontdekt,' had hij stralend uitgeroepen. Een man met zoveel kennis, ik begrijp hem niet. Waarom heeft hij gedraald, kostbare tijd verspild en mij niet allang die wortels laten halen? Ik zuchtte, vroeg mezelf vertwijfeld af of ze hem nu nog konden helpen.

Zwijgend, met onbewogen gezichten luisterden ze naar me. In het kort vertelde ik mijn medevrouwen wat ik had gezien. 'Zijn gezondheidstoestand is zorgwekkend.' Ook verzweeg ik niet dat hij heksenkruid had willen hebben. Die mededeling bracht ze in beroering, ze begonnen kwaad door elkaar heen te praten: 'Dus hij is toch eigenmachtig opgetreden?' Bekou sloeg boos met haar vlakke hand op haar bovenbeen. 'Ongelooflijk!' 'Ja, hij heeft niet nederig bij de notabelen naar de wil van zijn vader geïnformeerd, maar zichzelf gewoon als opvolger van de familie laten benoemen.' 'En dat terwijl de dood van zijn broer een waarschuwing voor hem had moeten zijn.' 'Machtswellust, hoogmoed, het is de schuld van de "godin".'

Plichtsgetrouw maakte ik elke dag het aftreksel klaar en bracht het naar Jeans huis. Bij de deur werd ik al ontvangen door de 'godin', die zonder iets te zeggen de pan greep en het mij niet toestond de patiënt te zien. Was er al verbetering ingetreden? De vraag lag op het puntje van mijn tong, maar ik wilde hem niet stellen. Dus zweeg ik, bad dat Jean zou genezen en hoopte dat ik hem nog een keer kon zien. Die mogelijkheid deed zich op een ochtend voor. 'Dok, dok, dok...' De 'godin' stond bij me voor de deur, voor het eerst sinds Jeans ziekte. De schrik sloeg me om het hart en ik dacht: o Jean. 'Mijn moeder heeft me laten roepen, let jij op hem. Ik ben vanavond weer terug.' En daar haastte ze zich het hellende pad al af.

Ik kookte de wortels van het heksenkruid. Pas de vorige dag was ik opnieuw naar het bosje toe geweest om een voorraadje voor een paar dagen aan te leggen. Met bonzend hart ging ik Jeans huis binnen. Een korte blik: geen verbetering. Een loodzwaar verdriet overviel me en toch dwong ik mezelf te glimlachen. 'Te laat, Rosaline, de moeite die je doet, is tevergeefs,' fluisterde hij me met toonloze stem toe. 'Jean, geen onbezonnen praatjes.' Met gespeelde strengheid wees ik hem terecht. 'Het is echt zo, geloof me.' Er sprongen tranen in zijn ogen. Zwijgend zaten we tegenover elkaar, ik wist niets troostends te zeggen.

Hij keek langs me heen, staarde strak naar een punt op de grond, liet me wachten. Worstelt hij er nog mee of hij mij bepaalde geheimen wil toevertrouwen? 'Rosaline, deze vrouw heeft een duivelse eerzucht in me gewekt, heeft karaktertrekken in me opgeroepen die ik niet kende. Ze wilde welstand, luxe, aanzien – goed, het zijn toegestane verlangens, wie heeft ze niet? Toen overleed Bernard... "De opvolging van je vader, dat is je kans," verzekerde ze me, en ze probeerde me van vroeg tot laat te overreden, sloeg al mijn bezwaren in de wind en plotseling had ik nog maar één doel, één verlangen, tot elke prijs. Ik maakte schulden, overlaadde de chef met geld en met geschenken, passeerde de notabelen.' Zijn adem ging stokkend, hij stopte, schudde zachtjes zijn hoofd. Kon hij niet meer begrijpen dat hij dat gedaan had?

'Ik heb de tsoo gedanst en dacht dat ik mijn doel, waar ik zo naar had verlangd, bereikt had. Een roes van vreugde, overdaad die van korte duur was, het duurde niet lang of de wrede ontnuchtering kwam. Een notabele, een getrouwe metgezel van mijn vader, nam me apart. O Rosaline...' Jean hield zijn handen voor zijn gezicht, snikte. 'Zijn woorden, een paar zinnen maar, waren als een speerstoot in mijn borst: "Jean, zoon van mijn intieme vriend, zijn ziel ruste in vrede... Je bent onnadenkend van stapel gelopen, als een man zonder verstand, als een dwaas, ja, een domoor. Je hebt het net zo gedaan als je broer, alsof jullie het af hadden gesproken. Was zijn val voor jou niet een afdoende, overduidelijke waarschuwing? Jullie hebben jezelf onrechtmatig voor opvolger van jullie vader uitgegeven, hebben het contact met ons, zijn beste vrienden, wijselijk vermeden. We zouden hem en jou zijn wil hebben meegedeeld. Maar jullie hebben ons eigenmachtig gepasseerd, hebben de chef jullie machtswellust opgedrongen. Notabelen zijn alleen maar adviseurs, de beslissingen van de chef zijn doorslaggevend, daar moet gehoor aan worden gegeven."' Jean snakte opnieuw naar adem, zijn verhaal kostte hem inspanning. 'Ik dacht dat ik flauwviel. Al mijn ambities werden ineens onbelangrijk, onaantrekkelijk. Ik klampte me aan nog maar één gedachte vast: ik wilde leven, zelfs al zou het een eenvoudig, ja zelfs armoedig leven zijn. "Ik wil leven, ik wil afzien van de macht, alles opgeven. Wat kan ik doen? Zeg me wat ik eraan kan doen," bezwoer ik de man in panische angst. "Als ik nou een familieberaad bijeenroep en de opvolger aanstel die vader voor ogen had... Zou dat mogelijk zijn?" Treurig schudde hij zijn hoofd. "Je hebt al op de stoel van je vader gezeten, dus noemen we jou bij zijn naam. Je hebt de tsoo gedanst. Zolang jij nog leeft kan niemand anders de traditionele riten voltrekken."'

'Mama ligt in het ziekenhuisje.' Suzanne, tantes dochter, heeft me het bericht al drie dagen geleden gebracht. Normaal gesproken zou ik er meteen naartoe zijn gegaan. Mijn lieve tante is ziek! Vandaag had ik geen rust meer dat ik het wist. Ik stond vroeg op en maakte een maaltijd klaar die ik haar wilde brengen. Tot mijn blijdschap trof ik haar al thuis aan, nog moe en zwak, maar aan de beterende hand. Haar gezicht was somber toen ik haar van Jeans kritieke toestand vertelde.

'Vaarwel en beterschap, tante.' Toen ik dat zei werd er op de deur geklopt. Daar stond Mathieu, de zoon van Bekou, happend naar lucht. Ik wist voldoende: Jean had zijn laatste pijp gerookt. Het dringende verzoek van de jongen om direct naar huis te komen was overbodig.

Het huis van een notabele springt in het oog, je ziet het niet over het hoofd. Zijn positie binnen de chefferie bepaalt of hij het met vier, zes of negen hoge puntdaken mag tooien. Jean had niet de tijd gehad om een huis te bouwen dat paste bij zijn stand. Daarom werd hij vandaag in zijn bescheiden woonhuis begraven. De acht notabelen moeten het doen, een ceremonie die in het geheim plaatsvindt. Niemand anders heeft toegang of mag het zien, daarvoor zorgt een door jongemannen opgetrokken scheidsmuur van gevlochten matten. Opgehangen doeken, blauw bedrukt met het traditionele patroon van de chefferie, getuigen van de hoge positie van de overledene.

Mijn medevrouwen zaten bij elkaar, op enige afstand van de ingang, hadden hun klaaglied aangeheven. Ik gaf Stella mijn tas en zonder eerst mijn huis binnen te gaan liep ik hen huilend tegemoet, mijn handen gekruist achter mijn hoofd als teken van verdriet. Ze wierpen zich voor me op de grond, klampten mijn benen vast. Ook de 'godin' klaagde bitter. Moesten er afspraken voor gemaakt worden? Nee, want we kenden allemaal de verplichtingen die deze weduwrouw met zich meebracht: er moesten veel tranen vloeien, we moesten onze pijn luid en geloofwaardig uitschreeuwen en de rituele gebruiken zorgvuldig naleven als we wilden voorkomen dat er geruchten ontstonden dat wij, zijn echtgenotes, zijn dood op ons geweten hadden.

Jean was mettertijd een vreemde geworden. O, die noodlottige avond die het einde van onze familiegemeenschap had ingeluid... Sindsdien was er een afstand tussen ons ontstaan. Toch huilde ook ik oprechte tranen. Heimelijk had ik aldoor geloofd, de hoop nooit opgegeven dat de 'godin' even plotseling zou verdwijnen als ze was opgedoken. Ik had alle vernederingen en krenkingen willen vergeten, want de intieme uren die ik met hem samen had doorgebracht behoorden tot de mooiste momenten van mijn leven. In mijn hoofd liet ik die momenten de revue passeren. Nu was hij dood en vandaag begonnen wij met onze negen weken durende weduwrouw.

De notabelen verschenen, de een na de ander kwamen ze binnen. De rouwenden weken achteruit, maakten respectvol de weg voor hen vrij. Het weeklagen van de vrouwen verstomde, er hing een zwijgen over het erf, alleen de vogels overtraden de regels. Ik had het gevoel dat ze luider en vrolijker tjilpten dan normaal. Maar wij mensen wisten dat de notabelen binnen met de plechtigheid begonnen waren. Jean zou nu gauw diep in de aarde van zijn woonkamer worden begraven.

Op enige afstand van de ingang, een afstand die in acht genomen moest worden, bevolkten ontelbaar veel rouwgasten het erf. Wij echtgenotes zaten op onze hurken bij elkaar, alleen de 'godin' hield zich op een afstand, en ieder was verzonken in haar eigen gedachten. Hoe werd de dode herdacht? Op welke manier? Toegeeflijk, vergevend? Of toch nog steeds haatdragend, onverzoenlijk?

Er ging een gefluister door de menigte, de mensen kwamen in beweging. 'Ze komen,' fluisterde Thérèse naast me. Ik keek naar de ingang. Met gebogen hoofd, zichtbaar aangedaan, kwamen de notabelen langzaam achter de scheidsmuur vandaan. Er werd een veelstemmige klaagzang aangeheven. Iedereen kwam overeind, en daar klonken de slagen van de tamtam al, die opriepen tot de traditionele rouwdans.

'Gelukkig is het vandaag geen "verboden dag",' fluisterde Bekou me toe. Ik knikte. Het is al generaties geleden ingevoerd – en toch eerbiedigen we nog steeds de dag van de week waarop ooit de eerste chef van het dorp is overleden: de mannen slaan die dag niet op de tamtam en de vrouwen laten de hak rusten... uit respect.

Om de trommelslagers in het midden vormde zich eerst de kring van de mannen en toen de kring van de vrouwen. De buitenste kring werd gevormd door ons: de weduwen van de overledene. 'O oho oho, o oho oho, o oho oho...' Terwijl we dat monotone ritme zongen, draaiden we met korte pasjes rond, lieten onze tranen de vrije loop, iedereen huilde, toonde zijn verdriet over het verlies.

Jeans zonen en dochters vielen ons op, ze hadden zijn hemden, jasjes en broeken aangetrokken. Wij weduwen droegen de kleren die we op het moment van overlijden van onze echtgenoot hadden gedragen. De traditie verbood het ons schone kleren aan te doen, dat mocht pas op de zevende dag. Onze oorringen, armbanden en halskettingen moesten we afdoen. De schoondochters balanceerden met een bord op hun hoofd als teken dat ze vaak maaltijden voor de overledene hadden klaargemaakt. Thérèses moeder was gekomen en ze droeg een blok hout en een lege fles. Iedereen wist wat dat betekende: Jean had haar ooit olie en brandhout gebracht als bruidsprijs voor haar dochter.

De notabelen dansten een halve cirkel, draaiden om, dansten weer een halve cirkel, draaiden om... en dat negen keer. Een van hen had met beide handen de poten van een kip vast, die, beperkt in zijn bewegingsvrijheid, aan één stuk door fladderde, tijdens de hele dans. Wij weduwen dansten en draaiden met ons hoofd, onze blik moest constant op de notabelen gericht zijn. Daarna trokken de eerbiedwaardige heren zich achter de scheidsmuur terug, een teken dat ze zich nu te goed gingen doen aan het eten en de palmwijn rijkelijk zouden laten vloeien.

Het is gebruikelijk dat gasten goed worden onthaald. Na de bijzetting en tijdens de zevendaagse rouw om een notabele zijn de verwachtingen hooggespannen. We zitten in een lastig parket: men verwacht gulheid van ons. Jean heeft echter maar kort deel uitgemaakt van de chefferie, hij heeft geen vermogende weduwen, geen welgestelde zonen en dochters achtergelaten. Armoede wordt als gierigheid uitgelegd en geeft kwaadsprekende tongen veel gespreksstof, vooral in ons geval. Ben ik de enige die zich op deze dag zorgen maakt dat we tot onze nek in de schulden zitten? vraag ik mezelf beschaamd af. Nee, vast niet. Gelukkig hielp iedereen waar hij kon: bevriende vrouwen en vrouwen uit de buurt kwamen met volle pannen aanslepen, hun mannen met vaten palmwijn, kratten bier en limonade. We bedankten ze allemaal met een zakje zout.

De grote boom gaf schaduw. Onder zijn breed overhangende takken zaten we bij elkaar, Jeans zes weduwen, als aan een onzichtbare ketting: Bekou, de eerste, naast Nkenge, de tweede. Thérèse, de derde, naast mij. Flora, de vijfde, naast de 'godin', de laatste. In die volgorde, zo dicht bij elkaar en zo onafscheidelijk, zullen we zeven dagen en zeven nachten doorbrengen.

Zelfs als we naar de latrine gingen... Als ik nodig moest en die intieme plaats wilde opzoeken, bracht ik Bekou, de eerste, op de hoogte van mijn wens. Samen gingen we staan, maar alleen Flora, de vijfde, had de plicht me te vergezellen. Bekou, Nkenge, Thérèse en de 'godin' namen weer plaats, om opnieuw op te staan als we terugkwamen. We vonden het niet vervelend om naar de latrine te gaan, het kwam ons vaak zelfs wel goed uit, en soms deden we ook maar alsof we moesten. Het ongemakkelijke zitten maakte de ledematen stijf, je achterste ging er zeer van doen.

Ik verlangde ernaar dat de zon onderging. Mijn gezwollen, behuilde oogleden waren zwaar, ik was doodop, maar er verschenen nog steeds mensen die hun deelneming kwamen betuigen, die wij weduwen met de tranen over onze wangen moesten begroeten. Ik zag hoe bij Bekou en Nkenge, die beiden heel wat ouder waren dan ik, op de korte momenten dat het rustig was de ogen dichtvielen, hoe hun hoofden naar beneden zakten.

'Kom, mama's.' Teder streelde Bernadette Bekou over haar hoofd. De eerstgeborene, Jeans oudste dochter, had als taak voor ons te zorgen. Ze liep voor ons uit naar het huis van haar moeder, de eerste, wij volgden haar om de beurt. De woonruimte was bestrooid met verschillende lagen bananenbladeren, de slaapplaats voor ons weduwen, zeven nachten lang. Ik zuchtte, natuurlijk stilletjes, niemand kon het horen. Ik wist al hoe lamlendig ik morgen zou zijn bij het opstaan... Maar wacht! Ik zag dat vier slaapplaatsen hoger waren, comfortabeler leken. Piepten er daar niet een paar strohalmen onder de bladeren uit? Aha, ik had het materiaal van de vulling geraden en wierp Bernadette een dankbare blik toe. Ze knipoogde terug. Leek Flora haar nog jong genoeg om een harde slaapplaats te kunnen verdragen? En de 'godin'?

We stapten de nog pikdonkere nacht in. Bernadette ging ons voor, een stoet oververmoeide, huiverende vrouwen volgde het schijnsel van hun petroleumlamp. Onze weg leidde naar de beek, waar we ons gezicht, armen, handen met het koele water mochten bevochtigen. Het koude water liet me nog meer huiveren en toch was ik blij met deze versoepeling van de traditie, de grootmoedigheid van onze familie. In de meeste dorpen geldt immers als gebruik dat de weduwen tijdens de zeven dagen van strenge rouw geen water mogen aanraken. Een hard lot. Die paar handen water verkwikten mijn hele lichaam.

Daarna gingen we voor Bekou's huis zitten, weer een voor een, en wachtten op de ochtendzon die ons weer warm zou maken. Als hij opkomt zullen de eerste mensen op condoleantiebezoek komen en weduwen verwachten die in tranen zijn. 'Waar blijft hij toch?' vroeg Flora me achter haar hand. Ik haalde mijn schouders op, stelde mezelf heimelijk dezelfde vraag, en keek ook verlangend naar hem uit. Toen hij verscheen, ging er een zucht van verlichting door de rij. 'Aha,' dacht ik, 'de anderen dus ook.' De notabele van de chefferie begroette ons, brak een kolanoot en gaf ons er allemaal een stuk van. Alsof we het afgesproken hebben, kijken we naar Bernadette, die het begrijpt en de keuken in snelt. Eindelijk mogen we onze honger stillen, onze dorst lessen.

Bernadette verdeelde bananenbladeren, serveerde er couscous op en *njap*, groene bladgroente. Onze porties waren royaal, maar voor de 'godin' bleef er slechts een klein restje over. Had Bernadette daar op bevel van haar moeder voor gezorgd? Stilzwijgend duldde de 'godin' haar behandeling. Hoe had ze zich er ook tegen moeten verzetten? Had ik medelijden met haar? Nee! Had ze met ons mededogen gehad? Ze had Jean, en daarmee ons allemaal, aan de afgrond gebracht. Moesten wij na alles wat er gebeurd was nog vriendelijke gevoelens jegens haar hebben?

Niemand van ons durfde te klagen of te jammeren, maar iedereen wist waar de anderen naar verlangden: naar de avond van de zevende dag, als we naar de beek gingen. Het moment waarop je je lichaam mocht onderdompelen in het stromende water, je mocht inzepen, het stof van je af mocht wassen, de vieze geur van transpiratie, het opgedroogde zweet dat je huid irriteert, jeuk veroorzaakt, en daarna een schone, frisse jurk mocht aanschieten, dat je je terug mocht trekken, mocht uitrusten en niet meer hard hoefde te huilen.

Ook dat uur brak aan. Wat verfrissend, wat verkwikkend! Na een uitgebreid bad gaf Bernadette ons doeken, die we ombonden. Met onze bundel kleren onder onze arm liepen we, natuurlijk weer in de voorgeschreven volgorde, de korte weg naar het veld, gingen direct op ons doel af: een uit gevlochten matten in elkaar getimmerde hut. Het liefst zouden we naar binnen zijn gestormd. 'Waar is de notabele?' We keken zoekend om ons heen.

'Ah, de eerbiedwaardige heren haasten zich natuurlijk niet.' 'Zal hij vanwege zes weduwen een veelbelovend, lucratief gesprek afbreken?' 'Hij komt, heeft een kalebas in zijn hand. We hebben hem onrecht gedaan.'

Hij oefende zijn ambt uit, kwam zijn plicht na: hij schudde de kalebas, mengde zo de vloeistof die erin zat goed door elkaar, goot een beetje in de holte van zijn hand. Hij begon met Bekou en wreef ons in: de hals, de borst, de armen, de benen, de een na de ander. Er ging een 'Hmm' door de rij. Wat een aangenaam kruidige lucht, we zogen hem diep in, voelden hoe hij het ademen vergemakkelijkte. De huid tintelde aangenaam, verkwikt. Eindelijk mochten we schoon ondergoed en een schone jurk aandoen. De jurken waren genaaid van witte stof en hadden allemaal hetzelfde traditionele patroon.

Een wenk van de notabele en daar kwamen al een paar jongeren aansnellen. In een mum van tijd was de hut afgebroken, het bouwmateriaal opgestapeld en aangestoken. Gulzige vlammen verslonden de matten, de palen, de latten en onze zes bundels kleren met alle stof, zweet, vieze geuren van zeven dagen van zware uitputtende weduwrouw met gretige, ongebreidelde haast.

Er bleef een hoopje smeulende houtjes over. We wisten wat ons nu te doen stond, kenden de eis van de traditie: negen sprongen over het vuurtje dat was overgebleven. Niet echt een uitdaging voor Flora en de 'godin', maar Bekou en Nkenge keken er angstig naar. De hardheid van het leven, de vele geboorten en het zware werk op het land hadden hun lichaam vroegtijdig verouderd. De notabele ving hun blikken op, wist voldoende. Zijn handgebaar betekende dat we moesten wachten. Hij zocht een stok, pookte in de gloed, verlegde de houtjes zo dat de vrouwen er met één grote stap overheen waren.

Er stak een lichte wind op, die rookwolken van twee meer smeulende dan brandende vuren naar ons toe waaide. Jongens stookten de bananenbladeren op waarop Jeans zonen en dochters en wij, zijn weduwen, de zeven nachten van strenge rouw hadden doorgebracht. Daarna werd de as over de velden verstrooid.

Er werd een weduwe gevonden die van dezelfde stand was. Haar overleden man, een notabele, had ooit hetzelfde aanzien genoten als Jean. Alleen een vrouw van die stand is bevoegd de grote en kleine, oude en jonge hoofden van onze familie te scheren, als uiterlijk teken van onze rouw, zoals de traditie het vraagt. Het werd niet licht opgevat – jonge meisjes die er graag leuk uit wilden zien snikten geluidloos, vochten bij het verlies van hun haren tegen de opkomende tranen. Een paar kleintjes huilden tranen met tuiten, voor anderen was het scheren een gewoonte geworden.

Zeven dagen? Ja, het was nog maar zeven dagen geleden dat ik 's ochtends de deur van mijn huis dichtdeed en naar mijn zieke tante ging. Het leek een eeuwigheid. Zeven dagen lang heb ik me op dit moment verheugd: ik stap mijn keuken binnen, steek het vuur aan, kook, ben bezig, naarstig, bedrijvig. Ik geniet van elk moment, elke beweging, voel de energie in me, het leven. Uitgestrekt op mijn zachte bed zend ik een gebed op aan de hemelse Vader: 'Ik wil U bedanken God, het ergste is achter de rug...'

Nog acht weken weduwrouw, een dagelijks leven met beperkingen – angst voor een mogelijke latere vervloeking leidde ertoe dat we ook die aanwijzingen strikt nakwamen, zonder klagen verdroegen: 'Niet naar de markt. Niet werken op het land, roer de hak niet aan. Draag niets op het hoofd. Snijd geen bananenbladeren. Steek geen velden over waarin maïs of bonen gezaaid zullen worden.'

Zoals ons is bevolen, zetten we geen voeten buiten het erf, maar we voelen ons niet eenzaam, we zijn niet zonder aanspraak. Er komen bezoekers, buren houden ons gezelschap en brengen ons de laatste roddeltjes uit het dorp. Alleen de 'godin' verschuilt zich in haar huis en als ze zich buiten waagt gaat ze niet bij ons in de buurt zitten. Geen traditie kan haar meer dwingen onze nabijheid op te zoeken. Ze kan ons niet verlaten, er niet tussenuit knijpen omdat ze net als wij verplicht is de weduwrouw af te maken, vanwege de gevreesde vervloeking.

Er kwam gezang naderbij, een christelijk treurlied. Onwillekeurig, zonder erbij na te denken, neuriede ik mee. 'Wie komt er vandaag op bezoek, zo vroeg 's ochtends?' Een groep mannen en vrouwen sloeg het smalle pad naar onze nederzetting in. 'De dominee?' vroeg Thérèse aarzelend alsof ze haar ogen niet kon geloven. 'Wat wil die bij de ongelovigen?' Bekou was oprecht verbaasd: zij en Nkenge hadden nog nooit een voet in een kerk gezet. En wij gedoopten: Thérèse, Flora en ik? Wij hadden ons geloof niet door regelmatige kerkgang gesterkt. 'Bereid je maar voor op een strafpreek, een uitbrander. Hij gaat vast tekeer tegen de traditie van de weduwrouw, en zegt dat dat het werk van de duivel is.' Ik wist waar ik het over had, zag ze voor me, de dominees, de evangelisten... ik hoorde hun stemmen nog, als donderslagen, ik zou het nooit vergeten: 'Marcus 7, vers 7: Gij laat het gebod van God varen en houdt vast aan de overlevering van mensen.'

Niets van dien aard gebeurde. De dominee was verdraagzaam, lankmoedig. Hij koos voor een ingetogen manier om ons te overtuigen: woorden van troost, hij sprak ons zijn medeleven uit, informeerde naar ons welbevinden. De broeders en zusters, leden van het kerkkoor Zion, zongen, wij dansten in een kring. Hoewel ik eigenlijk in de rouw was, fleurde ik op, maar ik liet het niet blijken. Daar was mijn enthousiasme van vroeger weer. Ik hoefde er niet over na te denken, ineens wist ik het, als bij toverslag. Ik wil in dat koor zingen, wil vragen of ze me op willen nemen, meteen, direct na de beëindiging van de weduwrouw.

'Geloof me, geen weg zou me te ver zijn,' verzekerde Bekou ons, wat betekende: jullie hoeven geen rekening te houden met mijn leeftijd, mijn gebreken. Gespannen wachtten we op datgene waar we altijd maar aan moesten denken: waar is een man, een notabele van de chefferie, overleden die dezelfde rang had als Jean? We zouden ons in de gebruikelijke volgorde ijlings op weg begeven, met de bamboestok in onze rechterhand en in onze linker het uit hennep geweven tasje, twee symbolen van ons weduwschap. Aangekomen zouden we op de achtergrond het moment van de rouwdans afwachten, ons aansluiten bij de kring van de weduwen, meedansen, meehuilen, ons vervolgens zonder te groeten uit de voeten maken en bij het verlaten van het erf, de plek van de rouw, onze stokken op het veld gooien. Alleen die ceremonie geeft ons volgens het gebruik het recht onze weduwrouw na in totaal negen weken af te sluiten. Als een dergelijke gelegenheid zich niet voordoet, duurt de rouw voort.

Het is de zesde week van onze weduwrouw: ik schrik op. Hoor ik daar stemmen? Midden in de nacht? Ja, heel duidelijk, die van Bekou, die van Nkenge en een mannenstem. Ze praten opgewonden door elkaar. Wat is er gebeurd? Bandieten? Willen ze ons beroven, ons weduwen, van wie de ene nog behoeftiger is dan de andere? Ik ren naar de deur, loop naar de plek waar het lichtschijnsel van twee petroleumlampen heen en weer gaat. Stella volgt me op de hielen. Thérèse en Flora komen er ook aanrennen. Alleen de 'godin' laat zich niet zien.

Was dat ook de stem van Bernadette? Ja! Toen ze dichterbij kwam herkende ik haar en naast haar stond haar man. Ik haalde opgelucht adem, geen overval. En ook geen sterfgeval, want anders hadden ze allang 'Ho li li' geroepen. Wat was er dan voor belangrijks, voor dringends gebeurd dat ze midden in de donkere nacht op stap waren gegaan? Ik popelde van ongeduld. Ze hadden inderdaad een boodschap die geen uitstel duldde: ver bij ons vandaan had een notabele zijn laatste pijp gerookt.

'Snel, snel.' Bekou spoorde ons aan te vertrekken. 'Ze zullen geen tijd verliezen en de dode al vroeg in de ochtend begraven. We moeten er zijn als de rouwdans begint, en ons ten minste voor één ronde bij de weduwen aansluiten, anders zijn we voor niets gekomen.' Iedereen wilde ervandoor, zich aankleden, zich klaarmaken voor het vertrek. 'En de "godin"?' 'Die wek ik wel, ik leg haar wel uit hoe dringend het is,' bood Flora aan.

Het schemerde al. Steunend op haar dochter en schoonzoon sleepte Bekou zich naar haar huis. Doodop, maar met een stralende lach, liet ze zich op haar bed vallen. 'Eindelijk, eindelijk – we hebben het gered!' juichte ze. Doodmoe hadden ook wij anderen zwijgend het laatste stuk van de weg afgelegd, een ware rouwstoet. Maar we applaudisseerden nog wel luid voor Bekou: 'Je had het goed bedacht dat we vroeg moesten vertrekken.' Ze koesterde zich in die waardering, vergat dat ze uitgeput was en aan het eind van haar krachten. 'En precies op het juiste moment. Als we maar een beetje hadden getreuzeld op de heenweg zou onze vermoeiende tocht voor niets zijn geweest.' 'Onvoorstelbaar... nog twee weken. Zo'n kans hadden we niet gauw weer gekregen...'

'Wat zijn nou twee weken?' zei Thérèse de volgende ochtend berustend tegen mij. 'Bedenk je wat een last we hadden moeten dragen: al die beperkingen: niet op het land werken, niet naar de markt... en zonder dat je weet hoe lang het duurt. Er zijn weduwen van notabelen die maandenlang wachten,' wond ze zich op, 'langer dan een jaar tot er een man van dezelfde rang sterft.' – 'Thérèse, we hoeven ons geen zorgen meer te maken.' 'Dat klopt,' zei ze bevestigend en uitbundig gaf ze me een vriendelijke klap.

De laatste dag van onze weduwrouw, waarop ook weer veel traditionele handelingen worden verricht. Al voor het ochtendgloren kwamen de mensen in beweging. Overal bedrijvigheid: vrouwen rammelden met pannen, waren aan één stuk door aan het kletsen. Er klonk gelach. Iemand hakte hout. De lucht was vol rook, vermengd met de kruidige geur van fijngemalen knoflook. Er is veel te doen: inkopen, koken, dingen voorbereiden... er zullen heel wat gasten komen, die willen allemaal te eten hebben. Daarom zijn de zonen en dochters met hun kinderen de vorige dag al gekomen. Jeans kinderen staan nog één keer onder druk om te betalen, zijn verplicht zich nog dieper in de schulden te steken.

Ze gaven ons nieuwe kleren, hadden voor donkerblauw in plaats van zwart gekozen. Ook kregen we allemaal een nieuwe mand en een planthout. De gang naar de beek. Netjes achter elkaar gingen we het smalle pad af, sloegen af en bereikten de plek waar Jean een waterpoel had gestuwd. De dam was doorgebroken. Ik werd overvallen door weemoed, de vergankelijkheid bracht me van mijn stuk, stemde me intriest en toen we ons opstelden om een paar rondjes te dansen, te treuren, te klagen vulden mijn ogen zich met echte tranen, ik huilde bitter. Juist hier, op deze plek, hadden we ons ooit nauw verbonden gevoeld en samen gehoopt dat zijn reinigingsritueel een verwensing van mij weg zou kunnen nemen, dat het lot me voortaan kinderen zou schenken, zijn zonen en dochters.

'Rosaline, we gaan naar de markt,' fluisterde Flora me toe en ze kneep me uitbundig in mijn arm. Ze sprankelde van herwonnen levensvreugde. 'O eindelijk! Andere mensen zien, de vrolijke drukte meemaken...' 'Ja, Flora, en vanaf morgen,' ik kneep terug, 'zijn we vrij, beslissen we weer zelf.' Bernadette, gekleed in het traditionele gewaad van haar vader, liep voor ons uit, wij volgden snel, ongeduldig om de draad van het gewone leven weer op te kunnen pakken. Onderweg bleven de mensen staan, zwaaiden, riepen ons vriendelijke, opbeurende woorden toe. Op de markt trokken we de aandacht. Er klonk gejoel, gelach, ook de marktvrouwen boden wij een welkome afwisseling. Heel wat mama's toonden zich daarvoor erkentelijk, stonden op van hun krukje en gooiden minzaam een muntje in onze zakken. We bedankten ze hartelijk. Misschien hadden ze ons hun dagopbrengst wel gegeven.

Ook vrienden en familie gaven ons geld. Terug in de nederzetting, drongen wij er bij Bernadette op aan dat ze het geld meteen verdeelde. Ze maakte stapeltjes en iedereen kreeg evenveel. 'Hier, geef dat maar aan de "godin",' zei Bekou tegen Flora terwijl ze naar het geld wees dat overbleef. 'Die is vertrokken, heeft het veld al geruimd.' Het was Mathieu die dat zei, zo rustig en kalm alsof het niets bijzonders was. 'Wat?' riepen we als uit één mond, meer wisten we niet te zeggen. 'Ja, vergezeld van twee jongemannen, broers of vrienden, die haar manden droegen.' 'Bernadette, verdeel haar geld dan maar,' beval Bekou.

Moesten we tranen laten om deze vrouw, woorden aan haar vuilmaken? We zagen er geen reden toe en dus bekommerden we ons om onze eigen zaken. 'Meteen morgen vroeg vertrekken we, dan bezoeken we Bekou's nederzetting.' Van voorpret danste ze rond: 'Daar zal ik mijn zakken legen, al het geld aan de oudsten van de familie geven en genieten van hun verraste, verrukte blikken.' Om de beurt zullen we de boerderij van ieder van ons bezoeken. Ook ik raakte opgewonden, enthousiast bij het idee de mensen van wie ik hield over een paar dagen weer terug te zien. Daarna begon het gewone leven weer, waarnaar we zo hadden verlangd. De familie is het er nog niet over eens geworden wie Jean zal opvolgen. Hij zal hier intrekken en misschien Flora tot vrouw nemen; zal hij goed voor ons 'oudjes' zorgen – of ons alleen maar dulden? Ons aller welzijn ligt in zijn hand.

Nawoord

Als je als ontwikkelingshelper ver van de hoofdstad van het land woont, zul je maar weinig mensen ontmoeten die uit dezelfde cultuur komen als jij. En dat is een gunstige voorwaarde om de mensen ter plekke echt te leren kennen, achter hun manier van denken te komen, de beweegredenen waarom ze bepaalde dingen doen, hun problemen te leren kennen en de manier waarop ze daarmee omgaan. Het nieuwe leven stelt ook jezelf trouwens voor verrassingen omdat je in de ongebruikelijke, vreemde levensomstandigheden anders reageert dan je van tevoren had gedacht.

Mijn werk bood me veel mogelijkheden om met allerlei mensen in contact te komen: ik ontmoette vrouwen en mannen die zich aaneen hadden gesloten tot groepen om hun eigen levenssituatie te verbeteren. We stelden elkaar over en weer vragen, want voor velen was ik de eerste 'blanke' met wie ze uitvoerig praatten. Elk gesprek gaf me iets meer te zien van een onvermoede wereld: de oude tradities die botsten met de moderne wereld, een mystiek die in tegenspraak was met het christendom. Vooral het lot van de vrouwen raakte me: ze moeten keihard werken, krijgen het ene kind na het andere en moeten hun grote gezin elke dag weer te eten zien te geven, terwijl ze daarnaast onderdanig en nederig moeten zijn tegenover hun echtgenoot, die vaak alles te vertellen heeft. Berustend in hun lot accepteren ze hun rol – 'onze wereld is nu eenmaal zo' – en proberen ze op bewonderenswaardige wijze, ondanks alle dwang, zoveel mogelijk positiefs uit hun leven te halen.

In internationale hulpprogramma's was er decennialang weinig aandacht voor vrouwen. 'Ontwikkeling', dacht men, betekende mannen technieken aan de hand doen, maar vaak haalde dat niet veel uit. Tot men haar op een gegeven moment ontdekte, de Afrikaanse plattelandsvrouw, en haar steun ging verlenen. Er werden programma's voor haar ontwikkeld en allerlei opleidingsmogelijkheden op de meest uiteenlopende terreinen gecreëerd. Hoopte men misschien dat de ontwikkeling door de stimulering van vrouwen een enorme stap verder zou komen?

De vrouwen die ik tegenkom lijken me niet onervarener en minder leergierig dan hun mannen, want hoe zouden ze anders hun leven zo goed kunnen organiseren? Het is de verhouding tussen man en vrouw die vrouwen beperkt, die ertoe leidt dat ze zichzelf minder achten, dat ze buitengesloten worden uit besluitvormingsprocessen, die hun rechten beknot, hun strengere traditionele riten oplegt dan de mannen en hen belemmert hun talenten en capaciteiten ten volle te ontplooien.

Dat probleem werd in de jaren tachtig erkend en 'Gender' werd ontwikkeld. 'Gender' houdt in dat bij de uitwerking van ontwikkelingsprogramma's evenveel rekening moet worden gehouden met de belangen van mannen als met die van vrouwen. Dat is niet eenvoudig omdat 'Gender' indruist tegen eeuwenoude, vastgeroeste gedragspatronen van mannen en vrouwen. En bovendien is het percentage van de bevolking dat je met ontwikkelingsprogramma's bereikt uiterst gering als je kijkt naar de totale bevolking van Kameroen. Zeventig procent daarvan woont in dorpen, geïsoleerd, en komt dus niet in contact met de emancipatiegedachte.

Maar de vrouwen van het platteland moeten niet blijven zwijgen. Door de sociale controle kennen de dorpsbewoners elkaar en weten ze wat deze of gene is overkomen. Door die informatie hebben ze de mogelijkheid solidair te zijn, zijn ze samen sterk, kennen ze onderlinge verbondenheid, iets wat ook een doel is van de Wereldvrouwendag en van internationale vrouwenconferenties.

Na deze uiteenzetting wil ik er graag op ingaan waarom ik dit boek heb geschreven. Ik zou graag willen dat de lezer zo meer inzicht krijgt in de manier waarop een andere cultuur tegen het leven aankijkt. Het gaat over het waar gebeurde verhaal van een Afrikaanse vrouw, die ik overeenkomstig haar wens Rosaline heb genoemd. Wij hebben elkaar ontmoet en zij was bereid haar leefwereld voor me bloot te leggen. Ik heb haar een stem gegeven, maar haar verhaal is exemplarisch voor dat van vele vrouwen in het Afrika van nu en zeker geen uitzondering.

Zoals gezegd is 'Rosaline Massado' een pseudoniem. Het verhaal over de naamgeving werd me verteld door een vrouw die ook echt deze voornaam draagt. Catherines verhaal over haar gedwongen huwelijk en het serieuze woordenspel tussen Ruths grootvader en de oom van haar verloofde naar aanleiding van haar huwelijk zijn me niet door Rosaline, maar door andere vrouwen verteld. Ik heb de twee verhalen in de tekst opgenomen om een breder beeld te kunnen geven.

Rosaline kreeg in haar leven nog meer klappen te verduren. Om haar verhaal niet te wijdlopig te maken en ook om de lezer niet te veel treurigheid voor te schotelen, heb ik veel van die gebeurtenissen onvermeld gelaten en Rosaline Stella als gezelschap gegeven. Het komt vaak voor dat kinderen bij familie opgroeien, om de redenen die in het boek zijn genoemd of omdat men niet genoeg middelen heeft omdat het gezin te groot is geworden.

Ik wil alle Kameroeners bedanken die me in de loop van de jaren hebben geholpen inzicht in hun cultuur, hun manier van leven, hun traditionele ideeën en de daarmee verbonden praktijken te krijgen. Mijn bijzondere dank gaat uit naar Christine Chegné, Solange Soffo, Roger Wafo, mede-uitgever van de reeks 'Le chrétien face à la tradition' en dr. Emmanuel Tchumtchoua, docent geschiedenis en politiek aan de universiteit van Douala, die de historische achtergrond gecontroleerd heeft. Ook wil ik dr. Solange Nzimegne-Gölz bedanken. Zij groeide op in dezelfde streek als 'Rosaline' en heeft het manuscript kritisch doorgelezen en voorzien van een voorwoord.

Bafoussam, september 2003
Ursula Krebs